Vous avez dit *appliquée*?

LA POLITIQUE APPLIQUÉE :
PÉDAGOGIES, MÉTHODES, ACTEURS ET CONTEXTES

Liste des collaborateurs

Khalid Adnane

Sami Aoun

Pierre Binette

Andréanne Bourque

Emmanuel Choquette

Mylène Clavreul

Catherine Côté

Serge Granger

Jean-Herman Guay

Isabelle Lacroix

Hugo Loiseau

Marie-Hélène Rousseau

Gilles Vandal

Sous la direction de Hugo Loiseau Ph.D

SOUS LA DIRECTION DE HUGO LOISEAU PH.D

Vous avez dit *appliquée*?

LA POLITIQUE APPLIQUÉE :
PÉDAGOGIES, MÉTHODES, ACTEURS ET CONTEXTES

COLLABORATEURS
KHALID ADNANE, SAMI AOUN, PIERRE BINETTE, ANDRÉANNE BOURQUE,
EMMANUEL CHOQUETTE, MYLÈNE CLAVREUL, CATHERINE CÔTÉ,
SERGE GRANGER, JEAN-HERMAN GUAY, ISABELLE LACROIX,
HUGO LOISEAU, MARIE-HÉLÈNE ROUSSEAU, GILLES VANDAL.

Catalogage avant publication de Bibliothèque et Archives nationales du Québec et Bibliothèque et Archives Canada

Vedette principale au titre :

Vous avez dit appliquée? : la politique appliquée : pédagogies, méthodes, acteurs et contextes

(Cursus universitaire)
Comprend des références bibliographiques.

ISBN 978-2-923656-48-9

1. Sciences de la politique. I. Loiseau, Hugo, 1974- .

H97.V68 2013   320.6   C2013-941813-X

Éditeur : François Martin
Révision: Elena Waldispuehl
Mise en page : DocZones
Montage de la page couverture: Faustin Bouchard

Tous droits de reproduction, d'édition, d'impression, de traduction, d'adaptation et de représentation, en totalité ou en partie, sont réservés. Reproduction interdite sans l'autorisation écrite de GROUPÉDITIONS ÉDITEURS, 150, Place Charles-Le Moyne, RC 1010, Longueuil (Québec) J4K 0A8

Téléphone: (450) 463-1848 – Télécopieur: (450) 463-1846
info@groupeditions.com www.groupeditions.com

Vous avez dit appliquée?
La politique appliquée: pédagogies, méthodes, acteurs et contextes

ISBN : 978-2-923656-48-9

©

Dépôt légal - Bibliothèque et Archives nationales du Québec, 2013
Dépôt légal - Bibliothèque et Archives Canada, 2013

À toutes les étudiantes
et à tous les étudiants
*de l'École de politique appliquée
de l'Université de Sherbrooke.*

Remerciements

Je tiens à remercier tous les membres de l'École de politique appliquée qui ont participé de près ou de loin à la conception de cet ouvrage. Je remercie Mme Elena Waldispuehl pour son travail de révision et d'uniformisation des différents textes. Je tiens à remercier M. François Martin, l'éditeur de ce livre pour son ouverture face à ce projet mais aussi pour la très grande qualité de son travail. Enfin, je remercie aussi la Faculté des lettres et sciences humaines et le Vice-rectorat à la recherche de l'Université de Sherbrooke pour leur généreux soutien financier dans le cadre du programme d'appui aux activités de création et d'édition savante.

Hugo Loiseau Ph.D.
Professeur agrégé
École de politique appliquée
Faculté des lettres et sciences humaines
Université de Sherbrooke

Introduction

Par Hugo Loiseau

C'est à l'occasion du 5ᵉ anniversaire de l'École de politique appliquée que ce livre est publié. En effet, en 2007, l'Université de Sherbrooke autorisait la Faculté des lettres et sciences humaines a créer un nouveau département nommé École de politique appliquée en son sein. L'impulsion, que je qualifierais de politique, était déjà présente bien avant 2007. Une masse critique de professeurs et d'importantes cohortes étudiantes enseignaient ou suivaient avec intérêt des cours de sciences politiques à l'Université de Sherbrooke. Autant au premier qu'au deuxième cycle, presque tout le spectre des sciences politiques était couvert par l'équipe professorale et les membres du « secteur politique » actifs au sein du défunt Département d'histoire et de sciences politiques.

Ce livre est le fruit des efforts et des réflexions collectifs et concertés des membres de l'École de politique appliquée et de certains de ses étudiants et étudiantes. Le projet a été initié, il y a déjà trois ans, à l'occasion d'un colloque départemental pour lequel j'avais invité mes collègues à exposer à la communauté universitaire ce que nous entendions par l'expression « politique appliquée ». Il faut comprendre que cette appellation peut porter à confusion quant à la nature de nos recherches et de nos enseignements. Ne sommes-nous pas habitués de voir traditionnellement les départements qui traitent de la science de ce qui est politique nommés département de science politique? Ne sommes-nous pas habitués aussi de voir des programmes d'études politiques ou de science politique? Dans le monde francophone, nous sommes les premiers, à l'Université de Sherbrooke, à fonder un département sciemment qualifié par l'expression « politique appliquée ». Cela mérite quelques explications.

Après plus de cinq ans d'existence, le succès de l'École de politique appliquée a été au rendez-vous. Si bien, qu'en quelques années d'existence, le corps professoral travaillant à temps complet dans notre département a presque doublé et le nombre de nos étudiants et de nos étudiantes a considérablement augmenté. Ainsi, l'année suivante, j'organisai un deuxième colloque afin de concrétiser ce projet de livre départemental, mais aussi, et je dirai surtout, pour initier mes nouveaux collègues à la politique appliquée et d'entendre leur contribution à cette construction que constitue cette branche innovante et originale des sciences politiques. Toutefois, l'École de politique appliquée, en plein développement, soulève bien des interrogations par rapport au reste de la science politique. Est-ce de la science politique? Qu'est-ce que le caractère appliqué? Bref, qu'est-ce que la politique appliquée?

Pierre Favre expose plusieurs obstacles au développement et à l'institutionnalisation de la science politique. Je me permets de reprendre ses propos afin de bien illustrer le contexte de création de l'École de politique appliquée et d'y voir les difficultés inhérentes à son déploiement. Ces obstacles dont parle Favre sont 1) le renouvellement perpétuel de l'objet de la science politique[1], 2) de l'impossible neutralité du chercheur et 3) de la finalité de la recherche en science politique.[2] Ces obstacles constitueront la trame de cette introduction.

1) L'objet de la politique appliquée et son perpétuel renouvellement

En science politique et en politique appliquée, nous avons la chance et le malheur de travailler sur des objets, que je peux résumer sans faire débat par le terme de politique, qui se renouvellent de façon

---

[1] Il aborde ce problème en ne considérant pas le débat sur l'objet ou les objets de la science politique en tant que tel. Ce débat est plutôt abordé dans P. FAVRE. « La question de l'objet de la science politique a-t-elle un sens? » dans P. FAVRE *et al. L'atelier du politiste*, Paris, La Découverte, 2007, pp. 17-33.
[2] P. FAVRE. « La constitution d'une science du politique, le déplacement de ses objets et l'irruption de l'histoire réelle (première partie) », *Revue française de science politique*, vol. 33, no 2, 1983, pp. 181-219.

perpétuelle. Il s'agit tout d'abord d'une chance, car le matériau de base du politologue est inépuisable ce qui suscite un besoin d'analyse constant. C'est le rythme accéléré de la politique et la diversité de l'actualité politique, ou ce qui s'en rapproche, qui favorisent ce renouveau infini. Duroselle le résume bien en disant que « la science politique est nécessaire, car les hommes ont besoin de réfléchir et de calculer sur l'époque où ils vivent »[3].

De mon point de vue, je pense sincèrement que les événements politiques internationaux des vingt dernières années environ ont fortement contribué à l'augmentation de l'intérêt quant à la politique malgré un cynisme ambiant. La conséquence se constate par la présence des politologues dans les médias, la densité des recherches en science politique et dans la hausse des cohortes étudiantes en science politique. La fin de la guerre froide et ses conséquences, les attentats du 11 septembre 2001 et les événements de ce qui a été nommé le printemps arabe de 2011 ont suscité des interrogations légitimes auxquelles la population en général et les étudiants en particulier cherchent des réponses. La politique est changements et équivoques. Durant ces dernières années, cette constatation a surpris bien des gens.

En 1995, les auteurs américains Farr, Dryzek et Leonard publient le livre *Political Science in History*[4] grâce auquel ils tentent de démontrer l'utilité de la science politique. Ils expliquent que la science politique contemporaine est ce qu'elle est aujourd'hui grâce à son histoire et à la connaissance de son histoire. Autrement dit, elle doit beaucoup en termes de pertinence et de qualité aux traditions politiques qu'elle a analysées et aux différents programmes de recherche qu'elle a entrepris. En résumé, « une bonne histoire disciplinaire peut accroître

---

3 J.-B. DUROSELLE. « Pierre Renouvin et la science politique », *Revue française de science politique*, vol. 25, no 3, 1975, p. 562.
4 J.S. DRYZEK *et al. Political Science in History Research Programs and Political Traditions*, Cambridge, Cambridge University Press, 1995, 379 p.

nos possibilités de faire de bon choix contextuel en rendant disponible un menu varié d'approches alternatives »[5]. Or, il ne reste plus qu'à faire maintenant les bons choix et c'est là que réside le malheur qui touche notre discipline, c'est-à-dire dans l'incompatibilité entre le temps de la science et le temps de la politique. Nous désirons, en politique appliquée, rapprocher ces deux rythmes.

Prendre le temps de la réflexion pour planifier l'action est souvent incompatible avec le caractère éphémère des événements politiques. Plus spécifiquement, prendre le temps de connaître le problème, de déterminer les objectifs de la recherche, de faire les choix méthodologiques appropriés puis de réaliser la recherche proprement dite pour ensuite préparer et mettre en œuvre l'action politique préconisée peut être long et fastidieux.

Ce qui nous mène au second malheur de notre discipline, elle est une et multiple à la fois. La science politique et la politique appliquée sont des sciences qui empruntent et prêtent. Autrement dit, elles empruntent et prêtent leurs objets, leurs méthodes et leurs objectifs de recherche et d'enseignement à d'autres champs disciplinaires. « Elle [la science politique] n'a ni une méthodologie ni un objet clairement défini, lequel est revendiqué par plusieurs disciplines pouvant [...] se prévaloir d'abord les questions politiques dans leurs propres cadres intellectuels »[6], ce qui a pour conséquence d'augmenter le choix des possibles soit dans les recherches ou les solutions qui sont proposées.

En fait, la politique appliquée c'est à la fois l'adaptation des méthodes traditionnelles de recherche et d'enseignement de la science

---

[5] Y. VILTARD. « Faire l'histoire de la science politique n'est pas neutre. À propos de *Political Science in History* », *Revue française de science politique*, vol. 49, no. 1, 1999, p. 126.

[6] B. VOUTAT. « Les objets de la science politique: réflexions sur une discipline...sans objet. Dans L. SFEZ (dir.). *Science politique et interdisciplinarité: Conférences 1998-2000*, Paris, Publications de la Sorbonne, 2002, p. 58.

politique, mais c'est aussi l'adaptation éventuelle de la discipline à de nouveaux objets de recherche. Cela est tout à fait normal en sciences sociales selon Favre puisque « les frontières d'une discipline sont par nature mouvantes »[7].

Donc, en politique appliquée, notre rapport à l'objet est vécu un peu différemment de la science politique plus traditionnelle. Nous tenons pour acquis qu'il existe un décalage entre la réflexion et l'action, entre la discipline et la réalité, qu'il existe un nombre évolutif d'objets et de méthodes de recherche et que l'action politique proposée a une répercussion dans la société comme le résume De Donnedieu Vabre : « Si le progrès de la sociologie ou des sciences annexes permet de dégager des lois générales auxquelles obéit la vie sociale, et que ces lois atteignent un degré de précision suffisant. Leur utilisation peut avoir des répercussions considérables dans le domaine pratique, et les hommes politiques doivent considérer les effets inéluctables des décisions qu'ils prennent, tel que la science peut leur faire prévoir »[8]. Il en va donc de notre responsabilité de bien outiller les hommes et les femmes politiques dans leur prise de décision à caractère collectif. En somme, selon Schemeil, « Il y a deux raisons de faire de la science politique : rendre le monde plus juste ou, plus modestement, prendre des décisions plus efficaces »[9].

Concrètement, que faisons-nous de différent en politique appliquée? La réponse réside en partie dans ce livre, qui est un échantillon de ce que nous faisons. Il n'est d'ailleurs pas inintéressant de regarder la diversité de ce que font les politologues, car « Une science se définit par ce qu'elle fait. Il n'est donc pas sans intérêt de se demander, en

---

[7] P. FAVRE. « La question de l'objet de la science politique a-t-elle un sens? », [...], p. 23.
[8] J. DE DONNEDIEU VABRE. La science politique contemporaine, *Revue française de science politique*, vol. 2, no. 2, 1952, p. 389-390.
[9] Y. SCHEMEIL. *Introduction à la science politique: objets, méthodes, résultats*, Paris, Presses de Sciences Po et Dalloz, 2010, p. 41.

sachant la réponse toujours étroitement circonscrite dans le temps, quels sont les objets que la communauté savante s'accorde à ranger sous le chapitre science politique »[10]. Nous nous éloignons ainsi du cadre traditionnel, voire strict, de la science politique notamment quant à l'objectivité que met en branle notre façon de faire de la science politique.

2) L'objectivité du chercheur et sa neutralité

Il y a et il y aura encore longtemps, je pense, une tension entre la science politique théorique dite objective à mon avis trop désincarnée et l'engagement politique et militant à mon avis trop subjectif pour être valable scientifiquement. La volonté de la politique appliquée est de se retrouver juste au milieu de ces deux extrêmes. Commençons par les exposer brièvement pour voir où se situe la politique appliquée par la suite.

La science politique théorique pose hélas! le problème de « la spécialisation à outrance [qui] transforme la profession en une infinité de microscopiques cénacles s'accompagnant d'un sentiment grandissant d'isolement dans la tour d'ivoire universitaire »[11]. Un isolement non seulement de la société et de ses besoins concrets, mais aussi un isolement par rapport aux étudiants de premier cycle universitaire, puisque peu intéressants pour les chercheurs et les organismes subventionnaires qui les financent.

Alors que je considère qu'il est acceptable que le chercheur s'engage, dans le sens premier de ce verbe, dans la société et les débats qui l'animent. Le désintéressement du savant « ne peut être qu'une absence d'intérêt conscient ou d'intérêt à court terme; son

---
10 P. FAVRE. « La question de l'objet de la science politique a-t-elle un sens? » [...], p. 28.
11 Y. VILTARD. « Faire l'histoire de la science politique n'est pas neutre. À propos de *Political Science in History* », [...], p. 135.

œuvre reflète les influences subies et exerce elle-même une influence nouvelle »[12], ce qui rend illusoire la volonté de sa parfaite objectivité trop souvent à l'origine de cette tendance. Illusoire, car impossible dans le sens où l'objectivité est conçue trop étroitement comme une invariance et une fidélité par rapport au réel[13], alors que le politologue fait partie de ce même réel et que ce même réel change constamment et invariablement sans égard à la présence ou à l'absence du chercheur ou de l'individu qu'il observe, soit des deux à la fois...

Comment prétendre être spécialiste de quelque chose alors que l'on n'a pas vécu cette chose, que l'on n'a pas expérimenté ou même vue cette chose de nos propres yeux? Le passage du monde abstrait des idées au monde concret des Hommes est parfois cruel. Cela ne veut pas dire de le faire en l'absence d'un cadre scientifique. En effet, il faut se prémunir, comme le dit si bien Loubet Del Bayle, des « tentations de la science politique qui peuvent compromettre le caractère scientifique du travail du politologue ou de l'apprenti politologue »[14]. De plus, il donne à titre d'exemple, comme étant à l'autre bout du spectre dont je parlais ci-dessus, « le discours militant, c'est-à-dire la tentation de substituer au discours scientifique un discours orienté vers la défense ou la promotion d'une cause politique mettant en question la neutralité et l'objectivité du discours scientifique »[15]. En bref, ce que ne veut pas faire le chercheur engagé en politique appliquée.

Ce dernier, conscient des contingences que lui impose sa subjectivité, de la crédibilité et de la pertinence que lui offre le cadre rigoureux de la méthode scientifique et de l'éthique de la recherche, désire faire de la science politique utile non seulement pour la

---

12 J. DE DONNEDIEU VABRE. « La science politique contemporaine », [...], p. 397.
13 Y. PROVENÇAL. « Une analyse de la notion d'objectivité », *Philosophiques*, vol. 14, no. 2, 1987, p. 365.
14 J.-L. LOUBET DEL BAYLE. « De la science politique », *Politique*, no. 20, 1991, p. 119.
15 J.-L. LOUBET DEL BAYLE. « De la science politique », *Politique*, no. 20, 1991, p. 119.

progression des savoirs, mais aussi, et surtout, pour le bien-être, si petit soit-il et si difficile qu'il puisse être atteint, de la collectivité. La question est de savoir comment le faire et pourquoi le faire?

3) Les finalités de la politique appliquée

À cette question plus philosophique que politique, il faut répondre par les finalités que visent les études politiques appliquées. Bien entendu, ces études reconnaissent la création de connaissance comme une des finalités de la science. Cependant, l'accent est mis davantage sur ce que Dépelteau nomme la volonté de pouvoir, volonté tirée de la science moderne[16]. Si en sciences de la nature cette volonté de pouvoir s'exprime dans le contrôle et la domination de la nature, en sciences sociales et humaines, cette volonté s'exprime plutôt dans l'intervention soit sur l'individu soit sur la collectivité afin de résoudre si possible les maux qui les frappent ou d'en atténuer les effets. « Avoir affaire à un être humain est fondamentalement différent que d'avoir affaire à une chose, et peut être de fait un avantage, du point de vue de la profondeur de la connaissance » affirmait Weber[17]. Or, cet avantage doit profiter aux sciences sociales et humaines et notamment aux études politiques puisque ces dernières, de par leurs objets, touchent l'entièreté de la société.

Ainsi, selon nous, l'important avec les connaissances ce n'est pas de les accumuler sans fin, mais plutôt c'est ce que nous en faisons une fois acquises. Or, pourquoi ne pas s'en servir pour justement tenter de trouver des solutions ou atténuer les effets des problèmes constatés pour le bien-être de l'individu et de la société? Avec la politique appliquée, nous avons la volonté de renverser cette tendance

---

16 F. DÉPELTEAU. *La démarche d'une recherche en sciences humaines.* De la question de départ à la communication des résultats, Québec, Les Presses de l'université Laval/ De Boeck Université, 2000, p. 50-51.
17 M. WEBER cité dans J. FELDMAN. « Objectivité et subjectivité en science. Quelques aperçus », *Revue européenne des sciences sociales*, vol. XL-124, 2002 p. 87.

à considérer la politique comme étant abstraite et se prêtant davantage à une analyse et un enseignement théorique. Le malheur de la politique c'est qu'elle « n'est pas un fait brut; c'est tout simplement un concept, qui plus est détaché de l'expérience »[18]. Pour nous, la politique et son étude doivent se retrouver plus près de l'action ou dans des termes plus précis dans l'intervention.

Ce débat n'est pas nouveau. Il hante, je dirais, la science politique depuis ses origines. Faut-il former des praticiens ou bien former des chercheurs? En 1953, MacPherson affirmait que « La principale difficulté à l'étape actuelle de la recherche en science politique consiste à équilibrer les recherches empiriques systématiques d'une part, et la philosophie politique adaptée à un nouvel ensemble de rapports et de problèmes sociaux d'autre part »[19]. Quarante ans plus tard, en 1993, Landry constatait que de nombreuses recherches « démontrent que l'analyse positive tend à dominer la science politique pratiquée au Québec, bien que l'analyse normative et l'analyse de résolution de problème occupent une place de plus en plus importante dans la recherche »[20]. Il y a donc évolution et tiraillements dans la discipline. Les études purement théoriques ou très théoriques dominent encore les recherches. Néanmoins, un mouvement de rapprochement se distingue. Je pense que nous faisons partie de ce mouvement qui consiste en un sain rapprochement entre les études politiques et leurs objets.

Avons-nous le choix de nous rapprocher de nos objets? Certes, dans le domaine des idées tout ou presque est possible. Cependant, faire de la science politique de façon macroscopique, rétrospective et théorique nous fait perdre le contexte spécifique et nuancé dans lequel

---

18 B. DUPRET et J.-N. FERRIÉ. « L'idée d'une science sociale et sa relation à la science politique», *Revue française de science politique*, vol. 60, no. 6, 2010, p. 1160
19 G. B., MACPHERSON. « Les tendances mondiales de la recherche en science politique », *Revue française de science politique*, vol.4, no 3, 1954, p. 544.
20 R. LANDRY. « Les traditions de recherche en science politique », *Politique*, no. 23, 1993 p. 15.

nos objets évoluent et la finalité, voire la responsabilité, de notre science envers les sujets de nos recherches. Pour ce faire, il semble nécessaire de traverser la frontière entre les études de type *ex post* (déductive et hypothético-déductive) pour se consacrer davantage à des études et des interventions de type *ex ante* (inductive et empirico-inductive), c'est-à-dire engagées auprès des sujets de nos recherches. Cela demande des approches, des méthodes et une ouverture à toute la diversité théorique des sciences sociales et humaines. Donc, cela demande un immense défrichement empirique, car les problèmes sociaux ou individuels sont souvent insolubles et surtout très nombreux. Si nombreux et si complexe que l'invitation à la réflexion sur ce qu'est la politique appliquée qu'offre ce livre contribue modestement au vaste défrichement empirique et méthodologique prescrit ci-dessus. En résumé, grâce à la diversité des approches de l'objet politique, qui est par nature en perpétuel renouvellement, grâce à la diversité de la posture des chercheurs, soit l'engagement et l'observation, grâce à l'acceptation que la finalité de la recherche sociale et politique aboutit à l'innovation, l'évolution et l'adaptation de la société, je considère que les trois obstacles qu'énumère Pierre Favre ne paraissent pas insurmontables et que la politique appliquée demeure une des meilleures façons de les contourner.

Le premier chapitre, rédigé par la professeure Isabelle Lacroix, répond à la question fondamentale suivante pour notre entreprise: « Qu'est-ce que la politique appliquée? » Cet effort définitionnel amène l'auteure à déterminer ce qu'est, d'une part, la discipline de la science politique et, d'autre part, la notion d'appliqué en science. Elle arrive par la suite à la fusion fertile de ces deux éléments dans sa proposition de ce qu'est la politique appliquée. Pour ce faire, elle expose la tension inhérente entre la formation et l'innovation ainsi que celle, plus traditionnelle, entre la théorie et le « terrain » que présuppose la politique appliquée. Elle conclut son chapitre par un retour sur les acquis de la politique appliquée, mais aussi et surtout sur les défis qui animent cette façon particulière de faire de la science politique.

Le deuxième chapitre aborde davantage la question de la recherche en politique appliquée. Pour ce faire, les auteurs, Hugo Loiseau, Mylène Clavreul et Khalid Adnane, répondent à la question: «Y a-t-il une méthode de recherche en politique appliquée?» La réponse qu'ils apportent s'expose de trois façons. Ils abordent initialement le besoin de compréhension nécessaire pour une action politique pertinente à des problèmes réels. Pour ce faire, ils présentent ce qu'est la recherche appliquée et ses méthodes, puis le passage entre les résultats de recherche et une réalité applicable. Par la suite, ils expliquent le besoin d'intervention qui fonde le socle de la politique appliquée. Les méthodes d'intervention sont variées et ils en retiennent deux spécifiquement pour la politique appliquée: la recherche-action et l'aide à la décision. Les auteurs concluent leur chapitre sur le besoin de diffusion des connaissances et plaident pour un rapprochement entre chercheurs et praticiens.

Le troisième chapitre conclut cette première partie du livre sur la nature de la politique appliquée en présentant les différentes approches pédagogiques créées au sein du département afin d'enseigner et de mettre en œuvre cette façon particulière de faire de la science politique. Le chapitre « Les outils pédagogiques de la politique appliquée », rédigé par le professeur Pierre Binette et par le chargé de cours Emmanuel Choquette, recense toutes les méthodes pédagogiques utilisées dans les activités pédagogiques de nos programmes afin de rendre concret, grâce à une multitude d'outils pédagogiques, les savoirs abstraits de la science politique et les savoirs concrets de la politique. À partir d'une véritable enquête d'introspection dans plus de 200 plans de cours et d'une série d'entrevues avec les membres enseignants de l'École de politique appliquée, Pierre Binette et Emmanuel Choquette concluent que le « choc du réel » qu'implique cette pédagogie est extrêmement bénéfique dans la progression des étudiantes en études politiques appliquées.

La deuxième partie du livre rassemble les contributions exposant le rôle central des acteurs et des institutions politiques comme différentes facettes de la politique appliquée. Ainsi, dans le quatrième chapitre, le professeur Jean-Herman Guay se penche sur les partis politiques, un patient bien malade. Pour ce faire, l'auteur nous invite à un essai de redéfinition des fonctions partisanes des partis politiques afin de démontrer que les partis politiques, même si en apparence ils semblent contribuer au cynisme politique ambiant, sont particulièrement sensibles à des pressions et des dynamiques qui leur sont extérieures. Telle une caisse de résonance, ils semblent focaliser, puis amplifier tous les problèmes des sociétés actuelles (politiques, sociaux, économiques...) sans pouvoir fournir de réponse ou être capables de se renouveler. Pourtant, au cours des cinquante dernières années, les partis politiques se sont beaucoup transformés. Le professeur Guay le démontre éloquemment dans son chapitre à la lumière de trois caractéristiques (variabilité, perméabilité et conflictualité) et de trois fonctions (agrégation, conciliation et légitimation). Seul l'avenir dira si les partis politiques réussiront le pari de se régénérer profondément afin de faire face au désengagement et au cynisme des citoyens.

Pour le professeur Gilles Vandal, auteur du cinquième chapitre, la politique appliquée se matérialise à travers la notion de leadership. À cet égard, il expose les nombreuses et diverses qualités personnelles qui forgent les grands dirigeants politiques. Pour ce faire, il a recours à de multiples exemples tirés de l'histoire politique québécoise, canadienne et mondiale récente pour illustrer finalement que le leadership est une qualité transversale bien souvent innée. Selon lui, le prototype du grand dirigeant se décline selon la mesure de son ambition, la chance et les circonstances qui la favorisent, l'aspect providentiel et le charisme, la synergie créée entre le dirigeant et son peuple, la maîtrise de la prise de décision et l'utilisation qu'il fait de son entourage. Il offre, par son chapitre, un véritable portrait-robot du leader politique contemporain auquel les étudiants peuvent se référer.

Au-delà des acteurs et des institutions politiques, la question du contexte est primordiale à comprendre pour les cohortes étudiantes. C'est l'objectif de la troisième partie du livre. À cette fin, la contribution du professeur Sami Aoun soulève une réflexion sur les difficultés que rencontrent les professeurs pour enseigner de façon appliquée une matière complexe. Le professeur Aoun utilise l'exemple de l'enseignement du Moyen-Orient, une région riche en complexité et en diversité de toute nature. L'expression « l'Orient compliqué » sonne tel un écho à la lecture de ce chapitre. En effet, l'auteur fait attention de bien contextualiser son questionnement: comment enseigner le Moyen-Orient, dans le cadre de l'approche appliquée, à des personnes majoritairement étrangères à cette région dans une université occidentale? Il prend appui sur des cas tel celui des droits de l'Homme pour bien démontrer les obstacles intellectuels, méthodologiques et émotionnels qui rendent difficile la compréhension de cette région troublée avec la modernité. La conclusion qui ressort de son chapitre se veut optimiste et préconise un enseignement basé sur la vulgarisation et le développement de l'esprit critique.

Le passage de la théorie à la pratique est au cœur du chapitre proposé par le professeur Serge Granger et ses étudiantes Andréanne Bourque et Marie-Hélène Rousseau. En prenant exemple sur la décentralisation des pouvoirs en Inde, les auteurs illustrent à l'aide d'une échelle aux dimensions de l'Inde, donc très grande par rapport à celle du Québec, un processus politique universel qui touche directement le pouvoir politique et sa délégation. Après avoir bien expliqué le concept de décentralisation et de ses effets politiques, les auteurs exposent comment ce processus a été mis en œuvre au moyen de la fiscalité dans le fédéralisme indien et la culture politique indienne. Puis, ils présentent la décentralisation comme un vecteur de démocratisation pour le système politique indien. L'engagement des communautés locales à se gouverner approfondit et élargit la culture démocratique. Les exemples sont nombreux comme celui de la participation politique des femmes ou des intouchables. Ils concluent leur chapitre par les résistances rencontrées face à la décentralisation et au travail soutenu qu'exige l'implantation de cette décentralisation.

Le dernier chapitre du livre offre un retour très intéressant vers l'ensemble de l'ouvrage en ce qu'il aborde la science politique de façon introspective et évolutive. En effet, ce chapitre de la professeure Catherine Côté expose l'étonnante diversité des approches, des méthodes et des objets qui peuplent la science politique de sa création jusqu'à aujourd'hui. Les bienfaits de cette diversité se retrouvent notamment dans l'interdisciplinarité qui est au cœur même de la science politique. Cette ouverture aux autres disciplines des sciences sociales et des autres types de sciences favorise la pertinence constamment renouvelée des analyses issues des sciences politiques. Cela est d'autant plus nécessaire, comme le souligne la professeure Côté, que les progrès technologiques et sociaux bouleversent régulièrement nos modes de pensées et nos façons d'analyser le réel. Internet étant le dernier exemple de ces bouleversements. Au final, tout devient politique et tout intéresse donc les politologues. Autant la science politique que ces praticiens, appliqués ou non, subissent ainsi l'épreuve invariable de la réalité.

Conclusion

La création d'un nouveau département de science politique au Québec en 2007 était-elle pertinente et envisageable à l'époque? Rappelons le contexte universitaire québécois avant toute autre chose. Les contraintes budgétaires que vivent les universités à l'époque (et encore aujourd'hui!) ne favorisaient pas les chambardements de structures ni les dépenses inconsidérées. La grève étudiante de l'hiver 2005 a laissé des traces dans les cohortes étudiantes, la modification des règles du régime des prêts et bourses étudiants, cause de la grève, puis la hausse des frais de scolarité qui s'en est suivie (cause de la grande grève étudiante de 2012) mobiliseraient autant et donneraient des résultats politiques. Les différents départements de sciences politiques et les facultés de sciences sociales et humaines ont été touchés par cette grève parce qu'une majorité de leurs étudiantes et de leurs étudiants a été mobilisée. La croissance économique du Québec malgré la crise économique qui affectera l'économie mondiale à partir de 2008 demeurait plus ou moins au rendez-vous. Donc, la pertinence se retrouvait ailleurs, car elle est plutôt issue de la volonté d'un groupe de professeurs qui ont lucidement identifié un besoin social et intellectuel insatisfait encore présent.

Le fait le plus surprenant découvert dans mes recherches pour ce livre c'est la concordance des temps entre 1954 et 2007. MacPherson écrivait en 1954, à propos des tendances mondiales de la science politique de l'époque, que l'opinion publique « était largement répandue suivant laquelle [...] la science politique devait se préoccuper d'améliorer et de parfaire le fonctionnement des institutions ».[21] Au Québec et surtout à l'Université de Sherbrooke, 1954 est une date qui a deux significations pour la science politique. D'une part, 1954 c'est l'année

---

21   G. B. MACPHERSON. « Les tendances mondiales de la recherche en science politique », [...], p. 520.

de fondation de l'Université de Sherbrooke. 1954, d'autre part, c'est l'année de fondation du premier département de science politique au Québec à l'Université Laval. Après plus de 50 ans de science politique au Québec, la création de l'École de politique appliquée répondait non seulement à un besoin en Estrie et en Montérégie, des régions en pleine croissance, mais surtout parce qu'il semble que la science politique québécoise s'éloigne de sa préoccupation d'améliorer le fonctionnement des institutions et des problèmes politiques et sociaux que vit le Québec. Ainsi naquit l'École de politique appliquée. Cette audacieuse appellation de politique appliquée méritait et mérite encore aujourd'hui des explications. Le livre que voici expose le point de vue des fondateurs de cette École et des membres qui y participent depuis sa création.

Bibliographie

DE DONNEDIEU VABRE, Jacques. La science politique contemporaine, *Revue française de science politique*, vol. 2, no. 2, 1952, 389-390, pp. 388-400.

DÉPELTEAU, François. *La démarche d'une recherche en sciences humaines. De la question de départ à la communication des résultats*, Québec, Les Presses de l'université Laval/De Boeck Université, 2000, 417 p.

DRYZEK, John S. *et al. Political Science in History Research Programs and Political Traditions*, Cambridge, Cambridge University Press, 1995, 379 p.

DUPRET, Baudoin et FERRIÉ, Jean-Noël. « L'idée d'une science sociale et sa relation à la science politique», *Revue française de science politique*, vol. 60, no. 6, 2010, pp. 1159-1172.

FAVRE, Pierre. « La question de l'objet de la science politique a-t-elle un sens? » dans FAVRE, Pierre *et al. L'atelier du politiste*, Paris, La Découverte, 2007, pp. 17-33.

FAVRE, Pierre. « La constitution d'une science du politique, le déplacement de ses objets et l'irruption de l'histoire réelle (première partie) », *Revue française de science politique*, vol. 33, no 2, 1983, pp. 181-219

FELDMAN, Jacqueline. « Objectivité et subjectivité en science. Quelques aperçus », *Revue européenne des sciences sociales*, vol. XL-124, 2002 p. 87.

LANDRY, Réjean. « Les traditions de recherche en science politique », *Politique*, no. 23, 1993 p. 7-19.

LOUBET DEL BAYLE, Jean-Louis. « De la science politique », *Politique*, no. 20, 1991, pp. 95-127.

MACPHERSON, G.B. « Les tendances mondiales de la recherche en science politique », *Revue française de science politique*, vol.4, no 3, 1954, pp. 514-544.

PROVENÇAL, Yvon. «Une analyse de la notion d'objectivité», *Philosophiques*, vol. 14, no. 2, 1987, pp. 361-380.

SCHEMEIL, Yves. *Introduction à la science politique: objets, méthodes, résultats*, Paris, Presses de Sciences Po et Dalloz, 2010, 531 p.

VILTARD, Yves. « Faire l'histoire de la science politique n'est pas neutre. À propos de *Political Science in History* », *Revue française de science politique*, vol. 49, no. 1, 1999, pp. 123-136.

VOUTAT, Bernard. « Les objets de la science politique: réflexions sur une discipline...sans objet. Dans SFEZ, Lucien (dir.). *Science politique et interdisciplinarité: Conférences 1998-2000*, Paris, Publications de la Sorbonne, 2002, p. 55-76.

Première partie

Pédagogies et méthodes

Chapitre 1
Qu'est-ce que la politique appliquée?

Par Isabelle Lacroix

Introduction

Répondre à la question « Qu'est-ce que la politique appliquée? » est plus complexe qu'il n'y paraît. Puisque tous possèdent leur propre définition, il nous a semblé impossible de couvrir en totalité une si vaste étendue. Nous avons donc fait le choix d'orienter ce texte dans le sens de l'expérimentation faite par plusieurs praticiens de la formation universitaire en cette matière et d'en faire émerger une réflexion plus globale à partir des tensions vécues et des équilibres recherchés. Ce texte repose d'abord sur une présentation descriptive de la politique appliquée et du contexte qui l'a vu émerger. La présentation est ensuite construite à partir de ces « tensions » qui sont incontournables lorsque cette approche est mise en œuvre, tant du point de vue universitaire que du point de vue pratique, et des équilibres qui sont ciblés pour y répondre. Finalement, nous revenons sur les conclusions tirées d'une table ronde portant sur la politique appliquée organisée dans le cadre du Congrès de l'ACFAS, qui a eu lieu au printemps 2011. Mais, débutons par le commencement. Avant de se pencher sur la politique appliquée, il est essentiel de définir ce qu'est la science politique et ce à quoi fait référence la notion « d'appliqué » en science.

La science politique

Dans leur ouvrage d'introduction aux théories politiques, Monière et Guay situent dans les années 1930 et 1950 le passage de la science politique vers la discipline qui étudie le pouvoir sous toutes ses formes :

> La science politique, de science de l'État qu'elle était, devint science du pouvoir. Le concept de pouvoir est devenu le concept central de la science politique. Les pionniers de ce mouvement sont les Américains Charles Merriam (*Political Power*, 1934) et Harold Lasswell et Abraham Kaplan (*Power and Society*, 1950). Pour ces auteurs, l'objet de la science politique est d'étudier la nature, les fondements, l'exercice, les objectifs et les effets du pouvoir dans la société [22]. Lasswell propose un nouveau paradigme qui déplace les intérêts de recherche. La science politique s'efforce de répondre aux questions suivantes : qui obtient quoi, quand et comment ? [...] Le concept unificateur de la discipline est le concept de pouvoir dont la portée est universelle. On suppose donc que, dans toute société, il y a une distinction entre les gouvernants et les gouvernés.[23]

Il s'agit de la désignation la plus large de la science politique et elle fait d'ordinaire objet de consensus même si on la considère souvent comme étant incomplète.

En 1964, Duverger abordait la science politique à partir de deux approches, une approche étatique et une approche axée sur le pouvoir : « Quelques-uns considèrent toujours la politique comme la science de l'État, pouvoir organisé dans la communauté nationale; le plus grand nombre y voit la science du pouvoir organisé dans toutes les communautés »[24]. Ces deux grands courants sont à l'origine des deux expressions souvent associées à la définition de la science politique, soit « la science du pouvoir » ou la « science de l'État ». Or, la science politique couvre un large champ d'études, plus large que ces deux expressions. Cet état de fait conduit Grawitz à affirmer que « La

---
[22] J. MEYNAUD. *Introduction à la science politique*, Paris, A. Colin, 1959, p. 73-80.
[23] D. MONIÈRE et J-H. GUAY. *Introduction aux théories politiques*, Montréal, Québec/Amérique, 1987, p. 40.
[24] M. DUVERGER. *Introduction à la politique*, Collections Idées, Paris, Gallimard, 1964, p. 15.

variété et l'hétérogénéité des sujets dont traite la science politique ont longtemps fait douter de cette possibilité, d'où l'affirmation que la science politique n'existant pas, il y aurait seulement des sciences politiques »[25]. Pour cette auteure, la science du politique s'intéresse aussi aux structures, aux forces et aux intérêts, aux idées, aux rapports politiques, aux comportements.[26] Bélanger et Lemieux abondent aussi dans le sens d'une science politique multiple dans la mesure où :

> [I]l n'existe pas plus un consensus sur son objet que sur sa démarche. Le terme même de politique prête à une extension plus ou moins grande selon le sens qu'on veut bien lui prêter. Il faut dire tout de suite que le phénomène politique lui-même n'est pas seulement observé par la science politique. Une foule de disciplines en ont fait l'objet à des degrés divers : la philosophie, le droit, la sociologie, l'anthropologie et, plus récemment, l'économie. [...] Autant de disciplines, autant de manières plus ou moins distinctes d'aborder et de définir le politique.[27]

Dans cette optique, la politique appliquée nous semble une approche intéressante pour penser, comprendre, voire expliquer un monde en changement perpétuel à partir de l'angle du politique.

La notion « d'application » en science

La notion d'application en science fait habituellement référence à cette conception de l'utilisation des savoirs scientifiques avec pour finalité un usage concret, la résolution d'un problème réel ou l'atteinte d'un objectif pratique. Si cette particularité semble évidente quand elle réfère aux sciences traditionnelles telles que la physique, la chimie et,

---

25 M. GRAWITZ. *Méthodes des sciences sociales*, 11ᵉ édition, Paris, Dalloz, 2001, p. 286.
26 M. GRAWITZ. *Méthodes des sciences sociales*, [...], p. 288-290.
27 A. J. BÉLANGER et V. LEMIEUX. *Introduction à l'analyse politique*, Montréal, Les Presses de l'Université de Montréal, 1996, p. 19.

pour son volet appliqué, l'ingénierie, c'est moins le cas lorsqu'on tente de la concevoir au sein des sciences humaines et sociales. Toutefois, selon Pierre Paillé, « La recherche en sciences humaines et sociales se trouve à un tournant depuis quelques années alors que les frontières se brouillent entre disciplines autrefois distinctes (sociologie et anthropologie, par exemple) de même qu'entre savoirs et pratiques »[28]. Les notions de pratique ou d'application se verraient ainsi intégrer au développement de la connaissance scientifique de disciplines humaines et sociales. À titre d'exemple, Groulx s'intéresse, dans un chapitre portant sur le sens et l'usage de la recherche qualitative en travail social, au développement de la recherche-action et du développement de modèles de pratique dans l'optique de construire un savoir praxéologique.

Pour Monière et Guay, la politique elle-même s'inscrit dans cette dualité de la théorie et de la pratique, et ce, dès ses origines. Selon ces auteurs :

> Dans la philosophie grecque, le mot politique a deux significations. Il désigne, premièrement, *la connaissance* des principes de la gouverne collective et, deuxièmement, la *pratique* du gouvernement ou l'art de diriger les affaires publiques. Ainsi, à l'origine, la théorie et la pratique politiques n'étaient pas dissociées; alors qu'aujourd'hui, on a plutôt tendance à distinguer ces deux dimensions : le politique désignant la connaissance du phénomène et *la* politique désignant la pratique, l'art de faire de la politique.[29]

La notion d'application en science politique serait donc la reconnaissance et l'appropriation de composantes intrinsèques à son objet d'étude. La politique appliquée s'inscrit ainsi directement, et tout

---
28 P. PAILLÉ. *La méthodologie qualitative. Postures de recherche et travail de terrain*, Paris, Armand Colin, 2006, p. 5.
29 D. MONIÈRE et J-H. GUAY. *Introduction aux théories politiques*, [...], p. 26.

simplement, dans cette reconnaissance, voire dans la valorisation de ce jumelage théorie-pratique.

La politique appliquée

Pour bien saisir ce qu'est la politique appliquée, il importe dans un premier temps de préciser que cette « idée » est d'abord et avant tout une innovation professionnelle, dont le point de départ est une reconnaissance des contraintes marquant l'environnement professionnel universitaire et non universitaire. Dans la littérature, la notion de politique appliquée, ou de *applied political science*, renvoie, dans les rares cas où elle est utilisée, au monde politique lui-même. Par exemple, Andres et Beecher centraient, en 1989, leur attention sur les expériences de stages offertes aux étudiantes et étudiants de science politique dans le cadre de l'administration gouvernementale américaine pour définir cette logique de politique appliquée. Aussi, dans un numéro spécial de *The Forum* en 2012, de nombreux politologues questionnent la relation entre la science politique et la pratique de la politique tant du point de vue de la recherche, de la formation que de la carrière des étudiants diplômés dans cette discipline. Pour ces auteurs, la notion de politique appliquée regroupe ainsi de larges ramifications et se concrétise dans des activités pédagogiques supervisées par un membre du corps enseignant tout en reposant sur l'autonomie et l'initiative étudiante. Ce sont des cours universitaires où les apprentissages se font majoritairement par expérimentation.[30]

En 2006, Binette définissait la politique appliquée comme :

> Une approche didactique de la science politique qui priorise comme objet d'étude l'acteur politique en tant que partie prenante à un processus de décision en matière

---

[30] Pour approfondir cette question, voir le chapitre 3 du présent ouvrage portant sur la pédagogie de la politique appliquée.

> de gestion de l'espace public. L'étude des options qui s'offrent à l'acteur, son analyse de la situation initiale, sa décision et l'opérationnalisation de celle-ci sont au centre de ces préoccupations. La politique appliquée pose la décision comme un processus de résolution de problème dans une dynamique évolutive des rapports de force entre les acteurs concernés et dans un environnement politique, légal et éthique contraignant où les ressources disponibles sont limitées[31].

Deux précisions doivent être apportées en complément de cette définition. En premier lieu, il nous faut insister sur la composante didactique de cette notion. La politique appliquée est d'abord et avant tout une approche didactique de la science politique, et non pas une nouvelle science ou un nouvel objet d'étude. Il s'agit d'une orientation de formation avec tout ce que cela peut impliquer pour les étudiants et les enseignants, ainsi que les résultats de recherche obtenus à partir de cette démarche[32]. En deuxième lieu, ceci découlant nécessairement du point précédent, il faut rappeler que l'objet d'étude est le même que celui de la science politique, dite traditionnelle, seul l'angle d'appréhension des phénomènes étudiés diffère. Un bref regard sur la table des matières du présent ouvrage devrait en ce sens convaincre le lecteur de l'importance et de l'influence de ces deux précisions, centrales à l'idée même de politique appliquée.

Ainsi, une formation en politique appliquée a pour objectif d'atteindre un certain équilibre entre les savoirs théoriques et pratiques. Cet équilibre cherche à faciliter l'apprentissage en politique appliquée, mais aussi la réflexion académique entourant cet objet d'étude de même que l'employabilité des diplômés. L'approche didactique de

---

31 P. BINETTE. *Qu'est-ce que la politique appliquée?*, [en ligne] https://www.usherbrooke.ca/politique_appliquee/programmes (page consultée le 11 novembre 2008)
32 Pour la question de la recherche appliquée, voir le chapitre 2.

la politique appliquée mise sur l'application des savoirs à partir de l'étude du réel.

L'expérience des dernières années, les multiples activités pédagogiques mises de l'avant et les résultats obtenus, ont permis de faire évoluer cette approche didactique et d'en consolider la mise en œuvre au sein de programmes de 1er et de 2e cycles. Assurément, les formations offertes en politique appliquée ne peuvent pas être considérées comme véritablement professionnalisantes puisqu'elles ne conduisent pas à une profession régit, par exemple, par un ordre professionnel (tel que l'ordre des ingénieurs du Québec). Elles sont plutôt considérées comme ayant une approche professionnalisante en vertu de la visée de développement de compétences générales rattachées au marché du travail, communes à plusieurs environnements professionnels telles que les capacités d'analyse, de collaboration, de représentation et de communication[33].

Partie I
Équilibre et tension : formation et innovation

Le premier questionnement que soulève l'approche de la politique appliquée renvoie à sa dimension didactique. Quel est l'équilibre souhaitable entre le maintien de la formation rigoureuse traditionnelle de la science politique assurant des apprentissages de qualité pour nos étudiants et les exigences nouvelles qu'apporte nécessairement l'innovation? Comment résoudre cette tension pour offrir une formation innovante sachant répondre aux besoins des acteurs étudiants et enseignants?

---

33 Plusieurs témoignages de diplômés de politique appliquée confirment cela, alors que ceux-ci ont rapporté avoir vécu des situations professionnelles proches de ce qu'ils avaient vécues dans le cadre de certaines activités pédagogiques faites pendant leurs études, et avoir pu s'appuyer en partie sur les apprentissages faits à ce moment-là.

Apprentissage signifiant

Le paradigme de l'apprentissage renvoie au passage d'un enseignement centré sur l'activité d'enseigner (*que devons-nous leur enseigner?*), vers un enseignement centré sur l'apprentissage (*que doivent-ils apprendre?*)[34]. Rejoignant des visées au cœur de ce paradigme, il revient aux étudiantes et aux étudiants de politique appliquée, accompagnés dans cette démarche par des enseignantes et des enseignants, de résoudre un problème qui leur est soumis ou alors de remplir une tâche complexe qui leur est assignée. Ce profond changement de pratiques est un des défis des dernières années auxquelles ont fait face les institutions universitaires européennes dans le cadre du *Processus de Bologne*[35].

Cette façon de concevoir les activités pédagogiques universitaires intègre les dix principes de l'apprentissage signifiants de Tardif[36], et plus particulièrement les quatre premiers. Dans un premier temps, on réaffirme l'importance de l'engagement individuel de l'apprenant dans sa démarche d'apprentissage. C'est le premier principe, celui de la

---

34 Pour Tardif plusieurs éléments composent cette logique paradigmatique, dont :
   • Le développement de compétences à l'aide de questions complexes.
   • L'intégration et la transférabilité des connaissances.
   • Les activités d'enseignement conçues à partir de l'apprenant, ayant pour base des problèmes ou des projets.
   • La réussite est fonction de la compréhension, les compétences, la transférabilité.
   • L'enseignant est un accompagnateur expert.
   • L'étudiant est actif et considéré comme un expert en devenir.
   J. TARDIF et A. PRESSEAU. « L'apprentissage d'abord », *Intégrer les technologies de l'information. Quel cadre pédagogique?*, Issy-les-Moulineaux, Éditions sociales françaises, 1998, p. 35.

35 Pour plus d'information à ce sujet voir le site du Conseil de l'Europe sur l'enseignement supérieur et la recherche quant au « processus de Bologne », [en ligne] http://www.coe.int/t/dg4/highereducation/ehea2010/bolognapedestrians_FR.asp (page consultée le 1er juin 2010).

36 Dix principes de l'apprentissage signifiant : 1) Une construction personnelle, 2) Un ancrage sur des connaissances antérieures, 3) Une construction sociale, 4) Une perception de valeur et de « pouvoir », 5) Une recherche de viabilité, 6) Une forte contextualisation initiale, 7) Une structuration hiérarchique, 8) Une indexation conditionnelle, 9) Une opérationnalisation stratégique, 10) Une gestion métacognitive.
   J. TARDIF et A. PRESSEAU. « L'apprentissage d'abord », [...], p. 43.

construction personnelle. Si l'apprenant est responsable de la construction de ses nouvelles connaissances, celles-ci seront plus significatives et donc, elles seront intégrées plus facilement. Ensuite, pour être significatives, les nouvelles informations devront démontrer un lien évident avec des connaissances antérieures. On part d'éléments fiables, connus, à maintenir, et on y adjoint quelques éléments à corriger ou à ajouter. Il s'agit du principe de l'*ancrage sur des connaissances antérieures.* Cela permettra à l'apprenant de juger, du moins partiellement, de la valeur et de la fiabilité de ces informations. Un autre principe, celui de la *construction sociale*, reconnaît que le contexte fait partie des informations antérieures dans lesquelles évoluent les étudiantes et les étudiants et est responsable de l'encodage de bon nombre de connaissances antérieures notamment erronées. Enfin, selon le principe de la *perception de valeur et de « pouvoir »*, il importe de démontrer clairement la pertinence des activités et de leurs visées de formation dans le développement plus global de l'individu (pouvoir, implication de l'apprenant). En somme, un apprentissage significatif implique des apprenants actifs et engagés, des enseignants accompagnateurs, qui agissent tels des mentors, et des activités authentiques pertinentes et exigeantes.

Des programmes innovants

Au-delà des activités pédagogiques basées sur les principes de l'apprentissage signifiant, la politique appliquée suppose une approche-programme intégratrice des fondements du paradigme de l'apprentissage. En ce sens, les programmes d'études en politique appliquée, tant au premier qu'au deuxième cycle, renvoient à la notion de « programme innovant ».

Selon Bédard *et coll.*, la dynamique de « l'enseignement-apprentissage » est au cœur de toute forme d'innovation pédagogique. Ainsi, pour qu'un programme soit reconnu comme étant innovant, il doit avoir pour principal but d'améliorer les apprentissages, alors que les orientations données doivent affecter l'ensemble du programme. Cette orientation programmatique doit reposer, pour être reconnue comme étant innovante, sur six caractéristiques rejoignant le développement des programmes en politique appliquée : 1. des étudiants actifs alors que l'enseignement doit être centré sur l'apprenant; 2. des situations professionnelles où l'enseignant propose une contextualisation des apprentissages la plus authentique possible pour comprendre la complexité des situations professionnelles qu'ils rencontreront tout au long de leur carrière; 3. des frontières disciplinaires assouplies pour permettre à l'apprenant de bien saisir la complexité des réalités professionnelles; 4. des activités d'évaluation cohérentes avec les activités d'apprentissage authentiques proposées; 5. un programme de formation axé sur le transfert des apprentissages; et 6. une forte collégialité entre les enseignants[37]. Pour être conformes à l'esprit de ces caractéristiques, les programmes de politique appliquée doivent reposer sur l'autonomie des étudiants, sur des activités pédagogiques offrant diverses situations et milieux de pratique, sur des cours ou cheminements de disciplines complémentaires, sur l'expertise de praticiens et leur valorisation au cœur des enseignements et, finalement, sur une équipe enseignante qui accepte de travailler en étroite collaboration avec des collègues dont ils reconnaissent l'expertise et la contribution.

L'équilibre visé, qui a été défini il y a quelques années, continue d'être concrètement mis en œuvre session après session. Mais plus encore, l'approche de la politique appliquée telle que conçue au départ s'est vue modifiée de façon continue par l'ajout de nouvelles ressources professorales et praticiennes, mais aussi par l'influence des différentes cohortes étudiantes, qui se sont succédé, et les activités

---

[37] D. BÉDARD *et al.* « Au-delà des réformes et des témoignages sur les pratiques pédagogiques innovantes... », Document présenté lors du XXIIe congrès de l'AIPU, Genève, Suisse, 2005, p. 6.

dont elles ont été l'initiatrice. Cette première tension se concrétise ainsi par un équilibre dynamique toujours à revoir.

Partie II
Équilibre et tension : la théorie et le « terrain »

La tension qui soulève assurément le plus de questionnements à l'égard de l'approche de la politique appliquée est celle du mariage entre la théorie et la pratique dans la production de savoirs qui se veulent savants. Si cette approche implique de faire des choix didactiques, elle oriente aussi le choix des grilles théoriques et des référents conceptuels dont font usage ces politologues. En se référant à la définition de Binette présentée plus haut, les approches théoriques sélectionnées doivent permettre d'appréhender dans la réalité politique tant les notions de contraintes que la liberté de l'acteur pour traiter véritablement des objets politiques à partir d'une approche de type politique appliquée.

Dans le cadre du présent texte, nous avons, pour ce faire, choisi deux grilles qui permettent, selon nous, une application de cette approche tout en maintenant la rigueur dans la construction de la démarche analytique, soit l'analyse stratégique et le néo-institutionnalisme.

Analyse stratégique : l'acteur

Pour Rouleau, l'analyse stratégique développée par Crozier et Friedberg, marquant une certaine continuité avec le *Phénomène bureaucratique* de Crozier, passe de l'analyse de l'organisation à l'analyse de l'action :

> L'apport de l'analyse stratégique aux théories des organisations est incontestable. Elle reconnaît la liberté de l'individu et fait la promotion d'une représentation pluraliste

> de l'organisation. En évoquant la rationalité de situation et en s'intéressant autant à l'acteur qu'au système, elle permet une forme de réconciliation entre l'action et la structure. De plus, il s'agit d'une méthode d'analyse inductive reconnaissant l'imprévisibilité des comportements et non d'une théorie formelle de l'organisation affirmant des lois générales. En regardant l'action organisée sous l'angle des relations de pouvoir, elle renouvelle l'analyse des organisations[38].

Pour Friedberg, l'analyse stratégique est d'abord et avant tout une méthode découlant de la confrontation des données empiriques modulées et de l'analyse, qui en est faite[39]. Elle rejoint en cela la démarche de la politique appliquée. Cette approche repose sur trois postulats : premièrement, l'acteur est capable de rationalité et de stratégie; deuxièmement, le pouvoir est une relation d'échange basée sur la négociation; troisièmement, le système est composé d'un minimum d'ordre et d'interdépendance[40].

Pour Crozier et Friedberg, l'organisation n'est pas un phénomène naturel, mais bien un construit social découlant de l'action collective :

> Ils ne constituent rien d'autre que des solutions toujours spécifiques, que des acteurs relativement autonomes, avec leurs ressources et capacités particulières, ont créées, inventées, instituées pour résoudre les problèmes posés par l'action collective et, notamment, le plus fondamental de ceux-ci, celui de la coopération en vue de l'accomplissement d'objectifs communs, malgré leurs orientations divergentes.[41]

---

38 L. ROULEAU. *Théories des organisations*, Québec, Presses de l'Université du Québec, 2007, p. 124-125.
39 E. FRIEDBERG. « Le raisonnement stratégique comme méthode d'analyse et comme outil d'intervention », *L'analyse stratégique*, Paris, Éditions du Seuil, 1994, p. 135.
40 E. FRIEDBERG. « Le raisonnement stratégique comme méthode d'analyse et comme outil d'intervention », [...], p. 136-139.
41 M. CROZIER et E. FRIEDBERG. *L'acteur et le système : les contraintes de l'action collective*, Paris, Édition du Seuil, 1977, p. 15-16.

De par leur provenance, ces solutions ne peuvent être considérées comme étant déterminées à l'avance et elles dépendent, pour une large part, du contexte qui les a vues naître. Ainsi, l'action collective est en quelque sorte le résultat d'une « médiation inéluctable »[42] entre les fins recherchées par les acteurs et les moyens dont ils disposent réellement. Aussi structurantes soient-elles, ces solutions assurent la coopération des acteurs sans pour autant supprimer leurs libertés individuelles puisque tout problème comporte une part d'incertitude que les acteurs, inégaux entre eux, vont tenter d'utiliser pour accroître leur pouvoir face aux autres à partir de leurs ressources propres[43]. Les solutions ainsi négociées, soient ces construits d'action collective, sont ainsi intégrées et deviennent de nouvelles contraintes pour le traitement des nouveaux problèmes auxquels seront confrontés les organisations et les acteurs, et par le fait même, les solutions qui seront négociées[44].

Ainsi, le pouvoir des acteurs découle de la structure des relations entre eux, qui permet ou non le contrôle des zones d'incertitude au sein des organisations, soit : « le pouvoir comme dimension fondamentale et inéluctable de toute relation sociale qui peut toujours s'analyser comme un embryon d'action collective impliquant marchandage et intégration »[45]. Ces réflexions sur les zones d'incertitude et le pouvoir des acteurs conduisent les auteurs à poser une question centrale orientant l'objet de l'analyse stratégique :

> Au lieu donc d'exagérer la liberté et la rationalité de l'acteur pour ensuite la restreindre arbitrairement, ne serait-il pas plus efficace et aussi plus réaliste de renverser

---

42 M. CROZIER et E. FRIEDBERG. *L'acteur et le système : les contraintes de l'action collective*, [...], p.18.
43 M. CROZIER et E. FRIEDBERG. *L'acteur et le système : les contraintes de l'action collective*, [...], p. 22, 24.
44 M. CROZIER et E. FRIEDBERG. *L'acteur et le système : les contraintes de l'action collective*, [...], p. 25.
45 M. CROZIER et E. FRIEDBERG. *L'acteur et le système : les contraintes de l'action collective*, [...], p. 32.

> la démarche pour essayer de reconstruire la liberté et la rationalité, toujours limitées et contingentes, de l'acteur, en reliant sa conduite au contexte dans lequel on l'observe, et pour proposer à partir de là une interprétation des mécanismes concrets de réduction eux aussi toujours contingents qui maintiennent l'organisation comme un ensemble intégré?[46]

La réponse à cette question est contenue dans la notion de stratégie propre à l'acteur, celle qu'il met en œuvre dans le cadre de ses relations de pouvoir dans les espaces d'incertitude définis au sein de l'organisation. L'acteur utilisera donc sa rationalité, sa liberté, ses ressources pour répondre à ses besoins et objectifs, dans le cadre des contraintes structurant les zones d'incertitude. Le jeu est, pour Crozier et Friedberg, la mise en œuvre concrète des différentes stratégies des acteurs à l'intérieur des structures de l'organisation. Il permet à ceux-ci de concilier véritablement leur marge de liberté et les contraintes pour permettre la coopération nécessaire au maintien de l'organisation.

Il s'agit donc pour l'observateur, l'analyste en politique appliquée, de « reconstituer le jeu à partir duquel ces stratégies peuvent devenir toutes en même temps également rationnelles »[47].

> L'intérêt et l'avantage essentiels d'une analyse en termes de « stratégies » et de « jeux », c'est qu'elle permet d'ouvrir une perspective de recherche capable de rendre compte du caractère contraint et préstructuré de l'action collective, tout en traitant le comportement humain comme ce qu'il est : l'affirmation et l'actualisation d'un choix dans un ensemble de possibles.[48]

---

46 M. CROZIER et E. FRIEDBERG. *L'acteur et le système : les contraintes de l'action collective*, [...], p. 54.
47 M. CROZIER et E. FRIEDBERG. *L'acteur et le système : les contraintes de l'action collective*, [...], p. 230-231.
48 M. CROZIER et E. FRIEDBERG. *L'acteur et le système : les contraintes de l'action collective*, [...], p. 122.

Nous verrons, un peu plus loin, l'usage que peut faire le politologue de cette grille, de même que de celle que nous présentons dans la section qui suit.

Néo-institutionnalisme : l'institution

Si la grille d'analyse stratégique se concentre sur le jeu des différents acteurs au sein de l'organisation pour expliquer la production des actions collectives, la politique appliquée s'intéresse aussi à l'environnement institutionnel dans lequel s'inscrivent ces acteurs et à l'analyse de son impact sur le jeu des acteurs. Ainsi, l'approche analytique proposée par les chercheurs du courant néo-institutionnaliste s'intéresse à l'influence des institutions, leurs contraintes et leurs opportunités sur la prise de décision et la mise en action des solutions associées aux problèmes rencontrés.

Pour Campbell, les institutions sont littéralement la fondation de la vie sociale:

> Elles se composent des règles formelles et informelles de surveillance, des mécanismes d'application et des systèmes de sens qui définissent le contexte dans lequel les individus, les entreprises, les syndicats, les États-nations, et d'autres organisations opèrent et interagissent les uns avec les autres. Les institutions naissent de la confrontation et de la négociation. Elles reflètent les ressources et le pouvoir de ceux qui les ont faites et, à leur tour, affectent la distribution des ressources et du pouvoir dans la société. Une fois créées, les institutions sont de puissantes forces extérieures qui déterminent comment les gens conçoivent leur monde et agissent sur

lui. Elles canalisent et règlent les conflits et elles assurent ainsi la stabilité dans la société.[49]

Ainsi, l'approche néo-institutionnaliste s'intéresse aux processus de légitimation sociale et de reproduction institutionnelle[50]. Elle considère que les individus ne choisissent pas librement les normes sociales et les procédures légales dans la mesure où les institutions contraignent à la fois les options qui se présentent aux acteurs et influencent leurs préférences. Il en découlera des attentes assez définies au regard des rôles devant être assurés par les différents acteurs, et des actions aussi associées à chaque type d'acteur[51]. L'institutionnalisation se fera sur la base des règles, des routines, des habitudes « *taken-for-granted* » et reproduites par les acteurs institutionnels[52][53]. Cette quête de la légitimité serait responsable de la grande stabilité des institutions. Puisque les institutions conditionnent les solutions envisagées et ultimement choisies, que les acteurs et leurs intérêts sont des construits institutionnels, il résulte de cela une répétition institutionnelle qui explique à la fois

---

[49] Citation originale : "They consist of formal and informal rules, monitoring and enforcement mechanisms, and systems of meaning that define the context within which individuals, corporations, labor unions, nation-states, and other organizations operate and interact with each other. Institutions are settlements born from struggle and bargaining. They reflect the resources and power of those who made them and, in turn, affect the distribution of resources and power in society. Once created, institutions are powerful external forces that help determine how people make sense of their world and act in it. They channel and regulate conflict and thus ensure stability in society". J. L. CAMPBELL. *Institutional Change and Globalization*, Princeton, Princeton University Press, 2004, p. 1.
[50] W. W. POWELL et P.J. DIMAGGIO. *The New Institutionalism in Organizational Analysis*, Chigago, The University of Chicago Press, 1991, p. 27.
[51] W. W. POWELL et P.J. DIMAGGIO. *The New Institutionalism in Organizational Analysis*, [...], p. 17, 21.
[52] W. W. POWELL et P.J. DIMAGGIO. *The New Institutionalism in Organizational Analysis*, [...], p. 15.
[53] Par exemple, Meyer et Rowan voient dans les « anomalies» du système éducatif américain le résultat d'une recherche de légitimation basée sur une conformité aux normes et valeurs existantes devant assurer la confiance du public, plutôt qu'une volonté d'accroître l'efficacité des structures. H.-D. MEYER et B. ROWAN. *The New Institutionalism in Education*, Albany, State University of New York Press, 2006, p. 5.

la stabilité et l'homogénéité organisationnelle[54]. Il s'agit ici de la logique de la reproduction institutionnelle, le « *path dependancy* », qui peut se résumer, selon Gazibo, simplement en disant que « les institutions créent les conditions de leur propre reproduction. »[55] Campbell utilise en ce sens l'expression « innovations contraintes »[56] pour expliquer le changement institutionnel, puisqu'il repose sur des options, pratiques, opportunités et principes marqués par les contraintes institutionnelles.

Ainsi, pour Rouleau: « Une part importante des travaux des néo-institutionnalistes vise à comprendre comment se fait l'institutionnalisation des structures organisationnelles et des pratiques de gestion dans l'organisation ».[57] Alors que pour Meyer et Rowan l'objectif de l'analyse néo-institutionnaliste est d'expliquer pourquoi cette forme a été choisie parmi l'ensemble des possibilités, de comprendre et d'expliquer le réel, notamment la réalité politique dans laquelle s'insèrent les acteurs[58].

Quelques exemples :

Dans cette sous-section, nous tentons brièvement d'illustrer les défis de marier deux approches théoriques en vue d'une analyse de type politique appliquée à partir de trois objets différents : le premier s'intéressant à la politique étrangère, le second à une politique sociale et le dernier à un cas de gouvernance locale.

Deux angles d'analyse pourraient nous permettre d'analyser l'état de la politique étrangère canadienne actuelle. Un premier angle, reposant

---

54 W. W. POWELL et P.J. DIMAGGIO. *The New Institutionalism in Organizational Analysis*, [...], p. 5, 11, 12, 28. ; L. ROULEAU. *Théories des organisations*, [...],p. 83.
55 M. GAZIBO. « Le néo-institutionnalisme dans l'analyse comparée des processus de démocratisation », *Politique et Sociétés*, 2002, vol. 21, n.3, p.151.
56 Expression originale : « constrained innovation ». J.L. CAMPBELL, *Institutional Change and Globalization*, [...], p. 8.
57 L. ROULEAU. *Théories des organisations*, [...], p. 84.
58 H.-D. MEYER et B. ROWAN. *The New Institutionalism in Education*, [...], p. 4.

sur l'analyse stratégique, nous permettrait de traiter de l'influence des acteurs et de leurs stratégies respectives dans la construction actuelle de la politique. Nous pourrions ainsi nous interroger sur les axes géographiques de développement de relations extérieures du Canada, de même que les priorités d'actions, à partir des orientations partisanes gouvernementales. Peut-on comprendre l'évolution récente de cette politique au travers du changement du parti au pouvoir, du Parti libéral vers le Parti conservateur, et des intérêts et stratégie conservatrice? Le positionnement actuel du Canada quant à, par exemple, l'Arctique canadien ou la sécurité internationale peut-il s'expliquer, en partie du moins, à partir des jeux des acteurs partisans?

Un angle néo-institutionnaliste d'analyse permettrait quant à lui de faire émerger la part de continuité de cette évolution marquée par des changements que certains qualifieraient d'incrémentaux et qui pourraient être associés à des contraintes institutionnelles limitant l'action des acteurs décisionnels. N'y aurait-il pas lieu d'analyser cette évolution à partir du concept de l'innovation contrainte en reprenant l'hypothèse de Mme Bernard-Meunier, ex-ambassadrice du Canada : « Aujourd'hui, le Canada projette l'image d'un joueur plutôt réticent sur la scène internationale. Les initiatives sont rares et, en dehors des sommets, les visites de haut niveau relativement peu nombreuses. Ottawa donne parfois l'impression d'être un participant forcé et contraint aux réunions des organisations internationales dont le Canada est membre[59]. »

Une analyse de la politique étrangère actuelle du Canada à partir d'une approche axée sur la politique appliquée se trouverait probablement enrichie de cette double analyse intégrant à la fois

---

59 M. BERNARD-MEUNIER. « La politique étrangère du Canada en 2010 : une influence réelle? », *Options politiques*, 2011, décembre 2010-janvier 2011, p. 43.

l'angle du jeu stratégique des acteurs comme influence réelle de l'évolution de la politique et l'angle du déterminisme institutionnel avec lequel doivent réellement composer les acteurs tant décisionnels qu'administratifs.

L'évolution du réseau des Centres de la petite enfance québécois (CPE) pourrait aussi être étudiée à partir de deux angles d'analyse distincts. Une analyse stratégique de son évolution récente permettrait d'expliquer le transfert de responsabilité de la garde en milieu familial des CPE, offrant aussi la garde en installation, vers les Bureaux coordonnateurs supervisant uniquement ce type de garde. Ce transfert pourrait à ce moment-là être perçu comme le résultat de pressions exercées par certains acteurs, notamment gouvernementaux, mais aussi certains regroupements professionnels, pour regrouper des acteurs vivant des expériences similaires sous une même structure et leur permettre ainsi de spécialiser les ressources et les interventions en fonction de leurs propres besoins réels et symboliques. Des enjeux financiers (acteurs gouvernementaux) et de reconnaissance professionnelle (éducatrice en milieu familial) pourraient ici, à titre d'exemple, fortement influencer les stratégies des différents acteurs.

Une analyse néo-institutionnaliste de l'évolution récente du réseau des services de garde au Québec, quant à elle, permettrait d'étudier le passage d'un développement uniquement orienté vers les organismes à but non lucratif (OSBL), dirigés par un conseil d'administration majoritairement composé de parents, vers un réseau faisant de plus en plus de place aux garderies à but lucratif, auxquelles on impose la formation d'un comité de parents. Cette évolution pourrait être ainsi perçue comme le reflet d'un déplacement de légitimité sociale qui, au départ, soutenait fortement le réseau existant des OSBL et qui, tranquillement, en fonction des difficultés vécues par le réseau ouvrirait une place de plus en plus importante au réseau privé existant. Ces légitimités reposeraient tant sur des postulats idéologiques, d'efficacité et de qualité de services perçue. Cependant, une constante demeure, soit la participation des parents à titre d'acteurs de premier plan dans l'éducation des jeunes enfants, qui semble légitimer à la fois un réseau d'OSBL et de garderies privées au moyen d'une gestion plus participative.

Se référant à la définition de la politique appliquée, ce type d'objet d'étude analysé à partir de deux angles théoriques permet de traiter de l'environnement qui s'impose aux acteurs, qui les contraigne, mais qui à la fois leur donne les moyens et les ressources nécessaires à la mise en œuvre de leurs choix et décisions.

Finalement au niveau local, une politique régionale de gestion des matières résiduelles récemment adoptée peut offrir une compréhension approfondie par ce double angle d'analyse. Une analyse stratégique de la production du Plan de gestion des matières résiduelles d'une MRC (municipalité régionale de comté québécoise) concentrerait assurément son attention sur les intérêts des différents acteurs en place : les élus municipaux, les comités de citoyens, les groupes environnementaux et les entreprises privées présentes sur le territoire. Le plan adopté serait ainsi le reflet des jeux de pouvoir qui se sont concrétisés dans la mise en œuvre des stratégies des acteurs.

Une analyse néo-institutionnaliste toutefois, imposerait la prise en considération de cadres institutionnels influents au moment de la prise de décision. Ainsi, la Politique québécoise de gestion des matières résiduelles orientait les préférences des municipalités dans le sens d'une régionalisation de cette gestion des déchets au moyen de la mise en œuvre de lieux d'enfouissement techniques. Cette politique québécoise visant une période de 1998 à 2008 pour la mise en place de ces lieux d'enfouissement, la pression gouvernementale à cet effet se sera accrue dans la seconde moitié de la décennie 2000.

Bien entendu, de telles analyses nécessiteraient, pour acquérir de véritables assises scientifiques, un développement beaucoup plus important que ces quelques lignes, mais cela n'est pas l'objet du présent texte. Nous croyons cependant que ces trop brefs exemples peuvent illustrer l'apport d'une double analyse à partir de deux approches théoriques complémentaires dûment choisies pour leur potentiel compréhensif du réel. Chaque fois, cette double lecture semble offrir un éclairage permettant une plus grande compréhension des phénomènes politiques réels étudiés.

Partie III
Équilibre et tension : acquis et défis

Le 11 mai 2011, dans le cadre du congrès annuel de l'ACFAS, une activité spéciale intitulée « Enseigner la science politique en 2011, l'approche appliquée de l'Université de Sherbrooke, quel apport pour la discipline? » s'est penchée sur cette innovation en formation universitaire. Cette activité regroupait onze intervenants : des enseignants, des praticiens et des étudiants[60]. Cette table ronde cherchait à ouvrir un espace de réflexion relatif à la recherche en didactique de la science politique après 15 ans de mise en œuvre au sein de l'École de politique appliquée et à porter un regard critique sur la contribution réelle d'une telle approche. Deux constats furent

---

60 Les intervenants furent : Pierre Binette, professeur et directeur de l'École de politique appliquée , Marie-Ève Chrétien, conseillère pédagogique, Lauréanne Daneau, étudiante au baccalauréat en études politiques appliquées, Luc Guay, didacticien des sciences humaines, Marco Labrie, directeur général du Carrefour de Solidarité Internationale, Isabelle Lacroix, professeure, Gabriel Leboeuf, doctorant en éducation, Raymonde Martineau, fonctionnaire internationale à la retraite, Hugo Séguin, conseiller principal pour Équiterre, Pier-Olivier St-Arnaud, étudiant à la maîtrise en études politiques appliquées, Charles Tessier, étudiant à la maîtrise en études politiques appliquées.

relevés par le rapporteur de l'évènement, M. Luc Guay, didacticien : d'abord, il faut reconnaître qu'il n'est « pas simple de faire apprendre » et, ensuite, qu'à choisir, il vaut mieux « une tête bien faite qu'une tête bien pleine ».

Le défi de la formation : traquer – traiter – diffuser

Pour M. Guay, le défi de la connaissance scientifique peut être résumé par cet impératif de « traquer » des informations pertinentes, solides et valables. Dans une ère de surinformation, que d'autres nomment l'ère de la « désinformation », une formation adéquate ne peut faire l'économie d'une base rigoureuse quant à la collecte de l'information. Mais ce défi ne s'arrête pas là. « Traiter » l'information est au cœur du rôle traditionnel du scientifique, celui qui doit voir au-delà de la simple donnée, pour faire émerger un sens porteur de changement. Et finalement, le défi de la diffusion, mais plus encore de la transmission de la connaissance pose de multiples questionnements à une époque où la communication est instantanée et fortement démocratisée, particulièrement depuis l'élargissement de l'usage des médias sociaux.

Le défi des étudiants

Une formation en politique appliquée impose donc des défis réels aux étudiantes et étudiants. Car si on s'attend de ces derniers qu'ils acceptent de tenir le rôle de l'acteur, de s'y préparer et d'y poser un regard réflexif, on exige aussi d'eux de maintenir ce rôle d'observateur neutre capable d'analyser rigoureusement une réalité politique à laquelle ils doivent contribuer. Ce double rôle, pratique et scientifique, exige de leur part un engagement de taille et un investissement en temps et en efforts considérables puisqu'il demande de la part des étudiantes et étudiants de changer constamment de point de vue et d'angle d'analyse, et exige le développement de capacités d'adaptation, de compétences d'analyse et un jugement particulièrement relevé. Des enseignants et des étudiants ont fait mention de cette réalité incontournable lors de leur contribution respective à la table ronde. Ces conclusions sont, d'ailleurs, conformes à la littérature sur le développement et la mise en application de la pédagogie active dans d'autres disciplines[61].

Le défi des enseignants

Contrairement à la croyance populaire, former ainsi des étudiantes et des étudiants exige de la part des enseignants un engagement encore plus important. Tous les enseignants présents lors de la table ronde ont tenu à mentionner, en plus des gains associés à une telle approche, les exigences que cela entraîne nécessairement : temps décuplé en ce qui a trait à la préparation des formations et à la rétroaction, qui devient un espace capital, exigences découlant de la coordination avec des praticiens, difficultés rattachées à l'obligation de la multidisciplinarité. Et tout cela, alors que la reconnaissance et la valorisation quant à l'innovation pédagogique en formation universitaire tardent toujours à venir dans l'ensemble universitaire.

Un équilibre entre connaissance et compétence

Si tous s'entendent sur l'importance d'atteindre cet équilibre, soit qu'il est souhaitable de conduire à « une tête bien faite, plutôt qu'une tête bien pleine », force est de constater qu'après plus de 15 ans de développement et de mise en application, des questions demeurent quant à l'étendue de l'apport de l'approche de la politique appliquée. À la question : est-ce que l'investissement est rentable? Les intervenants de la table ronde, tant les enseignants, les praticiens que les

---

61 Voir notamment à cet effet : M. E. HUBA et J. E. FREED. *Learner-centered assessment on college campuses: Shifting the focus from teaching to learning*, Boston, MA: Ally & Bacon, 2000.

étudiants, sont venus réaffirmer la valeur ajoutée d'une telle approche, malgré ce qu'elle demande en terme d'engagement. Ils ont aussi tous reconnu que le succès de cette approche repose sur le maintien d'un équilibre dynamique des tensions présentées tout au long du présent texte. Surtout que, à l'instar de son objet d'étude, soit le monde politique, cet équilibre est constamment en mouvement et doit donc être inlassablement revu et réactualisé en fonction de l'évolution de la réalité politique, des étudiantes et des étudiants à qui on s'adresse et des partenaires avec lesquels on travaille. Comme quoi, affronter le défi de gérer les tensions devient ainsi une seconde nature pour les acteurs de la politique appliquée.

Bibliographie

ANDRES, G. J. et J. A. BEECHER. « Applied Political Science : Bridging the Gap or a Bridge Too Far? », *PS: Political Science and Politics*, 1989, vol. 22, n. 3, p. 636-639.

BÉDARD, D. *et coll.* « Au-delà des réformes et des témoignages sur les pratiques pédagogiques innovantes... », Document présenté lors du XXIIe congrès de l'AIPU, Genève, Suisse, 2005.

BÉLANGER, A. J. et V. LEMIEUX. *Introduction à l'analyse politique,* Montréal, Les Presses de l'Université de Montréal, 1996.

BERNARD-MEUNIER, M. « La politique étrangère du Canada en 2010 : une influence réelle? », *Options politiques*, 2011, décembre 2010-janvier 2011.

BERNIER, N. *Le désengagement de l'État-providence*, Montréal, Presses de l'Université de Montréal, 2003.

BINETTE, P. *Qu'est-ce que la politique appliquée?*, https://www.usherbrooke.ca/politique_appliquee/programmes, page consultée le 11 novembre 2008.

CAMPBELL, J.L. *Institutional Change and Globalization*, Princeton, Princeton University Press, 2004.

CROZIER, M. *Le phénomène bureaucratique*, Paris, Éditions du Seuil, 1963.

CROZIER, M. et E. FRIEDBERG. *L'acteur et le système : les contraintes de l'action collective*, Paris, Édition du Seuil, 1977.

DUVERGER, M. *Introduction à la politique*, Paris, Gallimard, Collection idées, 1964.

FRIEDBERG, E. « Le raisonnement stratégique comme méthode d'analyse et comme outil d'intervention », *L'analyse stratégique*, Paris, Éditions du Seuil, 1994.

GAZIBO, M. « Le néo-institutionnalisme dans l'analyse comparée des processus de démocratisation », *Politique et Sociétés*, 2002, vol. 21, n.3, p.139-160.

GRAWITZ, M. *Méthodes des sciences sociales*, 11e edition, Paris, Dalloz, 2001.

GROULX, L-H. « Sens et usage de la recherche qualitative en travail social », *La recherche qualitative : diversité des champs et des pratiques au Québec*, Montréal, Gaëtan Morin éditeur, 1998.

HUBA, M.E. et J. E. FREED. *Learner-centered assessment on college campuses: Shifting the focus from teaching to learning*, Boston, MA: Ally & Bacon, 2000.

MEYER, H-D, et B, ROWAN. *The New Institutionalism in Education*, Albany, State University of New York Press, 2006.

MONIÈRE, D. et J-H. GUAY. *Introduction aux théories politiques*, Montréal, Québec/Amérique, 1987.

PAILLÉ, P. *La méthodologie qualitative. Postures de recherche et travail de terrain*, Paris, Armand Colin, 2006.

POWELL, W. W. et P.J. DIMAGGIO. *The New Institutionalism in Organizational Analysis*, Chigago, The University of Chicago Press, 1991.

ROULEAU, L. *Théories des organisations*, Québec, Presses de l'Université du Québec, 2007.

TARDIF, J. en collaboration avec Presseau, A. « L'apprentissage d'abord », *Intégrer les technologies de l'information. Quel cadre pédagogique,?* Issy-les-Moulineaux, Éditions sociales françaises, 1998, p. 31-50.

Chapitre 2
Y a-t-il une méthode de la politique appliquée?

Par Hugo Loiseau, Mylène Clavreul et Khalid Adnane[62]

Introduction

L'étude de la politique, ou la science politique pour prendre une expression plus adéquate, a connu une croissance disciplinaire phénoménale depuis les cinquante dernières années à travers le monde. Autant le nombre et la diversité des objets de recherche, le nombre de chercheurs et de professeurs que la multiplicité des théories et des modèles explicatifs ont favorisé l'émergence d'une discipline solide et pertinente en recherche sociale. À preuve, le nombre de congrès, de conférences et d'associations ne cesse d'augmenter depuis ce temps. Le grand paradoxe de ce constat réside dans le fait que plus la discipline progresse, plus les politologues se rendent compte de l'immense besoin de compréhension du phénomène politique. Il s'agit là d'un défi stimulant pour la discipline.

Or, pour tenter d'appréhender ce défi, il faut sans aucun doute aborder une branche émergente de la science politique : la politique appliquée. Étant le thème central de ce livre et étant défini dans les autres chapitres, ce présent chapitre désire répondre à la question suivante: Y a-t-il une méthode de la politique appliquée? Autrement dit, cette question propose d'étudier les différentes méthodes actuellement utilisées en science politique afin de déterminer s'il existe ou non une (ou plusieurs) méthode de recherche à privilégier pour la politique appliquée et surtout comment l'utiliser. Nous tenterons ainsi de

---
[62] Les auteurs tiennent à remercier les professeurs Jean-Herman Guay et Isabelle Lacroix de l'École de politique appliquée pour leurs commentaires constructifs.

répondre à la première des deux interrogations centrales de toutes recherches scientifiques: « que savons-nous à ce sujet? »[63] et de suivre en ce sens une démarche systématique et cohérente dans l'ensemble de ce chapitre. De ce fait, la première partie de ce texte expose le besoin de compréhension inhérent à la recherche, notamment en recherche sociale, et se penche tout particulièrement sur la recherche appliquée et son lien avec la science politique. Pour ce faire, les fondements épistémologiques de la politique appliquée sont exposés afin de bien la situer.

Par ailleurs, pour répondre de façon constructive et originale à la seconde question classique à toutes recherches scientifiques: « que voulons-nous savoir, et surtout, comment voulons-nous le savoir? », il semble opportun de proposer et expliquer les méthodes de recherche spécifiques à la politique appliquée. La deuxième partie du texte propose donc une réflexion sur les différentes méthodes de recherche et d'analyse axées sur l'intervention directe dans la réalité sociale et politique. Enfin, la dernière partie conclut sur l'importance de la diffusion des résultats des recherches en politique appliquée ainsi que de la rétroaction indispensable de la part des acteurs, sur le terrain, touchés par l'intervention.

Le besoin de compréhension

La politique appliquée et son utilisation dans l'analyse d'un objet d'étude partent essentiellement d'un problème présent dans la réalité. En cela, la politique appliquée ne diffère guère des autres types de recherche en sciences sociales hormis peut-être les recherches à caractère purement théorique ou les questionnements philosophiques. Se basant ainsi sur des faits, la recherche en politique appliquée doit

---

63 Lire à ce sujet : A.S. NØRGAARD. « Political Science: Witchcraft or Craftsmanship? Standards for Good Research », *World Political Science Review*, vol. 4, no. 1, 2008, p. 5.

s'assurer d'appréhender les questions factuelles de façon intégrale en ayant pour objectif la quête objective des connaissances pour reprendre les mots de Benoît Gauthier[64].

En effet, la politique appliquée est profondément ancrée dans le réel, mais un réel qui pose problème. Ce problème, qualifié de pratique dans la littérature, donne une justification concrète à la réalisation d'une recherche scientifique et oriente forcément le type de méthode d'analyse qui sera employée. Or, non seulement, la recherche en politique appliquée est motivée sur le plan scientifique, elle l'est aussi et surtout sur le plan social. Elle est motivée sur le plan social parce qu'à la quête objective des connaissances, s'adjoint l'intervention, à différents degrés, en vue d'apporter des éléments de solution ou de recommandation afin de corriger, dans les limites du possible, la situation initiale qui pose problème. Cela nous permet d'affirmer que la recherche en politique appliquée est largement incluse dans le champ du savoir couvert par la recherche appliquée.

Les origines de la recherche appliquée

La recherche appliquée, quand elle n'est pas tout simplement méconnue, suscite une confusion ou une compréhension partielle, sinon partiale. Cette réalité s'explique principalement par deux phénomènes. Le premier réside dans le caractère original, traditionnel que l'on accorde à la recherche fondamentale. En effet, il semble généralement accepté que ce type de recherche représente la base, le corps de la connaissance en science[65]. Cette interprétation incite donc à associer très étroitement science et recherche fondamentale, et de ce fait même à accentuer la familiarisation de cette dernière notion

---

64　B. GAUTHIER (dir.) *Recherche sociale De la problématique à la collecte des données*, Québec, Presses de l'Université du Québec, 5ᵉ édition, 2009, pp. 4-5.
65　D. E. STOKES. *Pasteur's quadrant : Basic science and technological innovation*, Washington D.C., Brookings institution press, 1997, p. 7.

au détriment de toute autre en ce qui a trait au monde scientifique. Le deuxième phénomène pouvant être à la base de la confusion entourant le concept de recherche appliquée est caractérisé par l'existence de notions s'apparentant à cette dernière. La recherche-action, l'aide à la décision, la modélisation (simulation) ou encore la recherche pragmatique[66] sont celles qui peuvent particulièrement engendrer des difficultés en regard de la délimitation du concept de recherche appliquée. De plus, les appellations de science appliquée, science de l'action et science pragmatique viennent ajouter à la confusion par rapport au concept. D'un point de vue épistémologique, il semble nécessaire de situer la recherche appliquée par rapport à deux grands pôles traditionnels, soit celui du positivisme et celui de l'empirisme. S'inspirant des deux pôles, la recherche appliquée a su néanmoins trouver sa place entre les deux grâce au pragmatisme.

Ce type de recherche a été influencé de près ou de loin par le positivisme tel qu'élaboré par Auguste Comte[67]. En effet, la recherche appliquée représente en quelque sorte une réponse aux exigences du positivisme : « s'en tenir aux données des faits et à la relation légale de ces faits entre eux »[68]. En clair, pour Comte, le savoir positif exige que les faits qui le constituent soient dépouillés de toute interprétation. Ils doivent être envisagés selon ce qu'ils sont dans la réalité, et non selon ce que l'on pense qu'ils sont[69]. Ainsi, la science positiviste

---

66 Pour le professeur Van Der Maren, la recherche pragmatique répond à « l'enjeu de la résolution des problèmes de fonctionnement du système, des acteurs ou des moyens [...]. À la différence des recherches avec enjeux politiques, les recherches aux enjeux pragmatiques ne se posent pas la question du "pourquoi" mais celle du "comment" ». Voir : J.-M. VAN DER MAREN. *La recherche appliquée en pédagogie : Des modèles pour l'enseignement*, Coll. «Méthodes en sciences humaines», 2ᵉ édition, Bruxelles, De Boeck, 2003, p. 25.
67 H. CHOPLIN et al. « Quelle recherche sur et pour l'innovation pédagogique », *Distances et savoirs*, vol. 54, no. 4, 2007, p.490.
68 A. COMTE. *La science sociale*, coll. « idées », Présentation et introduction de A. KREMER-MARIETTI, Saint-Armand, Gallimard, 1972, p. 7. (La définition donnée est celle de Kremer-Marietti, fondée sur celle de Comte.)
69 A. COMTE. *La science sociale*, [...], p. 13. (La définition donnée est celle de Kremer-Marietti, fondée sur celle de Comte.)

se caractérise par « l'abandon des causes, la mise à l'écart de tout absolu et la seule recherche des lois »[70], le terme positiviste signifiant « réel » dans ce contexte. C'est en ce sens que le positivisme puisse représenter une influence pour la recherche appliquée, c'est-à-dire qu'il y a nécessité, dans l'élaboration d'un savoir, d'être dans un rapport de proximité avec la réalité, ce qui induit à un rapprochement entre chercheurs et praticiens quant à ce type de recherche[71].

Toujours d'un point de vue épistémologique, il faut également considérer l'apport de l'empirisme au développement de la recherche appliquée[72]. En fait, une caractéristique propre à l'empirisme tel que Hume l'a élaboré repose sur le fait que l'expérience doit être à la base de la science. En d'autres mots, la réalité devient source du savoir et, par conséquent, la science est considérée comme inductive[73]. Dans un tel contexte, le lien à établir avec la recherche appliquée réside dans le fait que c'est la fin pratique qui oriente la production du savoir, donc la réalité nécessairement concrète du problème devient la base de la connaissance produite.

Enfin, une troisième approche épistémologique en science a particulièrement contribué à établir la spécificité de la recherche appliquée, celle du pragmatisme, plus précisément celle du néo-pragmatisme. Cette approche implique que c'est la rationalité scientifique, ou plus précisément les motifs et les buts à atteindre qui imprègnent de façon manifeste la recherche théorique et technique

---

70 MAISON D'AUGUSTE COMTE. *Auguste Comte et le positivisme*, [En ligne], [s.d.], http://www.augustecomte.org/site/index.php?id=33, (Page consultée le 2 juillet 2009).
71 H. CHOPLIN *et al*. « Quelle recherche sur et pour l'innovation pédagogique », [...], p.490.
72 R. PROST. Émergence des sciences de l'action, Notes de recherche, Montréal, Université de Montréal, Faculté de l'aménagement, 1969, p. 2.
73 G. GUÉRIN. « Au sujet de l'Empirisme, de l' " Empirisme scientifique " et de " l'esprit scientifique " », *Philosophie et raison*, [En ligne], 28 juin 2009, http://www.gillesguerin.com/philosophie/th/empirisme.htm, (page consultée le 13 juillet 2009). – Cette définition se base sur les travaux de Hume –

contemporaine[74]. En fait, le pragmatisme, à la base, véhicule que l'intelligence humaine s'est formée à partir des difficultés rencontrées dans la vie de tous les jours parce qu'elles ont nécessité des solutions efficaces. L'axe de pensée des pragmatistes se situe donc autour de l'action et de ses conséquences, de ses répercussions pratiques et réelles. Dans ce sens, on ne reconnaît à un savoir sa validité que si l'expérience pratique pour et par laquelle il s'élabore se révèle concluante[75]. Qui plus est, selon Robert Prost, la recherche appliquée est un processus de réponse aux nouvelles exigences scientifiques dans un contexte de crise généralisée où la complexité des phénomènes à résoudre dépasse les connaissances déjà vulgarisées :

> Résumons cette prolifération conceptuelle et théorique par un éclatement des portées et visées de la science, cette dernière cherchant à pénétrer la sphère de l'action sociale non seulement en terme explicatif/interprétatif, mais également en terme prescriptif/normatif. Ce type d'énoncés est à l'écoute du politique et cherche à en fournir une formulation théorique et stratégique pour sa « résolution »[76].

À la suite de ces considérations, il est pertinent de dresser une définition beaucoup plus précise et sans équivoque du concept de recherche appliquée. Il faut savoir qu'à la base, la production d'une recherche appliquée est fonction du fossé existant entre la technologie ou l'intervention (en sciences de la nature et sciences de la vie) et la réalité qui pose problème. Plus spécifiquement pour notre discipline, ce fossé se situe davantage entre les différentes interventions sociales dans leur réalité concrète issue de la connaissance fondamentale et

---

74 R. PROST. Émergence des sciences de l'action, [...], p. 2.
75 R. PROST. Émergence des sciences de l'action, [...], p. 2. Tirée de l'ouvrage de G. NOVACK. *Empirism and its evolution*, New York, Pathfinder press inc., 1969.
76 R. PROST. Émergence des sciences de l'action, [...], p. 5.

une réalité sociale qui pose problème[77]. Par ailleurs, la propriété la plus déterminante de ce type de recherche s'illustre par le passage, la transition d'un degré d'empirisme vers une réalité applicable[78]. En d'autres mots, la recherche appliquée a des visées d'application pratique du savoir à la réalité. Sa motivation première consiste à « résoudre des problèmes pratiques en leur appliquant des théories et des techniques scientifiques (que ces problèmes soient de nature technique ou humaine)[79] ». En outre, son but n'est pas de « "prouver" des assertions, mais de décrire et d'expliquer la réalité pour la modifier ou d'effectuer un retour réflexif sur l'intervention humaine dans divers processus, sociaux, économiques, administratifs, pédagogiques, etc.[80] ». Ainsi, il faut également envisager son action selon une volonté de transformation de la réalité. Enfin, pour compléter cette définition de la recherche appliquée, il est à noter que son action se dirige spécialement vers le besoin d'un individu, d'un groupe ou d'une société[81].

Bref, à l'heure actuelle, selon la définition précédente de la recherche appliquée, c'est le néo-pragmatisme qui semble, fidèlement à sa philosophie, représenter un élément fondamental dans la poursuite des objectifs de la recherche appliquée. Se pose maintenant la question de savoir comment la recherche appliquée est-elle envisagée à partir du point de vue de la science politique.

La recherche appliquée et politique

C'est Robert Prost qui a été un des auteurs les plus prolifiques et qui a le plus élaboré sur le rôle de la recherche appliquée en science

---

[77] R. E. EVENSON et Y. KISLEV. « A stochastic model of applied research », *The journal of political economy*, vol. 84, no. 2, avril 1976, p. 265.
[78] D. E. STOKES. *Pasteur's quadrant* [...], p. 8.
[79] H. CHOPLIN *et al.* « Quelle recherche sur et pour l'innovation pédagogique », [...], p.489.
[80] M. CRESPO. « L'impact de la recherche appliquée en milieu scolaire : Quelques considérations préliminaires », *Revue canadienne de l'éducation*, vol. 5, no. 4, 1980, p. 8.
[81] D. E. STOKES. *Pasteur's quadrant* [...], p. 8. Cette définition est écrite par Stokes en langue anglaise, elle a été traduite en langue française pour les fins de ce chapitre.

politique. D'emblée, il a expliqué que l'action de la recherche appliquée en sciences sociales révélait une politisation de la science, en ce sens que la politique vise, entre autres, à résoudre les problèmes de la société. Inversement, une scientifisation du politique s'est produite, comme s'il fallait de plus en plus justifier l'action publique par une base rationnelle et scientifique[82].

Selon Prost, cette ingérence de la science en politique résulte d'une double crise. D'une part, la politique et l'analyse des politiques accusent des lacunes au niveau opératoire, en ce sens qu'elles ne réussissent pas à mettre en place des politiques, des programmes ou des pratiques qui répondent adéquatement aux problèmes sociaux[83]. Notons ici qu'il est possible de faire une analogie avec la caractéristique propre à la recherche appliquée. Il ne suffit pas que la politique se base sur un éventail de connaissances pour fonder son action, ces dernières doivent de plus lui prescrire la marche à suivre pour que son action soit efficace et acceptée. D'ailleurs, l'individu, le groupe ou la société accepte davantage les décisions qui se prennent par rapport à la recherche sur sa réalité concrète puisqu'il se sent considéré dans le processus de résolution de problème[84].

D'autre part, la dimension éthique du politique est en jeu chaque fois que le gouvernement intervient dans la société. En effet, parce que la politique se compose inévitablement d'idéologies opposées, ses prises de position peuvent paraître irrationnelles. De plus, non seulement ses processus décisionnels apparaissent comme partiaux, mais ils peuvent aussi fort possiblement laisser transparaître une action partielle, non satisfaisante du point de vue de sa finalité[85]. Ainsi, la science politique, comme les autres sciences sociales, se doit de « raffermir leurs assises

---

82 R. PROST. Émergence des sciences de l'action, [...], pp. 2-3.
83 R. PROST. Émergence des sciences de l'action, [...], p. 3.
84 H. CHOPLIN et al. « Quelle recherche sur et pour l'innovation pédagogique », [...], p.490.
85 R. PROST. Émergence des sciences de l'action, [...], pp. 3.

théoriques et méthodologiques si elles veulent prétendre comprendre de façon correcte et orienter de façon juste les processus sociaux et politiques »[86].

À première vue, il peut sembler incohérent que le politique, empreint de normes et de valeurs, se laisse autant pénétrer par la science, qui est reconnue pour son objectivité. Or, l'utilisation de la science en politique peut contribuer à rétablir un certain équilibre quant à la validité des décisions. En effet, la politique est universellement décrite comme un système d'influences où idéologies, intérêts et contraintes institutionnelles se côtoient, rendant par conséquent le changement incertain, volatile, et l'intervention inefficace parce qu'elle répond aux problèmes sociaux selon toutes ces pressions et contraintes[87]. Ainsi, dans un tel contexte, la science devient synonyme d'efficience puisque l'on considère qu'elle est impartiale en raison de sa rationalité et non partielle étant donné l'universalité de sa portée[88].

Bien que les objectifs de l'utilisation de la recherche appliquée en politique présentés ci-dessus soient louables, il ne faut pas ignorer le côté plus instrumentalisé du politique quand il se sert des énoncés scientifiques pour justifier son action ou pour défendre sa vision. En effet, bien que cette façade de la recherche appliquée en science politique soit moins présente dans la littérature, elle ne doit pas être négligée parce que sa subtilité ne restreint pas pour autant son existence. La spécificité de cet apport scientifique en politique réside dans le fait que la recherche, bien souvent, ne précède pas l'action par l'identification d'un problème et de solutions à y apporter, mais devient plutôt justificative et adaptée à la volonté politique :

---

86 L. DION. « Politique et science politique », *Revue canadienne de science politique*, vol. 8, no. 3, septembre 1975, p. 370.
87 A. C. HUSTON. « From research to policy and back », *Child development*, vol. 79, no. 1, 2008, p. 1. Traduit de la langue anglaise à la langue française pour les fins de ce travail.
88 R. PROST. *Émergence des sciences de l'action*, [...], pp. 4.

> [Les recherches évaluatives] tentent d'attribuer une valeur de « vérité » scientifique à des choix économiques, sociaux, politiques ou idéologiques. Ce sont le plus souvent les administrateurs et les décideurs qui recourent à de telles recherches pour justifier leurs décisions, leurs choix. Ainsi, certaines études évaluatives sont entreprises sur l'ensemble d'un système scolaire afin de « démontrer » ses lacunes, par exemple dans l'enseignement des sciences ou des langues, avant de proposer ou d'imposer l'implantation d'un nouveau programme[89].

Cette réalité est d'ailleurs décriée dès 1975 par Léon Dion, éminent politologue québécois, qui craint pour l'avenir du savoir élaboré par rapport au politique tellement la politique s'y mêle :

> Comment pourrait-on nous pardonner, à nous surtout qui sommes politologues, d'avoir laissé à d'autres le soin de faire à notre place notre travail, pour avoir oublié cette donnée élémentaire que désormais c'est sur le terrain même de la politique qu'ici même le combat pour la science va se mener[90].

Utiliser la science à des fins politiques n'est pas nouveau. Ce qui est nouveau, c'est le maillage intrinsèque qui noue de nos jours ces deux sphères d'activités comme le mentionne Robert Prost. Ce maillage est devenu si important, soit la politisation de la science et de la scientifisation du politique, qu'un certain glissement éthique se fait sentir.

Le problème de la recherche *ex post*

En somme, l'avertissement de Léon Dion met en exergue deux rythmes: l'un politique et l'autre scientifique. Dans le premier rythme

---

89 J.-M. VAN DER MAREN. *La recherche appliquée en pédagogie*[...], p. 27.
90 L. DION. « Politique et science politique », *Revue canadienne de science politique*, vol. 8, no. 3, septembre 1975, p. 380.

axé sur l'action immédiate et les résultats concrets, il serait illusoire de croire que les acteurs politiques mettent toujours en œuvre une méthode rationnelle et bien balisée dans leur action publique telle que peut le faire la science avec la méthode scientifique. Cette dernière, qui se situe dans un rythme plus lent, cherche à produire des réflexions *a posteriori* de l'action et des résultats conceptuels ou théoriques la majorité du temps. La science politique est particulièrement touchée par ce problème.

Traditionnellement, la science politique, science sociale parmi plusieurs autres, propose des recherches de type *ex post*, « c'est-à-dire où le chercheur ne maîtrise pas les facteurs qui peuvent influencer son objet d'étude et où il est obligé d'étudier des comportements ou des événements qui se sont déjà produits[91]. ». Autrement dit, les analyses des politologues portent essentiellement sur des événements passés qui sont vérifiables et immuables. La question du rythme est ici significative, car les politologues sont toujours mal à l'aise avec les demandes pressantes des politiciens et des médias. Ces derniers cherchent des réponses immédiates et des solutions à appliquer dans l'immédiat. Les politologues n'ont pas les assurances analytiques que leur procurent habituellement les analyses *ex post*. En science politique, le pont est rarement franchi entre les analyses *ex post* et les analyses *ex ante* alors que, sans être nécessairement pressants, les besoins sociaux et politiques sont bel et bien présents. Ce deuxième type d'analyse utilise davantage la prospective afin d'établir des résultats de recherche, résultats obtenus par une comparaison entre les données *ex post* et un futur probable (et désirable si l'on ajoute toute la dimension éthique sous-jacente à toute intervention sociale) sous forme de scénarios ou d'intervention directe dans la société.

---

91 G. MACE et F. PÉTRY. *Guide d'élaboration d'un projet de recherche*, Québec : Presses de l'Université Laval, 2000 (2ᵉ édition), p. 3.

En somme, il s'agit de faire un lien autant analytique qu'empirique entre la réalité qui pose problème, les causes de ce problème et les solutions ou recommandations pertinentes qui sont envisageables. Ce lien à double facette (analytique et empirique) est important pour les politologues de la politique appliquée pour deux raisons principales. Premièrement, de façon générale, et cela concerne surtout l'aspect analytique, les recherches en politique appliquée doivent demeurer dans le périmètre de la méthode scientifique et ainsi fournir méthodes et résultats de recherche, qui viendront enrichir les connaissances scientifiques. Deuxièmement, les recherches en politique appliquée doivent aussi constituer une intervention dans la réalité qui soit la plus pertinente et la plus juste possible. Ce besoin d'intervention constitue justement la deuxième partie de cette communication.

Le besoin d'intervention

Le contexte mondial d'effervescence et d'instabilité perpétuelle, réelle ou apparente, a engendré de nouvelles exigences quant aux apports de la recherche scientifique. Cela est particulièrement vrai en ce qui concerne les sciences sociales afin d'asseoir « la nécessité d'établir concrètement la preuve de la validité de l'équation science sociale = progrès social »[92]. Ainsi, la transformation d'une science sociale jusqu'alors complètement indépendante de la pratique (ceci étant largement dû à la peur d'engouffrer la science dans les rouages de la politique ou encore de réduire sa valeur épistémologique par une « inévitable » fusion avec la pratique[93]) est née d'un besoin d'intervention social, qui s'est particulièrement fait sentir.

La politique appliquée unit la distinction entre la recherche fondamentale et la recherche appliquée dans le sens où elle cherche

---

92 R. PROST. Émergence des sciences de l'action, [...], p. 1.
93 A. LEVY. « La recherche-action : Une autre voie pour les sciences humaines ? », *Du discours à l'action : Les sciences sociales s'interrogent sur elles-mêmes*, sous la direction de J.-P. BOUTINET, coll. « Logiques sociales », Paris, Éditions L'Harmattan, 1985, pp. 50-51.

à comprendre afin d'intervenir dans la réalité. Deux grands aspects peuvent être envisagés pour le besoin d'intervention dans la réalité politique et sociale: la recherche-action et l'aide à la décision. Ces deux aspects recouvrent mutuellement un équilibrage entre l'efficacité (c'est-à-dire le rapport entre les résultats attendus et les résultats obtenus) et l'efficience (c'est-à-dire le rapport entre les résultats obtenus et les moyens mis en œuvre pour y parvenir). L'aide à la décision met le chercheur dans une posture de recherche où il conseille et analyse en vue d'améliorer une situation. La recherche-action engage à un degré supérieur le chercheur dans sa recherche et dans l'intervention sociale qui en découle. En fait, le chercheur devient participant, alors que les participants deviennent des chercheurs. Voyons ce qu'il en est.

La recherche-action

Là où recherche appliquée et recherche fondamentale se distinguent le plus nettement l'une de l'autre est au niveau de l'administration de la preuve. En effet, alors que la première élabore ses connaissances en fonction de ses visées de transformation, la deuxième se concentre à « valider ou non » des assertions[94]. Suivant l'approche empirico-analytique qui sous-tend la méthode scientifique, l'activité scientifique doit viser à élaborer des explications valables dans la réalité[95]. Or, l'expérience a démontré depuis bien longtemps qu'il existe toujours un fossé considérable entre la production du savoir et la réalité à laquelle il s'applique. Donc, pour résoudre cette lacune quant à l'apport de la science à la pratique, la recherche-action, forme de recherche appliquée, devient une « alternative à la recherche traditionnelle qui postule que le nouveau savoir généré par la recherche est suffisant

---

94 M. CRESPO. « L'impact de la recherche appliquée en milieu scolaire [...], p. 8.
95 K. MELLOS. « Une science objective ? », *Recherche sociale : De la problématique à la collecte de données*, sous la direction de B. GAUTHIER, 4ᵉ édition, Sainte-Foy, Presses de l'Université du Québec, 2003, p. 541.

pour produire le changement »[96]. Le savoir produit par le chercheur et les participants en collaboration a une utilité directe et immédiate touchant un problème social en proposant des éléments de solutions justes et désirables. La recherche fondamentale procède plutôt par une expérimentation visant à dégager des lois scientifiques et par conséquent atteindre une certaine vérité comme l'affirme Mellos :

> La vérification empirique des hypothèses est construite de telle façon que c'est la correspondance entre résultats observés et résultats prévus qui constitue la base de la validation. La preuve de la véracité d'une hypothèse tient donc à son aptitude à prévoir des résultats[97].

Contrairement à la recherche fondamentale et expérimentale, la recherche-action vise explicitement à influencer de façon efficiente le monde concret. Plus spécifiquement, la recherche-action est une recherche qui est menée de sorte que les acteurs sociaux sujets de la recherche s'y trouvent eux-mêmes engagés en contribuant à identifier et à élaborer une solution au problème étudié. La recherche-action est une approche de recherche, à caractère social, associée à une stratégie d'intervention et qui évolue dans un contexte dynamique. Elle doit avoir pour origine des besoins sociaux réels et être menée en milieu naturel de vie ce qui exclut d'emblée l'aspect expérimental de la recherche fondamentale. Puisqu'il s'agit d'une approche empirico-inductive, elle doit être flexible, c'est-à-dire s'ajuster et progresser selon les événements. Enfin, elle doit être inclusive et doit établir une communication systématique entre les participants afin d'exercer une auto-évaluation tout au long du processus.[98]

---

[96] A. DOLBEC. « La recherche-action », *Recherche sociale : De la problématique à la collecte de données* [...], p. 505.
[97] K. MELLOS. « Une science objective ? », *Recherche sociale* [...], p. 548.
[98] L. LAVOIE *et al., La recherche-action, Théorie et pratique*, Québec, Presses de l'Université du Québec, 1996, pp. 9-43. Lire aussi: G. GOYETTE et M. LESSARD-HÉBERT. *La Recherche-Action: ses fonctions, ses fondements, et son instrumentalisation*, Québec, Les Presses de l'Université du Québec, 1987, 218 p.

Chez plusieurs auteurs, la recherche-action constitue un type de recherche répondant aux enjeux sociaux et, par extension, politiques :

> Il s'agit de modifier la situation [d'un] groupe afin de déstabiliser son système de valeurs, d'introduire des moyens ou des savoirs qui renforcent le système de valeurs que l'on veut implanter et de légitimer le changement par une nouvelle efficacité dans la situation[99].

Toutefois, et ceci s'applique d'ailleurs pour toute définition, il faut préciser que ce ne sont pas tous les chercheurs qui présentent la même interprétation de la notion de recherche-action. Par exemple, selon Hugon et Seibel, cette dernière se caractérise surtout par un double motif, illustrant à la fois la volonté de transformer la réalité et de produire des connaissances sur ces transformations[100]. En ce sens, cela n'implique pas particulièrement ou nécessairement une dimension politique.

Autrement dit, la recherche appliquée et surtout la recherche-action naissent d'un vide laissé par la recherche fondamentale par rapport à la nécessité d'un savoir directement axé sur la réalité. À ce titre, il faut mentionner que la recherche appliquée s'est distinguée de la recherche dite traditionnelle, à tout le moins en ce qui concerne la portée des hypothèses vers lesquelles elle converge. En effet, si la validité d'une hypothèse s'établit en fonction de son efficacité dans la prévision, il faut dire que les énoncés produits par la recherche appliquée, et cela est d'autant plus vrai en ce qui concerne la recherche-action, répondent davantage à une exigence d'efficacité et d'efficience.

---

99 J.-M. VAN DER MAREN. *La recherche appliquée en pédagogie*[...], p. 27.
100 H. CHOPLIN *et al.* « Quelle recherche sur et pour l'innovation pédagogique », [...], p. 490. Tiré de M. A. HUGON et C. SEIBEL. *Recherches impliquées, Recherches actions : le cas de l'éducation*, Bruxelles, De Boeck, 1988.

Par conséquent, pour la recherche appliquée, il est vain de produire des connaissances qui ne s'appliquent que dans des conditions expérimentales délimitées. L'objectif est plutôt de développer un savoir effectif dans la réalité qui, quant à elle, est dynamique. C'est à ce niveau qu'il est pertinent de mesurer à quel point la recherche appliquée ne se soumet pas à l'administration d'une preuve comme y travaille la recherche fondamentale, mais bien à l'appréhension de la réalité pour mieux la transformer. Par ailleurs, ce serait ce rapport entre validité de la science et réalité qui aurait contribué à l'émergence manifeste de la reconnaissance d'une science différente, avec une méthode différente :

> Ce fut la conséquence de l'incapacité de plus en plus manifeste des anciennes théories scientifiques à offrir des solutions plausibles aux difficultés rencontrées par les scientifiques lorsqu'ils cherchaient à résoudre des problèmes concernant des phénomènes toujours plus complexes[101].

Pour Robert Prost, c'est également par rapport à cette nécessité structurelle qu'ont émergé les sciences de l'action, que l'on doit reconnaître d'ailleurs par leur capacité à développer des énoncés prescriptifs et opératoires[102]. C'est ce que le philosophe polonais Kotarbinski qualifie d'action efficiente. L'efficience ou l'optimisation du travail est la finalité de la théorie praxéologique, dont l'objectif fondamental est la généralisation des énoncés au plus grand nombre de domaines possibles. Pour atteindre cette fin, le travail du chercheur doit s'intéresser à la formulation et à la justification de normes concourant à l'efficience des propos développés au niveau de la réalité. Or, la méthode requise pour que les connaissances deviennent généralisables consiste à les appuyer sur l'expérience pratique, sur l'étude du monde

---

101 I. WALLERSTEIN *et al. Ouvrir les sciences sociales*, Rapport de la Commission Gulbenkian présidée par Immanuel Wallerstein, Paris, Descartes et Cie, 1996, p. 66.
102 R. PROST. Émergence des sciences de l'action, [...], p. 1.

concret par rapport au savoir pratique déjà développé, mais surtout par rapport aux répercussions de l'application de ce savoir, c'est-à-dire ses succès et ses échecs pratiques[103].

À cet égard, la recherche-action accomplit une tâche sous-estimée par la communauté de chercheurs et de praticiens des sciences sociales. Elle effectue ce travail dans une dimension de micropolitique (de petits groupes sociaux et politiques) qui produit un savoir original, mais aussi des normes sociales mieux adaptées au réel. Pour tout dire, la recherche-action s'éloigne des grandes théories et des solutions universelles appliquées aux différents problèmes sociaux de notre société de plus en plus complexe. Enfin, la recherche-action, de par ses limites intrinsèques, ne peut combler tous les besoins et surtout offrir des réponses à toutes les situations. Cette dimension, disons plus macropolitique, concerne surtout l'aide à la décision politique où encore une fois les questions de l'efficacité et de l'efficience sont importantes.

La dimension d'aide à la décision

S'il y a une activité centrale dans l'appareil gouvernemental, c'est bel et bien le processus décisionnel, plus précisément, la prise de décision. C'est un acte constant de la vie d'une organisation et encore plus dans la vie politique, comme le soulignait Jean Mercier[104]. Mais, c'est aussi « un acte politique nécessaire et complexe, un idéal à atteindre, une science et un art »[105] selon Fortmann. Il n'est donc pas étonnant qu'une littérature abondante ait été consacrée à la recherche d'une meilleure compréhension de cette étape importante dans le cycle politique.

---

103 T. KOTARBINKSI. *Traité du travail efficace*, Traduction du polonais coordonnée par J.-L. DUMONT, Besançon, Presses universitaires de Franche-Comté, 2007, pp. 27-28.
104 J. MERCIER. *L'administration publique : de l'école classique au nouveau management public*, Québec, Les Presses de l'Université Laval, 2002, p. 139.
105 M. FORTMANN «Les processus décisionnels administratifs», dans J. I. GOW *et al.*, *Introduction à l'administration publique : une approche politique*, Boucherville. Gaëtan Morin éditeur, 1992, p. 56

Cette littérature, qu'on pourrait qualifier d'orthodoxe, centrait son objet d'étude sur l'acteur, son environnement, ses ressources et ses contraintes ainsi que ses alliances ou rivalités pour expliquer la prise de décision. En somme, la décision serait une sorte d'équation aux variables multiples, très bien définies et connues de tous. Différentes approches ont été alors élaborées dans ce but comme l'approche rationaliste, gradualiste ou encore du *public choice*. À travers celles-ci, les chercheurs tentaient d'expliquer le comportement de l'acteur (rationnel ou non) et le pourquoi (finalité) de sa décision de même que son résultat/extrant (efficace/efficient).

En politique appliquée, on tendrait plutôt à plonger le chercheur dans l'univers de l'acteur à l'image d'une recherche-action comme nous l'avons vu précédemment ou encore exiger du chercheur un apport quasi-technique, qui vient aider l'acteur/le praticien dans sa prise de décision.[106] En ce sens ont été élaborées des grilles de prise de décision dont l'objectif principal est de soutenir le décideur lors des différentes phases du processus afin que cette décision soit la plus éclairée possible.

Selon notre optique, la décision politique émerge dans un univers marqué par des contraintes institutionnelles, une rareté des ressources et des rivalités entre les groupes. Nous estimons ainsi que chaque décision doit être évaluée selon trois dimensions incontournables :

- Le coût d'opportunité de la décision pour rendre compte de la nature ainsi que de l'ampleur des arbitrages que le décideur aura à effectuer.
- L'efficience en regard du coût total inhérent à la décision, mais surtout de son coût marginal versus ses avantages sociaux en termes de résultats monétaires.

---

106 R. PROST. Émergence des sciences de l'action, [...], p. 20.

- L'efficacité de la décision pour prévoir le potentiel d'atteinte des objectifs relatifs à la décision.

Or, à la lumière de ces critères, une question demeure centrale dans l'aide à la décision. Quelles méthodes sont à la disposition de l'acteur/praticien pour le soutenir dans cette réponse à ces différentes dimensions? Si les méthodes qualitatives du type analyse du discours, observation directe ou encore entrevue sont fort utiles pour la période post-décision, les méthodes quantitatives sont présentes tout au long de la phase pré-décision, durant et après la décision. Lors de la phase pré-décision, elles servent à documenter le pourquoi de l'action à prendre à travers des indicateurs (établis par l'organisation elle-même ou par des organismes attitrés) ou encore de résultats des sondages quand ce n'est pas à travers des grandes enquêtes nationales. Quand arrive la phase cruciale de prise de décision, des méthodes de simulation basées par exemple sur la corrélation-régression sont d'un grand secours pour établir des schémas prévisionnels en regard de l'impact de la décision, et ce, autant au niveau de l'efficacité que de l'efficience. Des sondages servent aussi à voir dans quelle mesure la population cible (ou en général) percevrait cette décision si celle-ci devait avoir lieu. Le pont entre recherche *ex post* et recherche *ex ante* est véritablement franchi lors de cette étape. Enfin, une fois la décision prise, le décideur/praticien a besoin de mesures qui lui permettront de suivre les résultats de la décision, ce qu'on appelle communément « des indicateurs de performance », donc un retour sur les dimensions efficacité/efficience.

De façon évidente, la recherche appliquée en science politique soulève tout un débat éthique : « L'objet de la science politique ne saurait en effet se restreindre à la recherche des conditions qui permettent à un système politique de bien fonctionner; il doit nécessairement prendre en considération la valeur morale des objectifs que ce dernier poursuit »[107]. Ainsi, il faut imposer des balises claires aux praticiens de la politique appliquée ainsi qu'à ceux et celles impliqués dans le processus de la recherche. Le défi à réaliser pour la recherche appliquée en science politique, notamment en aide à la décision, est donc de conserver son caractère neutre. Neutre, car l'objectivité doit être centrale dans l'aide à la décision afin d'appréhender tout le réel et toutes les possibilités, et de ce fait, par extension, afin d'augmenter la crédibilité de la démarche, mais aussi la légitimité de l'utilisation de cet outil. Spécifiquement, cela veut dire que l'élaboration du problème à résoudre doit continuer à se baser sur la réalité telle qu'elle est et non telle qu'elle devrait être afin d'augmenter la pertinence et la justesse des mesures proposées aux décisionnaires (leur efficacité et leur efficience)[108].

Or, selon Hume, la neutralité se voit compromise si les faits se mêlent aux valeurs au niveau de la recherche puisque logiquement l'un ne peut dériver de l'autre[109]. Donc, pour préserver son autonomie, la recherche appliquée doit guider son action par la rationalité qu'on lui reconnaît :

> L'analyse systématique de l'action politique exige l'élaboration de solides cadres conceptuels théoriques et de méthodologies rigoureusement scientifiques. Les enjeux du jour, quelque dramatiques qu'ils puissent être, ne doivent pas nous absorber au point de nous faire oublier notre première responsabilité, comme savants, c'est-à-dire l'élaboration d'une théorie politique scientifique de la politique[110].

---

[107] L. DION. « Politique et science politique », *Revue canadienne de science politique*, vol. 8, no. 3, septembre 1975, p. 379.
[108] K. MELLOS. « Une science objective ? », *Recherche sociale* [...], p. 542.
[109] K. MELLOS. « Une science objective ? », *Recherche sociale* [...], p. 542.
[110] L. DION. « Politique et science politique », *Revue canadienne de science politique*, vol. 8, no. 3, septembre 1975, pp. 379-380.

Enfin, pour pallier aux caractères partial et partiel du politique, la recherche appliquée doit viser à résoudre de manière rationnelle, axée sur l'analyse des faits réels auxquels elle fait face, le problème qui sous-tend son action et à la fois faire preuve d'une portée analytique plus générale[111]. En même temps, et là réside une difficulté, en tant que production sociale, les chercheurs doivent admettre le caractère limité et partial de la recherche appliquée, qui constitue le premier pas de l'objectivation de ce qu'elle produit. Ce dernier élément fait souvent défaut aux recherches appliquées, défaut qui touche notamment la diffusion des méthodes et des résultats.

Le besoin de diffusion

De toute évidence, l'émergence relativement récente de la recherche appliquée par rapport à la recherche fondamentale, son originalité par rapport à cette dernière ainsi que l'attrait qu'elle représente dans le monde universitaire font d'elle un objet d'étude fort intéressant. En fait, sans affirmer que la recherche appliquée est un type de recherche nouveau, il faut reconnaître qu'elle n'a pris son ampleur que vers les débuts du XIXe siècle, en Europe et en Amérique. En outre, la recherche appliquée paraît d'autant plus récente quand elle est comparée à la recherche fondamentale, qui elle est caractérisée de traditionnelle. Soulignons toutefois que bien qu'elle soit souvent abordée par rapport à la recherche fondamentale, la recherche appliquée attire la curiosité, le questionnement en raison de l'originalité dont elle fait preuve. Effectivement, c'est un type de recherche qui, on l'a abordé, semble bien répondre à la complexité des phénomènes à résoudre à l'échelle mondiale, nationale ou locale, spécialement en ce qui concerne les réalités sociales. Plus précisément, la recherche appliquée cherche à dépasser les connaissances déjà diffusées par la recherche fondamentale, qui ne sont plus suffisantes pour trouver

---
111 R. PROST. Émergence des sciences de l'action, [...], pp. 4.

des réponses efficaces aux problèmes posés dans la pratique. Pour y arriver, il s'agit de réduire de façon significative l'écart traditionnel entre chercheurs, praticiens et participants, ce qui conséquemment permet de produire des résultats efficients qui répondent aux attentes du monde concret.

Ainsi, la recherche appliquée se base sur la réalité, sur la pratique, pour produire des résultats efficaces dans le cadre précis de cette réalité et de cette pratique. Enfin, notons l'intérêt que suscite la recherche appliquée en milieu universitaire. D'ailleurs, plusieurs ouvrages sont réalisés relativement aux apports de ce type de recherche en pédagogie. Sans trop risquer de se tromper en affirmant ceci, ce peut être le caractère innovateur, distinctif de la recherche appliquée qui motive l'envie de la pratiquer en tant que chercheur. Si nous sommes aujourd'hui dans une ère où le travail intellectuel est axé sur la production de résultats concrets, il n'est pas trop osé de croire que c'est possiblement la recherche appliquée qui représente l' « outil » de cette finalité.

Néanmoins, les sciences sociales doivent être abordées par la recherche appliquée d'une façon différente de celle réalisée en sciences de la nature. C'est selon la nature de la rigueur que s'établit l'approche distinctive à adopter. En effet, alors que la rigueur souhaitée en sciences exactes est atteinte presque simultanément lors de la recherche elle-même, la rigueur en sciences sociales « se construit différemment dans l'espace et dans le temps où s'insère la pratique »[112]. Or, la clé de l'atteinte de cet objectif résiderait dans le rapprochement entre chercheurs et praticiens afin de faire surgir des relations entre les connaissances de chacun, soit des variables à faire coïncider. Sans cela, il demeure que le chercheur est à l'extérieur de la

---

112 C. BERGER-FORESTIER. « Les rigueurs : Liens entre la théorie et la pratique », *Du discours à l'action* [...], p. 246.

réalité sur laquelle il se penche, ce qui rend difficile l'appréciation des répercussions possibles du savoir qu'il développe puisque la réalité est un ensemble de phénomènes complexes, qui ne sont pas totalement perceptibles de l'extérieur[113].

Bref, ce qu'il faut retenir de la recherche appliquée en sciences sociales, c'est bien le changement qu'elle désire provoquer. Pour Kurt Lewin[114], le chercheur doit ajuster son rôle en sciences sociales par rapport à la méthodologie qu'il emploie. En clair, le chercheur doit réduire de beaucoup sa distance par rapport à son objet d'étude, il doit lui-même s'impliquer dans la résolution de problèmes. La théorie qu'il élabore doit nécessairement se baser sur ses recherches pratiques, sur les interactions vécues avec les gens et avec les praticiens du milieu directement concernés par les problèmes sociaux à résoudre. « L'action deviendrait de la recherche et la recherche de l'action »[115].

En résumé, le but ultime de la recherche appliquée peut être envisagé comme la production de connaissances scientifiques efficientes, qui sont tout d'abord dirigées vers leur répercussion dans le monde concret, vers un rapport serré entre résultats anticipés désirables et résultats réels en considérant, de façon déontologique, toute la dimension éthique qu'implique une intervention sociale de cette nature.

Grâce à ce type d'intervention dans le réel, la politique appliquée relève une partie de l'immense défi que pose la compréhension du monde qui nous entoure et de l'action concrète, issue de la science,

---

113 C. BERGER-FORESTIER. « Les rigueurs : Liens entre la théorie et la pratique », *Du discours à l'action* [...], pp. 246-247.
114 K. LEWIN. « Action research and minority problems », *Journal of Social Issues*, vol. 2, no. 4, 1946, pp. 34-46.
115 A. DOLBEC. « La recherche-action », *Recherche sociale : De la problématique à la collecte de données* [...], p. 508. Tiré de A. J. MARROW. *The action theorist*, New York, Teachers college press, 1969.

qui peut et bien souvent doit être entreprise. Pour ce faire, et pour répondre à la question motivant la rédaction de ce chapitre, il n'y a pas une méthode de recherche pour la politique appliquée, il y en a plusieurs. Ce bref chapitre a fait un survol de deux façons de faire de la recherche appliquée, soit la recherche-action et l'aide à la décision. Il en existe d'autres, bien entendu, qui répondent à des besoins différents et un peu plus éloignés des finalités ou des processus traditionnels de la recherche appliquée en tant que telle. Deux exemples parmi d'autres peuvent être mentionnés. La recherche par modélisation et simulation permet d'anticiper et de prévoir les phénomènes et les comportements sociaux afin d'améliorer les interventions postérieures. Peut aussi être considéré, le groupe de discussion, qui crée une relation sociale artificielle et temporaire afin de mettre au jour les origines d'un problème, social ou d'une autre nature, en vue d'une solution.

Bref, le champ d'application de la recherche appliquée demeure ouvert en science politique, et la politique appliquée, en tant que discipline universitaire, propose une avenue stimulante pour la recherche, ses acteurs et la société en général.

Bibliographie

BIESTA, Gert J. J. et Nicholas. C. BURBULES. *Pragmatism and educational research*, coll. « Philosophy, theory, and educational research series », sous la direction de N. C. BURBULES, Lanham, Rowman and Littlefield, 2003, 128 p.

BOUTINET, Jean-Pierre *et al.* « Du discours à l'action : Les sciences sociales s'interrogent sur elles-mêmes », sous la direction de Jean-Pierre Boutinet, coll. « Logiques sociales », Paris, Éditions L'Harmattan, 1985, 406 p.

CHOPLIN, Hugues *et al.* « Quelle recherche sur et pour l'innovation pédagogique », *Distances et savoirs*, Vol. 54, n° 4, 2007, pp. 483-505.

C. HUSTON, Aletha. « From research to policy and back », *Child development*, Vol. 78, n° 1, janvier/février 2008, pp. 1-12.

COMTE, Auguste. *La science sociale*, Présentation et introduction de KREMER-MARIETTI, Angèle, coll. « idées », Saint-Armand, Gallimard, 1972, 306 p.

CRESPO, Manuel. « L'impact de la recherche appliquée en milieu scolaire : Quelques considérations préliminaires », *Revue canadienne de l'éducation*, Vol. 5, n° 4, 1980, pp. 8-21.

DION, Léon. « Politique et science politique », *Revue canadienne de science politique*, Vol. 8, n° 3, septembre 1975, pp. 367-380.

EVENSON, Robert E. et Yoav, KISLEV. « A stochastic model of applied research », *The journal of political economy*, vol. 84, n° 2, avril 1976, pp. 265-282.

GAUTHIER, Benoît. *Recherche sociale : De la problématique à la collecte de données*, 4e édition, Sainte-Foy, Presses de l'Université du Québec, 2003, 619 p.

GOW, J.I. *et al, Introduction à l'administration publique : une approche politique*, Boucherville. Gaëtan Morin éditeur, 1992, 322 p.

GUÉRIN, Gilles. « Au sujet de l'Empirisme, de l' " Empirisme scientifique " et de l' " esprit scientifique " », *Philosophie et raison*, [En ligne], 28 juin 2009, http://www.gillesguerin.com/philosophie/th/empirisme.htm, (Page consultée le 13 juillet 2009).

KOTARBINKSI, Tadeusz. *Traité du travail efficace*, Traduction du polonais coordonnée par Jean-Luc Dumont, Besançon, Presses universitaires de Franche-Comté, 2007, 286 p.

LESSARD-HÉBERT, Michelle et Gabriel, GOYETTE. « La notion de recherche-action », *Revue canadienne de l'éducation*, Vol. 13, n° 1, hiver 1988, pp. 111-124.

LOISELLE, Jean et Sylvie, HARVEY. « La recherche développement en éducation : fondements, apports et limites », *Recherches qualitatives,* vol. 27, n° 1, 2008, pp. 40-59.

MAISON D'AUGUSTE COMTE. *Auguste Comte et le positivisme*, [En ligne], [s.d.], http://www.augustecomte.org/site/index.php?id=33, (Page consultée le 2 juillet 2009).

MACE, Gordon et François PÉTRY. *Guide d'élaboration d'un projet de recherche*, Québec : Presses de l'Université Laval, 2000 (2e édition), 134 p.

MERCIER, Jean. *L'administration publique : de l'école classique au nouveau management public*, Québec, Les Presses de l'Université Laval, 2002, 534 p.

PROST, Robert. Émergence des sciences de l'action, Notes de recherche, Montréal, Université de Montréal, Faculté de l'aménagement, 1969, 22 p.

STOKES, Donald E. *Pasteur's quadrant : Basic science and technological innovation*, Washington D.C., Brookings institution press, 1997, 180 p.

VAN DER MAREN, Jean-Marie. *La recherche appliquée en pédagogie : Des modèles pour l'enseignement*, Coll. « Méthodes en sciences humaines », 2e édition, Bruxelles, De Boeck, 2003, 257 p.

WALLERSTEIN, Immanuel *et al*. *Ouvrir les sciences sociales*, Rapport de la Commission Gulbenkian présidée par Immanuel Wallerstein, Paris, Descartes et Cie, 1996, 114 p.

Chapitre 3
Les outils pédagogiques en politique appliquée

Par Pierre Binette et Emmanuel Choquette

Introduction

C'est à travers un questionnement relativement simple que se définissent ou plutôt se précisent les outils pédagogiques privilégiés par la politique appliquée. Des interrogations qui s'inscrivent en tous points dans les réflexions propres aux sciences humaines et sociales. D'une part, comment peut-on, à travers les enseignements démontrés et expliqués, rendre compte le plus précisément possible de la complexité des phénomènes politiques? D'autre part, quels moyens peuvent être mis à la disposition des étudiants pour développer une conception multidimensionnelle du réel, laquelle épouse à la fois les contenus théoriques et pratiques de l'apprentissage des sciences politiques? C'est ce cheminement menant croit-on à une préparation plus adéquate non seulement face aux exigences du marché de l'emploi, mais surtout dans le cadre d'une participation active et positive à la vie en société qui donne à la politique appliquée toute son originalité.

Les prochaines lignes s'inscrivent donc dans une démarche en deux temps et présentent les principaux outils pédagogiques correspondant à l'approche didactique proposée par la politique appliquée. En premier lieu, nous examinerons quelques outils pédagogiques que nous utilisons afin de faciliter l'apprentissage des contenus théoriques de la science politique. Il demeure en effet impensable que l'on prétende enseigner les sciences politiques sans en souligner les fondements méthodologiques, épistémologiques, théoriques et conceptuels. En second lieu, les outils pédagogiques de nature plus pratique seront présentés, lesquels viennent certes mettre la théorie à l'épreuve, mais tend également à confirmer le caractère empirique de l'approche appliquée du programme. Afin de présenter une vue d'ensemble, chaque catégorie sera par ailleurs transposée sur une grille synthèse permettant de mieux identifier les compétences et les connaissances que développe chacun des outils répertoriés.

Notre démarche analytique

Les observations et catégorisations que nous présentons dans ce chapitre reposent sur l'analyse de trois sources principales.

1. L'examen rigoureux des plans de cours du corps enseignant de l'École de politique appliquée de l'Université de Sherbrooke. Au total, plus de 200 plans de cours ont été analysés afin d'en faire ressortir les principaux outils pédagogiques privilégiés. L'ensemble de cette documentation couvre une période de neuf ans, c'est-à-dire de l'année 2003 (année de l'apparition des premiers cours à orientation appliquée) jusqu'en 2012[116].

2. Des entrevues semi-dirigées avec les membres du corps professoral, une douzaine de personnes au total (professeures et professeurs, chargées et chargés de cours). Ces entrevues ont pour objectifs de mieux comprendre leur vision de la politique appliquée et d'obtenir certaines précisions concernant la sélection et l'utilisation des outils pédagogiques.

---

116 En 2003, l'École de politique appliquée alors liée au Département d'histoire sous le nom de Département d'histoire et des sciences politiques de l'Université de Sherbrooke met sur pied les cours de gestion de l'espace public (GEP), lesquels donne préséance à l'apprentissage par expérience et permettent aux étudiantes et aux étudiants de prendre contact avec différents aspects de la vie professionnelle. La dimension appliquée du programme s'est approfondie avec la création de ces GEP.

3. Les observations et les connaissances des auteurs concernant les outils et activités pédagogiques utilisés depuis la création des programmes de politique appliquée.

1. Deux catégories d'outils pédagogiques

À l'instar de la plupart des programmes universitaires en sciences humaines et sociales, les outils pédagogiques utilisés en politique appliquée permettent à la fois l'acquisition de connaissances, notamment théoriques, et le développement de compétences. Certains outils se prêtent davantage à l'acquisition des connaissances alors que d'autres se montrent plus efficaces pour le développement de compétences. D'une part, précisons que la distinction proposée entre les outils pédagogiques (outils visant l'acquisition de connaissances et outils visant le développement de compétences) repose avant tout sur nos pratiques, sur l'utilisation que nous faisons de ces outils. Nous n'avons nullement la prétention d'en présenter une classification scientifique. D'autre part, nous ne voulons pas ici supposer que les processus d'acquisition de connaissances et le développement de compétences sont différenciés et autonomes.

Au contraire, nous estimons qu'il existe une complémentarité et des liens très étroits entre ces deux processus d'apprentissage. D'ailleurs, nous estimons que l'acquisition de connaissances et d'outils d'analyse théorique vient non seulement enrichir les connaissances générales des étudiantes et des étudiants en sciences politiques, mais elle prépare ces derniers à la réussite des cours pratiques. Autrement dit, l'objectif est d'assurer une continuité entre les apprentissages théoriques et appliqués. Ce positionnement méthodologique est clairement évoqué dans le document de création du baccalauréat en politique appliquée, lequel stipule que « le processus d'acquisition des savoirs méthodologiques et conceptuels est plus efficace lorsqu'il s'opère par le biais de l'expérimentation immédiate»[117]. D'une part, on estime qu'en politique appliquée les connaissances transmises via les cours magistraux préparent les étudiantes et les étudiants à vivre des expériences concrètes. D'autre part, ces expériences accumulées en cours de formation constituent un bagage substantiel d'acquisition de compétences permettant une meilleure intégration au marché du travail.

Une troisième dimension s'ajoute au processus d'apprentissage dans un cadre appliqué à savoir l'acquisition de connaissances, la maîtrise d'outils d'analyse et de concepts théoriques via la résolution de problèmes ou la réalisation de projets[118]. C'est ainsi qu'en 1997 nous expérimentions certains modes d'apprentissage. Ceux-ci reposaient sur la conviction que, confronté à une obligation de résultat (type préparation à un concours interuniversitaire), un groupe d'étudiants bien encadrés avait la capacité de définir leurs besoins en matière d'apprentissage. Ils pouvaient ainsi acquérir les connaissances théoriques et les compétences pratiques pour relever les défis auxquels ils étaient confrontés. À l'aide d'exemples, nous illustrerons dans les pages suivantes ce type d'activités académiques.

Au-delà des questions relatives à l'utilisation des outils pédagogiques, notamment ceux d'application des savoirs, la politique appliquée suppose une posture analytique qui insiste sur l'importance de la contextualisation, pour reprendre l'expression de Weber. Le

---

[117] Cette citation est tirée du document (p. 10) de création du Baccalauréat en politique appliquée à l'Université de Sherbrooke en 2003.
[118] Les principaux écrits qui ont influencé nos choix en matière d'approches pédagogiques sont : J. TARDIF. *Pour un enseignement stratégique. L'apport de la psychologie cognitive*, Montréal, Les éditions Logiques, 1997, 474 p.; A. BOUKELIF et D. TIFOUR. « APP : de l'accumulation des connaissances vers leur intégration et transfert par résolution de problème », *Permanent Online Journal of Information and Communication Technologies*, ISDM, [En ligne], *isdm.univ-tln.fr/PDF/isdm25/Boukeliftifour_TICE2006.pdf*; L. POIRIER PROULX. « Enseigner et apprendre la résolution de problèmes», *Pédagogie collégiale*, volume 11, no.1, 1997, pp.18-23.

caractère appliqué des activités universitaires incite fortement les participants à bien contextualiser leur analyse des phénomènes et des processus politiques observés. D'ailleurs, l'une des qualités des outils d'apprentissage expérientiel[119] est précisément de les obliger à considérer les contraintes qu'impose l'environnement politique, économique, légal et éthique[120] dans leur processus de résolution de problème ou de réalisation de projet. En d'autres termes, la résolution du problème auquel l'étudiant fait face dépend en grande partie de sa capacité à considérer le contexte dans lequel il évolue.

1.1 Les outils pédagogiques de transmission des contenus théoriques

À nouveau, en politique appliquée comme c'est le cas pour d'autres champs ou disciplines, la transmission des savoirs notamment théoriques se décline de plusieurs façons. L'analyse des nombreux plans de cours permet ainsi d'identifier clairement quatre grands types d'outils pédagogiques utilisés pour la transmission des contenus théoriques[121].

1.1.1 L'approche thématique

Le premier, sans doute le plus fréquemment utilisé, est l'enseignement par thème, que l'on pourrait qualifier d'approche

---

119 Nous abordons plus en détails cette approche au point 2.
120 Comme vous pouvez le constater nous reprenons ici des éléments de la définition de la politique appliquée. Voir à ce sujet le chapitre 1.
121 On réfère ici aux aspects davantage fondamental et conceptuel de l'enseignement des sciences politiques. La dimension théorique de l'enseignement vise alors, comme le précisent Monière et Guay, à ériger la « construction intellectuelle » de la réalité. D., MONIÈRE et J-H. GUAY. *Introduction aux théories politiques*, Montréal, Québec/Amérique, 1987, p. 40. Les outils pédagogiques de transmission des connaissances permettent ainsi l'enseignement du « savoir acquis » aux étudiants, notamment via les sujets abordés en classe ou les lectures obligatoires. P. FAVRE et J.-P. LAGAVRE. *Enseigner la science politique*, Paris, L'Harmattan, 1998, 430 p. Quant à la théorie politique, ce texte épouse la définition de Pierre Favre affirmant qu'elle est « la réflexion rationnelle sur les conditions d'un fonctionnement social au profit de tous et donc sur les maux et les désordres à combattre et sur les moyens de faire advenir une vie collective équilibrée » P. FAVRE. *Comprendre le monde pour le changer*, Paris, Presses de Sciences Po, 2005, p. 367.

thématique. Cet outil a pour principal objectif de structurer le déroulement d'un cours et de guider les étudiantes et les étudiants dans leur apprentissage. L'approche thématique s'insère également dans une démarche par étape, c'est-à-dire qu'en premier lieu, chaque thème abordé met la table à l'explication des aspects suivants. En second lieu, c'est le cumul des thèmes qui permet une compréhension globale de la matière. Par ailleurs, les éléments théoriques abordés en fonction de l'approche thématique viennent remettre les phénomènes politiques dans leur contexte. Par exemple, on abordera la politique canadienne et québécoise en fonction des thématiques s'y rattachant (dimensions historique et constitutionnelle, dualité linguistique, fédération, etc.). De même la pensée de John Locke sera-t-elle présentée par opposition à celle de Thomas Hobbes ou en lien avec le libéralisme de John Stuart Mill. Évidemment, ces enseignements ne sont pas isolés des autres cours. L'approche thématique vise alors non seulement la compréhension de la matière, mais de façon plus large, des phénomènes politiques abordés dans d'autres cours[122].

Par ailleurs, la présentation d'exemples qui illustrent de façon concrète une réalité ou un phénomène politique s'avère une constituante non négligeable de l'approche thématique. Deux sous-catégories d'outils pédagogiques peuvent être identifiées. La première, **l'étude de cas simple ou multiple** vise à approfondir un thème précis. De l'avis de plusieurs professeurs et enseignants rencontrés pour cette étude, l'analyse d'un cas d'actualité ou la comparaison de plusieurs événements politiques contribuent à développer le sens critique et l'esprit d'analyse tout en gardant un contact avec le réel. La seconde, **la**

---

[122] Nous touchons ici à la complémentarité recherchée par les responsables de programmes entre les activités universitaires et donc au caractère intégré des programmes de politique appliquée par opposition au phénomène de parallélisme des contenus ou encore de chevauchements de ces derniers. À titre d'exemple, un cours d'histoire des idées politiques dont l'approche thématique permet d'aborder le pragmatisme de Nicolas Machiavel, s'avère fort utile à la compréhension du réalisme politique d'Hans Morgenthau expliqué dans un cours d'introduction aux relations internationales.

grille d'analyse d'une problématique politique, facilite bien souvent la réalisation d'études de cas en permettant de mieux organiser la démarche analytique. Elle est utilisée dans plusieurs cours notamment ceux de négociation et d'analyse des processus décisionnels[123]. L'étude de cas simple ou multiple tout comme la grille d'analyse constituent toutes deux des outils pédagogiques qui permettent de mieux comprendre les relations entre les théories politiques et leur application dans la gestion de l'espace public ainsi que les contraintes qu'exerce l'environnement sur le décideur.

1.1.2 Le recours aux praticiennes et praticiens

S'inscrivant la plupart du temps à l'intérieur d'une démarche thématique, le recours aux praticiennes et praticiens permet, entre autres, aux étudiants d'obtenir le point de vue d'une personne directement impliquée à l'intérieur d'une réalité politique précise. L'enseignement magistral permet alors de partager des éléments de connaissances pratiques, notamment grâce au témoignage d'un praticien, qui agit dans l'espace public. C'est ainsi qu'une fonctionnaire des Nations Unies viendra témoigner de son expérience dans le cadre d'un cours portant sur le fonctionnement de l'ONU ou qu'un spécialiste en criminalité transnationale fera part de ses perspectives lors d'un autre cours traitant des enjeux contemporains en matière de sécurité. Ces personnes offrent donc un contact presque direct avec les dynamiques politiques et une véritable initiation aux exigences et aux contraintes auxquelles elles ou ils sont confrontés. L'approche appliquée accorde donc une place importante à l'explication des réalités politiques par les personnes les ayant vécues de près.

Depuis quelques années, notamment dans le cadre d'écoles d'été, nous organisons ainsi des ateliers et conférences mariant à la fois les

---

123 Cette grille vous sera présentée dans la prochaine section.

dimensions théoriques et pratiques de l'apprentissage. Le meilleur exemple de ce type d'activité est le colloque international intitulé « Les enjeux de sécurité à la frontière canado-américaine » qui s'est tenu du 20 au 24 août 2012. Ce colloque réunissait pas moins de dix chercheurs et chercheuses universitaires et près d'une vingtaine de praticiennes et praticiens issus du Canada et des États-Unis. Pour plus d'une trentaine d'étudiants, la participation à ce colloque était obligatoire et s'inscrivait dans le cadre de cours d'été.

1.1.3 Les supports visuels

L'usage d'outils multimédias n'est certainement pas l'apanage unique des enseignants en politique appliquée. Les présentations de type « *power point* » demeurent à cet effet un incontournable dans l'établissement de repères visuels de la matière parcourue. Toutefois, si l'enseignement magistral s'effectue, pourrait-on dire de façon plus conventionnelle, le recours aux présentations vidéo s'avère un outil pédagogique fortement encouragé, toujours dans un souci de démonstration concrète des phénomènes politiques.

Tout comme la conférence, la présentation de films, de documentaires ou d'entrevues permet aux étudiants d'obtenir un point de vue interne d'une organisation ou d'un événement à caractère politique. La diffusion d'un documentaire portant sur le déroulement d'une campagne électorale provinciale permet ainsi de mieux comprendre les dynamiques politiques canadiennes et québécoises tout comme une entrevue avec un négociateur membre d'une organisation non gouvernementale (ONG) contribue à l'identification des principaux enjeux politiques et environnementaux entourant une négociation. À l'instar de la conférence, ce type d'outil pédagogique ajoute également au dynamisme de l'enseignement dans son ensemble.

Des membres de l'École de politique appliquée ont aussi créé une banque de documents audiovisuels « Les entrevues du leadership » qui comporte une série d'entrevues substantielles avec plus d'une vingtaine de personnalités qui ont marqué leur champ respectif d'activités. Cette série d'entrevues dont l'accès est limité aux étudiants est principalement utilisée dans le cadre des programmes de deuxième cycle et reste à la disposition des enseignants. S'il est possible de visionner l'entrevue dans son intégralité (en moyenne 45 minutes), les enseignantes et enseignants n'en présentent habituellement que de courtes parties. Organisées et présentées par thématiques, ces entrevues permettent, par exemple, à une professeure de communication politique de présenter les réponses d'un ancien premier ministre ou d'un président d'une ONG au sujet de la gestion des rapports avec les médias. Cette banque d'entrevues est un outil pédagogique qui facilite la prise en compte des contraintes qu'exercent les environnements politique, économique, légal et éthique sur la décision politique.

1.1.4 Le programme de lecture

Faisant partie intégrante des évaluations et des travaux, le contenu théorique présent dans les différents ouvrages et les recueils de textes demeure un outil pédagogique presque systématiquement ajouté au programme. Les nombreuses entrevues réalisées et l'analyse des plans de cours témoignent clairement de l'efficacité des lectures. En ce sens, la plupart des personnes rencontrées estiment que l'imposition d'un programme de lecture permet de développer un meilleur esprit critique et de synthèse. La dimension pratique n'est cependant jamais bien éloignée de la théorie. C'est ainsi que, toujours en regard des documents soumis à l'étude, on peut identifier quatre types de programmes de lecture.

Le premier, soit **les ouvrages de référence et les textes scientifiques**, constitue une forme d'introduction aux nombreuses facettes de la science politique. La classe étudiante s'initie alors aux théories, à la philosophie, à l'histoire ou à la sociologie politique pour ne nommer que ces champs. Ils s'avèrent également fort utiles dans l'élaboration d'une grille d'analyse. Le second, **les** études **biographiques**, contribuent notamment à cerner le parcours d'une personnalité politique. Bon nombre de professeurs mettent aussi **les documents d'actualité** (journaux, revues, magazines, blogues, etc.) à leur agenda afin de sensibiliser les étudiants à l'action politique quotidienne.

Par ailleurs, plusieurs cours axés sur les institutions ou les organisations politiques exigent des étudiants une bonne connaissance de la **documentation officielle** (Constitutions, chartes, règlements, textes de loi, résolutions, etc.), qui fonde une organisation ou encore qui est produite par celle-ci. Cette pratique est particulièrement importante dans le cadre des activités universitaires de gestion de l'espace public (GEP) comme le jumelage parlementaire ou la participation au *National Model of United Nations (NMUN)*. Les enseignants sont d'avis que cette connaissance des textes officiels et surtout, le réflexe de s'y référer constamment permet de rapprocher le travail universitaire du travail réalisé dans le domaine de la pratique. Par exemple, pour comprendre l'utilisation du véto russe sur un projet de résolution au Conseil de sécurité, il est nécessaire d'analyser attentivement le contenu de ce projet de résolution et de lire les documents auxquels il se réfère. Malheureusement, trop souvent nous nous limitons à utiliser des sources secondaires ou encore, nous nous référons qu'au discours officiel.

Cela dit, si l'analyse des plans de cours permet d'identifier un certain nombre d'outils théoriques et pratiques, elle permet également de mettre en exergue les compétences et les connaissances développées en cours d'apprentissage.

1.2 Les compétences et les connaissances

Cela relève presque de l'évidence, mais le principal objectif justifiant l'utilisation des outils demeure l'acquisition de connaissances. Comme le rappel le professeur de sciences politiques Pierre Favre, ces bases demeurent essentielles à la bonne réussite du programme en générale.

> [L]'enseignement de la science politique a pour fonction de faire connaître un savoir positif accumulé par la discipline. Les recherches qui ont été menées depuis des décennies ont apporté une masse de connaissances sur les partis politiques, le comportement électoral, les modes d'exercice du pouvoir et cent autres sujets. Le cours se doit de transmettre un certain nombre de ces acquis de la discipline, ceux du moins qui ont le statut de prérequis pour la suite du cursus[124].

En outre, on peut identifier plusieurs compétences en partie développées grâce à l'enseignement de la théorie. C'est particulièrement vrai en politique appliquée où la transmission des savoirs s'effectue dans une optique d'expérimentation en cours d'apprentissage. Au fil de leur formation, les étudiantes et les étudiants seront donc appelés à aiguiser leur sens critique et à développer leur esprit d'analyse et de synthèse.

1.3 Des assises théoriques

Comme on peut le constater, les outils pédagogiques de transmission des contenus théoriques demeurent essentiellement conformes à l'enseignement magistral disons plus traditionnel de la science politique. Au même titre qu'un autre programme universitaire spécialisé en la matière, du simple point de vue théorique, les méthodes de transmission des savoirs ne diffèrent probablement que très peu des autres approches. Comme le soulignent plusieurs personnes

---

[124] P. FAVRE et J.-P. LAGAVRE. *Enseigner la science politique*, [...], p. 18.

interrogées sur le sujet, c'est toutefois dans la mise en pratique de ces connaissances et surtout lors de la vérification empirique des théories et de l'opérabilité des concepts en cours de formation que la politique appliquée prend tout son sens.

1.4 Les outils pratiques

Comme son nom l'indique presque explicitement, la politique appliquée accorde une place prépondérante à la vérification par l'expérience. Et pour que cette expérimentation puisse avoir une portée pédagogique, il importe que ses conclusions soient connues et intégrées par les étudiants. C'est ici que l'approche appliquée se distingue et va bien au-delà de la transmission de la connaissance et du partage de l'expérience. En effet, en politique appliquée, les outils pédagogiques utilisés viennent non seulement témoigner des expériences réalisées par les enseignants, mais ces derniers permettent aux étudiants d'être au cœur de l'action, en amont et en aval de la vérification empirique. En fait, bien souvent, ce sont ces derniers qui réaliseront l'expérience et en tireront leurs propres conclusions.

1.5 L'apprentissage expérientiel

En ce sens, les outils pédagogiques privilégiés en enseignement de la politique appliquée relèvent davantage de l'apprentissage par l'expérience ou de ce qu'il convient mieux d'appeler l'apprentissage expérientiel. Les assises théoriques de la dimension pratique de l'approche appliquée puisent donc leurs sources dans les théories de l'*experiential learning*[125], lesquelles mettent de l'avant l'idée que connaître c'est apprendre. S'inspirant des travaux de James Coleman, les professeurs Jacques Chevrier et Benoît Charbonneau définissent ainsi cette approche:

---

125 D. A. KOLB. *Experiential learning: experience as the source of learning and development*, Upper Saddle River, Prentice Hall, 1984, p.8.

> L'apprentissage expérientiel consiste essentiellement en la transformation de son expérience vécue en savoir personnel. L'apprenant, au lieu de chercher à comprendre et à assimiler une information verbale ou écrite, doit pouvoir donner un sens à ce qu'il a vécu et construire des connaissances qui lui sont utiles[126].

Sans incarner le parfait reflet de la conception pédagogique propre à la politique appliquée, cette définition demeure tout de même pertinente en particulier par sa référence implicite à l'intégration du savoir par l'expérience. Et force est de constater que les leçons retenues des suites d'une expérimentation ont d'abord une portée individuelle. À cet égard, un des professeurs interrogés soulève d'ailleurs l'aspect de la responsabilisation personnelle de l'apprentissage. Dans cette perspective, les outils pédagogiques mettent en relation la connaissance et la pratique. En d'autres termes, les méthodes d'enseignement de la politique appliquée doivent laisser suffisamment de latitude aux étudiants pour que leur niveau d'implication et de responsabilisation optimise l'acquisition d'un savoir concret. Cette conception de la pédagogie ne signifie pas la diminution de l'utilité de l'enseignant. Elle vient plutôt transformer son rôle. Il devient alors un relais entre la théorie et la pratique comme le mentionne clairement Arthur Chickering. Selon lui, « le campus n'est plus le seul lieu d'apprentissage et le professeur l'unique source de connaissances. Ils font plutôt partie d'un ensemble de réseau éducationnel incluant des praticiens, des superviseurs sur le terrain, des professeurs associés »[127].

---

126 J. CHEVRIER et B.CHARBONNEAU. « Le savoir-apprendre expérientiel dans le contexte du modèle de David Kolb », *Revue des sciences de l'éducation*, vol. 26, no. 2, 2000, pp. 278.
127 Traduction libre : The campus will no longer be the sole location for learning, the professor no longer the sole source of wisdom. Instead, campus facilities and professional expertise will be resources linked to a wide range of educational settings, to practitioners, field supervisors, and adjunct faculty D. A., KOLB, *Experiential learning: experience as the source of learning and development*, [...], p. 8.

Les outils pratiques propres à la politique appliquée doivent ainsi comporter des critères spécifiques, lesquels correspondent en grande partie à l'apprentissage expérientiel. À l'évidence, les critères de **responsabilisation** et **d'autonomie** s'avèrent particulièrement utiles dans **la résolution de problèmes**. Il s'agit d'ailleurs là d'une autre dimension de l'apprentissage expérientiel. Pour un des plus fervents adeptes de cette méthode, Alain Kerjean, «[c]'est à travers l'action - une série de problèmes à résoudre - que s'opèrent l'acquisition et le développement de nouvelles capacités personnelles et sociales. Seul l'apprenant-acteur peut découvrir par essai-erreur ses propres solutions »[128]. Comme nous le verrons, les outils répertoriés dans le cadre de cette étude comme la simulation et les jeux de rôle en tête témoignent de cette détermination à placer les étudiants en situation d'apprentissage pratique.

2. Le répertoire d'outils pratiques

L'examen des quelque 200 plans de cours de l'École de politique appliquée permet ainsi d'identifier plus d'une quinzaine d'outils pratiques.

Tableau 1: Grille d'outils pratiques - par compétences

	Analyser	**Collaborer**	**Représenter**	**Communiquer**
Simulation	✓	✓	✓	
Jeux de rôle	✓	✓	✓	
Étude de cas (simple ou multiple)	✓			
Grille d'analyse - acteurs et dynamiques politiques	✓			✓
Mandat	✓	✓		
Outils statistiques	✓			✓

---

128 A. KERJEAN. *L'apprentissage expérientiel*, Thiron, Éditions E.S.F., 2006, p.15.

	Analyser	**Collaborer**	**Représenter**	**Communiquer**
Outils de rédaction	✓			✓
Production de contenu médiatique (tv-radio).		✓	✓	✓
Outils Web/multimédia	✓	✓		✓
Atelier de recherche/ séminaire	✓	✓		✓
Micro-stage	✓	✓		
Recherche thématique d'envergure	✓			✓
Activités terrain	✓	✓		✓
Stages /Recherches-terrain en relations internationales	✓	✓		
Analyse comparée	✓			✓
Activité synthèse orale	✓		✓	✓
Exercice pratique	✓		✓	

Certains relèvent davantage de l'apprentissage expérientiel tandis que d'autres visent plus simplement à mettre la théorie à l'épreuve, ou à tout le moins, à offrir des acquis de compétences, notamment grâce aux travaux et aux exercices exigés. Cette section vise donc à présenter ces outils en portant une attention particulière à certaines méthodes s'inscrivant toujours dans l'approche appliquée des sciences politiques. Par souci de concision, la totalité des outils ne sera pas expliquée. Cependant, nous nous attarderons sur neuf d'entre eux, lesquels ont une portée relativement transversale ou encore constitue une représentation plus évidente du caractère appliquée de l'enseignement. En ce sens, les prochaines lignes aborderont notamment les outils de simulations et de jeux de rôles, l'étude de cas (simple ou multiple), la grille d'analyse, les mandats, les outils Web et multimédia, les stages et les microstages, les activités terrain ainsi que les activités synthèses.

Par ailleurs, les outils répertoriés lors du recensement ont été transposés à l'intérieur d'une grille synthèse (Tableau 1). Chacun des outils correspond à une ou plusieurs des quatre compétences identifiées dans la grille. À l'École de politique appliquée, nous considérons donc que l'utilisation d'un outil pédagogique doit contribuer au développement du *savoir analyser* (ex. : développement du sens critique, de la capacité d'évaluation, de recherche ou d'application des savoirs théoriques), du *savoir collaborer* (ex. : travail d'équipe, sens de l'initiative et de la logistique, fonctionnement des organisations), du *savoir représenter* (ex. : aptitudes à négocier, à gérer des situations conflictuelles, à prendre publiquement position) et du *savoir communiquer* (ex. : aptitudes à débattre, à vulgariser, à présenter un contenu oral ou écrit).

Évidemment, l'attribution des compétences, bien qu'effectuée de façon rigoureuse, ne relève pas d'une méthode de sélection proprement scientifique. Elle est aussi réalisée sur la base des données recueillies à travers l'analyse des plans de cours, de la réalisation des entrevues et de la lecture de la documentation reliée à l'élaboration des programmes de baccalauréat et de maîtrise de l'École de politique appliquée. Il importe enfin de mentionner que même si, dans bien des cas, un outil pratique peut être relié à l'ensemble des quatre catégories de compétences, nous considérons uniquement celles qui apparaissent les plus sollicitées en termes d'utilisation. À titre d'exemple, l'étude de cas est associée à la compétence d'analyse dans notre grille malgré que des aptitudes en communication, en matière de présentation de résultats notamment, puissent aussi être développées.

2.1 La simulation

La simulation est l'un des principaux outils pédagogiques que nous utilisons dans les programmes de l'École de politique appliquée. Cette dernière consiste à reproduire un environnement dans lequel l'étudiant joue le rôle d'acteur et de décideur politique. Le plus souvent membre d'une équipe, il doit personnifier de manière crédible une fonction désignée et « reproduire » ses comportements et actions notamment dans le cadre de simulations de négociation[129]. Au deuxième cycle en politique appliquée, la simulation est un outil de formation de premier plan dans plusieurs activités pédagogiques. Elle est même au cœur d'au moins cinq activités pédagogiques[130].

L'approche par projet ou par problème conjuguée à la simulation comme outil d'apprentissage présente plusieurs avantages[131]. Elle permet entre autres:

- L'application des savoirs théoriques et le développement par la pratique d'habiletés nécessaires à la recherche et à l'analyse comme la recherche d'informations, la classification et la hiérarchisation de l'information, la formulation d'hypothèse...;

- L'acquisition des connaissances inhérentes au déroulement de la simulation (connaissances des acteurs, familiarisation avec une nouvelle problématique et développer la capacité d'adaptation à un vocabulaire spécialisé...)

- Le développement de compétences transversales comme le travail d'équipe, savoir négocier, savoir persuader et savoir rallier.

---

129 Nous reprenons ici les éléments de définition d'O. Beylerian dans O. BEYLERIAN. *Accords et impasses : introduction à la négociation internationale par la simulation*, Liber, Montréal, 1998, p.14.

130 Il s'agit des cours : POL 722-723 Approches et simulation de gestion de crise I et II; GEP 703 Savoir traiter : pratique de la négociation ; DPI 702 : PRD internationaux ; DPI 703 Simulation des travaux d'un OI.

131 Les qualités de l'apprentissage par problème ou par projet sont suffisamment connues pour ne pas développer davantage à ce niveau. Nous avons néanmoins consulté une série d'ouvrages sur le sujet dont : B.R. JOYCE et M. WEIL. *Models of teaching*, Needham Heights, Allyn et Bacon, 1996; E. BRIDGES et P. HALLINGER. *Implementing Problem-based Learnig in Leadership Development*, Eugene-University of Oregon, 1995, 194 p. ; L. POIRIER-PROULX.« Enseigner et apprendre la résolution de problèmes », *Pédagogie collégiale*, vol. 11, no 1, 1997, pp. 18-23. Nous avons aussi consulté les travaux et échangé à de multiples reprises avec le professeur Luc Guay de la Faculté d'éducation.

La conception d'une simulation formatrice et de qualité est une opération complexe. Le *Program on Negotiation* (PON) de l'Université Harvard est très certainement le plus important centre de réflexion et de production scientifique sur la négociation et ses outils d'enseignement. Fisher, Ury, Raiffa Wheeler et Coob sont parmi les intellectuels les plus productifs sur le plan de cette réflexion et de cette production[132].

Une bonne simulation doit être réaliste, bien structurée, les directives doivent être précises et les mandats cohérents[133]. Elle doit permettre aux participants d'être partie prenante aux différentes phases de la résolution de problème ou de la réalisation de projet. Elle doit permettre une conscientisation et une intégration de la démarche de résolution de problème chez le participant. Une bonne simulation doit aussi mettre en présence des acteurs ayant des intérêts divergents, mais aussi quelques éléments d'intérêts communs. Dans le cadre des simulations de négociations multilatérales et complexes, les acteurs ne doivent pas avoir la même importance. Le poids décisionnel des personnes y prenant part doit varier en fonction des thèmes abordés dans la négociation. Il est souhaitable que l'issue de la négociation soit connue, mais il ne s'agit pas d'une obligation. Le temps et les ressources doivent être limités. Finalement, il est évident que l'expérimentation est essentielle, notamment pour apporter les correctifs et ajustements pertinents durant le processus de création d'une simulation. Il existe plusieurs types de simulations. Chaque type ou combinaison de types

---

132 Voir à ce sujet: M. WHEELER. *Teaching Negotiation: Ideas and Innovations*, Cambridge, PON Books Harvard Law School, 2000, 383 p. ; S. COOB, *Negotiation Pedagogy: A Research Survey of Four Disciplines*, Cambridge, PON Books Harvard Law School, 2000, 84 p. Le PON publie aussi une série sur vidéo et DVD intitulée *Negotiation Pedagogy Video Series*.
133 Voir à ce sujet: J.L. FLETCHER. *The Effectiveness of Simulation Games as Learning Environment: A Proposed Program of Reseach, Simulations and Games*, vol. 2, no. 4, 1971, pp. 425-454.

supposent des choix stratégiques sur le plan pédagogique[134]. Celles que nous utilisons actuellement sont plutôt de type fermé, complexe, évaluatif et éducatif.

2.1.1 Simulation fermée, simulation ouverte[135]

Dans une simulation fermée, les participants ont accès à l'ensemble des informations (rôle, mandats, informations...) nécessaires à son déroulement. Tandis que dans le cas d'une simulation ouverte, l'étudiant doit procéder à la cueillette des données et des informations nécessaires à une représentation crédible et solide de la fonction qu'il représente. Dans le cadre de nos programmes de deuxième cycle, nous utilisons les deux types de simulations.

2.1.2 Simulation simple et simulation complexe

Le niveau de complexité d'une simulation varie en fonction de plusieurs éléments. Il est d'abord relatif au **nombre et au type d'acteurs** qui y participent. Le **nombre et la nature des « objets négociés »** doivent également être considérés. En outre, **certains facteurs** sont susceptibles d'influencer les comportements et les décisions qui seront prises. L'amplitude et le sens des variations dans les **rapports de force** et le **degré d'interdépendance entre les objets négociés** peuvent en effet varier. En d'autres termes, les rapports de force peuvent changer en fonction des thèmes abordés et des types d'acteurs représentés[136]. À titre d'exemple, il y a fort à parier que les avis du responsable des finances d'un gouvernement aient plus de poids que ceux du ministre

---

[134] R.J. LEWICKI, D.M. SAUNDERS et B. MINTON. *Negotiation: Readings, Exercises, and Cases*, (4th edition), McGraw Hill-Irwin, 2002, 744 p.
[135] L.E. SUSSKIND and J. CORBURN. « Using Simulations to Teach Negotiation: Pedagogical Theory and Practice», dans M. WHEELER, *Teaching Negotiation: Ideas and Innovations*, [...], pp. 285-310.
[136] L.E. SUSSKIND, R.H. MNOOKIN, B. FULLER et L. ROZDEICZER. *Teaching Multiparty Negotiation, a Workbook*, Cambride PON, 2003, 171 p. ; I.W. ZARTMAN (dir.). *International Multilateral Negotiation: Approaches to the Management of Complexity*, San Francisco, Jossey-Bass, 1994, 248 p.

de l'environnement en ce qui concerne les questions budgétaires. Mais le rapport de force peut changer dans la mesure où les négociations porteront sur des enjeux plus environnementaux qu'économiques. Les travaux des chercheurs de l'Université de Cambridge, notamment ceux de Podziba, Gensberg et Guetta, ont contribué de manière significative à l'amélioration des méthodes de construction des simulations complexes notamment par la présentation de matrices factorielles[137].

2.1.3 Simulation évaluative et simulation éducative[138]

L'objectif pédagogique des simulations évaluatives est de développer les compétences, les habiletés et les réflexes nécessaires à la résolution d'un problème par une meilleure compréhension de ses composantes et dynamiques. Autrement dit, « elles consistent en des modèles d'organismes administratifs devant faire face à des situations précises et sont conçues pour mieux comprendre le fonctionnement de ces organismes dans des conditions problématiques réelles ou éventuelles »[139]. Il y a dans ce type de simulation une dimension éducative parce qu'elles « reproduisent des contextes sociaux réels à l'intérieur desquels des sujets humains s'efforcent d'acquérir des aptitudes et des connaissances sur des aspects déterminés de ces contextes »[140].

---

137 S. PODZIBA, A. GENSBERG et I. GUETTA. «Writing Multiparty Simulations to Teach and Introduce Mediation and Negotiation Techniques in Diverse Cultures», (Conference), *New Trends in Negotiation Teaching: Toward a Trans-Atlantic Network*, Essec, Cergy, France, 14 – 15, November 2005.
138 S'ajoutent aux simulations évaluatives et éducatives les simulations prédictives. Celles-ci ont pour objectifs de « construire et d'affiner une théorie sur les mécanismes causaux d'un phénomène fréquemment observé. [...] On recourt aux simulations prédictives lorsque l'on considère des situations qui ne se sont jamais présentées mais dont la probabilité d'occurrence est élevée ». Les simulations des cours en gestion de crise s'approchent du modèle de simulation prédictive. O. BEYLERIAN, *Accords et impasses : introduction à la négociation internationale par la simulation*, [...], p. 16.
139 O. BEYLERIAN. *Accords et impasses : introduction à la négociation internationale par la simulation*, [...], p. 17
140 O. BEYLERIAN. *Accords et impasses : introduction à la négociation internationale par la simulation*, [...], p. 18.

À titre d'exemple, mentionnons la simulation intitulée « Le règlement pacifique d'une crise ethno-politique : le cas de l'Abkhazie » (voir tableau 2). Cette simulation est utilisée dans le cours GEP 703 Savoir traiter : pratique de la négociation. Nous reproduisons le contexte d'une négociation internationale qui s'inspire d'un cas réel à savoir la crise engendrée par la volonté de sécession de l'ancienne République autonome d'Abkhazie de l'actuelle République de Géorgie. Cette simulation de négociation complexe oblige les étudiants à s'adapter aux nombreuses contraintes inhérentes aux dynamiques politiques, notamment les rapports de force inégaux entre les acteurs, les pressions internes et externes sur le processus de résolution de conflit et les délais serrés. Toute proportion gardée, ils font ainsi face à la réalité et peuvent mettre à l'épreuve les diverses théories sur les négociations et sur le comportement des acteurs en place. Conforme à l'apprentissage expérientiel, l'exercice laisse une place importante à l'auto-apprentissage puisque « la tâche principale du formateur sera d'encadrer la démarche d'apprentissage des participants »[141].

---

141 Extrait d'un document intitulé « Cahier du formateur » rédigé par le professeur de politique appliquée Pierre Binette dans le cadre d'un cours de négociation portant sur le règlement pacifique d'une crise ethno- politique : le cas de l'Abkhazie.

Tableau 2 : Planification de la simulation : « Le règlement pacifique d'une crise ethno-politique : le cas de l'Abkhazie »[142]

Étapes	Tâches et rencontres	Temps requis
3 semaines avant la simulation		
1. Informations et directives sur l'exercice de négociation (objectifs, méthodes pédagogiques exigences...) Initiation à la problématique et mise en situation.	Formateurs + participants Lectures	2 heures 5 heures
2 semaines avant la simulation		
2 Lectures obligatoires	Lectures	8 heures
Une semaine avant la simulation		
3. Mandats et travaux de préparation de la négociation.	Lectures Échanges intra-équipe et préparation du plan de négociation Échanges inter-équipes (pré-négociation)	4 heures 5 heures 1 heure
Semaine de la négociation		
4. Négociation	Formateur (s) + participants	2 jours 14 heures
Une semaine après la négociation		
5. Débriefing	Formateurs + participants Rencontres individuelles et collective	3 heures

▢ Suggestion de la planification du temps dans le cadre d'une formation académique traditionnelle à la maîtrise ou au doctorat.

---

[142] P. BINETTE. « Cahier du formateur » dans le cadre d'un cours de négociation portant sur le règlement pacifique d'une crise ethno- politique : le cas de l'Abkhazie.

2.2. Le jeu de rôle

D'abord utilisés à des fins « cliniques » au début des années 1920, notamment dans l'élaboration de psychothérapies de groupe, les jeux de rôles sont désormais monnaie courante dans le domaine de l'éducation[143]. Le jeu de rôle est en effet bien ancré dans plusieurs disciplines des sciences sociales. Comme le souligne la chercheuse Christine Bout de l'An, cet outil pédagogique s'avère particulièrement utile pour initier les universitaires aux débats, à la confrontation des idées et des points de vue[144]. Elle précise également que les jeux de rôles « ont fait leurs preuves auprès d'étudiants de première année en science politique qui en ont retiré une meilleure compréhension des logiques globales du débat public et une plus grande habileté à structurer leurs idées à l'oral »[145]. Comme la simulation, le jeu de rôle constitue ainsi une forme d'apprentissage expérientiel par le caractère auto-formateur de l'exercice. Cela dit, il ne vise pas à recréer le réel ou à modéliser l'environnement comme c'est le cas pour la simulation. En fait, comme le soulignent Chamberland et Provost, « la situation est hypothétique et laisse beaucoup de latitude quant au dénouement de la scène »[146]. En ce sens, si le thème du débat s'avère imposé, le déroulement et surtout la teneur des échanges demeurent essentiellement imprévisibles et spontanés.

Les débats occupent d'ailleurs une place importante à l'intérieur du programme de baccalauréat en études politiques appliquées. C'est ainsi que dans un cours de 1er cycle portant sur les régimes politiques et les systèmes électoraux, les étudiants incarnant des

---

143 G., CHAMBERLAND et G., PROVOST. *Jeu, simulation et jeu de rôle*. Sainte-Foy, Les Presses de L'Université du Québec, 1996, p. 77-79
144 C. BOUT DE L'AN. « Une pédagogie du débat à partir du jeu de rôle », dans S. LA BRANCHE et L. OLIVIER. *Enseigner les sciences sociales: Expériences de pédagogie universitaire*, Paris, L'Harmattan, 2004, pp. 99.
145 C., BOUT DE L'AN. « Une pédagogie du débat à partir du jeu de rôle », [...], pp. 99.
146 G., CHAMBERLAND et G., PROVOST. *Jeu, simulation et jeu de rôle*, [...], p. 72.

représentants d'un État doivent défendre les structures politiques, institutionnelles et constitutionnelles du pays auquel ils sont associés. Au final, l'équipe gagnante est déterminée par l'ensemble de la classe, les étudiants étant soumis à un vote secret. De l'avis de plusieurs membres du corps professoral, cette méthode permet aux étudiants de se familiariser de manière concrète avec certains concepts qui, malgré leurs caractères abstraits, possèdent pourtant des incidences réelles sur le quotidien des collectivités. On peut penser qu'un débat sur les bases constitutionnelles d'un État apporte un éclairage additionnel sur les écarts entre la volonté politique et l'application des lois ou sur l'influence d'une constitution sur un système politique que le ferait l'unique enseignement magistral. À l'instar de la simulation, c'est à travers le jeu de rôle que les étudiants comprennent le sens réel d'expressions politiques consacrées comme la ligne de partie ou la *realpolitik*.

2.3 L'étude de cas (simple ou multiple)

Si l'étude de cas demeure une des méthodes les plus utilisées en recherche qualitative, elle s'avère également formatrice en matière d'apprentissage concret. De l'avis d'une professeure rencontrée en entrevue, l'enseignement de la politique appliquée encourage davantage le recours à l'étude de cas afin d'initier la classe étudiante à la complexité des enjeux politiques. Une autre professeure souligne l'importance de présenter des cas d'actualité afin de « savoir analyser rapidement pour prendre des décisions, développer le réflexe d'anticipation ». Ainsi, on analysera le message publicitaire d'un parti politique en campagne électorale ou le discours d'un chef d'État afin d'en saisir le sens profond, d'en identifier les principaux codes. L'étude de cas multiple constitue alors l'outil tout désigné pour effectuer des comparaisons entre le traitement médiatique d'une crise politique par exemple. Dans d'autres cours, l'étude de cas représente les premiers pas des étudiants dans la recherche scientifique étant appelés à effectuer l'analyse d'un phénomène politique dans sa totalité, c'est-à-dire de l'identification de l'objet d'étude jusqu'à la communication des résultats.

Il s'agit sans doute là d'une autre facette de l'originalité de l'approche appliquée. Si elle était davantage associée aux domaines plus techniques, voire technologiques, notamment la gestion et l'ingénierie, l'étude de cas est de toute évidence fréquemment utilisée dans l'enseignement de la politique appliquée. En ce sens, les propos de Pierre G. Bergeron, professeur auxiliaire en management à l'École de gestion de l'Université d'Ottawa, résument bien les avantages de cet outil pédagogique. Selon lui, l'étude de cas « aide l'étudiant à améliorer son jugement ; [...] l'oblige à utiliser le maximum de son potentiel ; [...] lui fournit l'occasion de mettre ses connaissances en application ; [...] améliore son efficacité dans le domaine de la communication ; [...] l'amène à être plus rationnel dans ses jugements »[147].

2.4 La grille d'analyse

Bien que souvent associée à une dimension théorique que pratique, la grille d'analyse peut tout de même s'avérer d'une efficacité remarquable en matière d'opérabilité des concepts. Elle propose un regard systématique sur l'observation des réalités politiques et apporte à la fois une meilleure compréhension et une plus grande capacité prédictive des comportements des acteurs. Si on peut l'associer à une approche plutôt « behavioriste » des sciences politiques, pensons aux travaux de David Easton ou de James N. Rosenau, elle permet tout de même aux étudiants d'évaluer les possibilités auxquelles un

---

[147] P. G. BERGERON. *Méthodologie et étude de cas*, Les Éditions de la Chenelière inc, [En ligne], 2007,
http://www.cheneliere.info/cfiles/complementaire/complementaire_gm/fichiers/gestion_dyn/methodologie.pdf, (page consultée le 23 mai 2013).

décideur politique doit faire face. Il ne s'agit donc pas, comme on pouvait le prétendre dans les années 1960, d'appliquer une théorie explicative à l'ensemble des étapes caractérisant l'avènement d'un phénomène politique, mais plutôt de développer la capacité d'analyse et d'évaluation des étudiants. Comme le mentionne le professeur titulaire au département d'administration et fondements de l'éducation à la faculté de l'éducation de l'Université de Montréal, Jean-Marie Van der Maren, la grille d'analyse vient d'une certaine façon atomiser l'objet d'analyse:

> Il s'agit d'effectuer une description fine de la situation, de l'analyser et de tenter de prendre du recul, de multiplier des points de vue sur cette situation, afin de pouvoir se la représenter d'une manière plus abstraite, plus générale, en termes de facteurs, de variables, de dimensions, d'actions, de processus, de transformations, etc., et non pas sous la forme d'un ensemble d'évènements[148].

L'utilisation d'une grille d'analyse s'avère particulièrement efficace lors de cours d'analyse des processus décisionnels, notamment dans le cheminement « Droit international et politique internationale appliqués » (DIPIA). Dans le cadre d'un exercice de simulation de prise de décision, les participants sont appelés à préparer des échanges et à en observer l'évolution en fonction d'un prisme déterminé. Cette grille d'analyse (voir tableau 3) emmène les universitaires à faire preuve de rigueur et de réalisme dans leur processus de préparation à une prise de décision. Elle exige que les étudiants procèdent de manière à maximiser la rationalité de la décision sachant pertinemment que cette rationalité ne sera jamais parfaite. En d'autres termes, la grille propose une démarche qui permet d'organiser la réflexion tout en faisant ressortir les différentes dimensions qui doivent être

---

148 J.-M. VAN DER MAREN. *La recherche appliquée en pédagogie : Des modèles pour l'enseignement*, Bruxelles, De Boeck Supérieur, 2003, p. 166.

considérées dans le processus de décision. Elle permet aussi dans bien des cas de constater les lacunes informationnelles du décideur. L'une des forces de cette grille est d'exiger du décideur qu'il prenne en considération les contraintes (politique, légale, économique, etc.) imposées par l'environnement dans lequel s'inscrit la décision. En résumé, le respect de la grille oblige une réflexion sur :

- La situation initiale (problématique) qui appelle une décision;
- Le niveau de tension dans laquelle s'inscrit la situation initiale;
- Les positions des autres acteurs impliqués dans la décision, et ce, sur la base des informations qu'ils nous fournissent et non pas sur notre interprétation de ces positions et sur l'importance de ces acteurs dans le processus de résolution de problème;
- Le contexte dans lequel s'inscrit la problématique y compris sur les contraintes et influences qui émanent de l'environnement politique, légal, éthique et économique.
- Les objectifs de notre organisation;
- Les moyens d'action à la disposition de notre organisation et sur l'importance de notre organisation quant à sa capacité à répondre à la demande initiale;
- Les stratégies et tactiques à mettre en œuvre pour réaliser nos objectifs en considérant les moyens d'interventions disponibles;
- Une évaluation de la politique adoptée et de ses effets.

Tableau 3 : Grille d'analyse de la décision politique

Situation initiale	Évaluation de la tension	Acteurs étatique(s)	Acteurs non-étatiques	Contexte de la décision
Objet de la décision Définition du problème Description succincte de ses principales dimensions	**Faible** Pressions politiques, économiques et sociales Négociation bi- ou multilatérales **Moyenne** Contestation juridique Menaces Actes de provocation **Forte** Rupture des négociations Démonstration ou utilisation du rapport de force de manière unilatérale Utilisation de la violence	Objectifs Enjeux Revendications Argumentation Stratégies Évaluation de la capacité d'influence sur la décision	Identification du type d'acteur Ex : O.I., ONG, Groupes de pression, Entreprise Individu etc. Objectifs Enjeux Revendications Argumentation Stratégies	Facteurs qui influencent la décision Dimension ou facteurs internes Dimension ou facteurs externes
Définition et hiérarchisation des objectifs	**Moyens d'intervention**	**Prise de position**	**Stratégies et tactiques**	**Évaluation de la politique et rétroaction**
De notre organisation Objectifs Enjeux Revendications Argumentation	Recension établie en fonction des objectifs Moyens internes Moyens externes Évaluation de notre capacité à réaliser nos objectifs et de notre capacité d'action	Suggestions de scénarios Si possible évaluation des risques	Choix des stratégies et tactiques en fonction des objectifs et des moyens d'intervention à notre disposition	

2.5 Les mandats

De tous les outils pédagogiques présentés dans le présent chapitre, le mandat représente sans doute le meilleur exemple de méthode d'apprentissage expérientiel permettant aux étudiants de s'initier au marché du travail. Dans le cadre de nos programmes de maîtrise, nos étudiants ont la possibilité de réaliser des mandats. Dans le cadre du DIPIA, les finissants doivent « réaliser un projet de fin d'études à caractère professionnalisant »[149]. Il s'agit soit d'un stage ou d'un mandat. Prenons l'exemple des mandats dans ce cheminement.

En premier lieu, le mandat place l'étudiant dans l'obligation de trouver un organisme mandataire (une organisation, une institution ou même une entreprise privée, qui agit sur la scène internationale) auprès duquel, il sera chargé de mener un projet à terme. L'organisme mandataire nomme alors un superviseur de mandat chargé d'encadrer le travail de l'étudiant au sein de l'organisation. En second lieu, le mandat doit être approuvé par les autorités universitaires compétentes, essentiellement des membres du corps professoral de l'ÉPA. Le rôle de l'enseignant consiste à encadrer et à superviser le travail accompli par l'étudiant. On parle alors d'un responsable de mandat. Un autre membre du personnel de l'ÉPA, le coordonnateur, fait figure de personne-ressource tant pour l'étudiant que pour l'organisme mandataire dans le but évident de veiller au bon fonctionnement des opérations. L'exercice relie ainsi le milieu universitaire au milieu du travail, l'étudiant se retrouvant au cœur de cette relation.

Le principal objectif du mandat est de mettre en pratique les connaissances et les compétences acquises en cours de formation. À ce titre, l'outil vise à développer chez l'étudiant quatre compétences

---

[149] Les informations contenues dans cette section proviennent du document explicatif des mandats du DIPIA de l'École de politique appliquée, rédigé en décembre 2012.

précises, lesquelles sont assimilées aux compétences d'analyse et de collaboration dans notre grille (voir tableau 1).

1. **Mise en œuvre :** Il doit mener à terme un projet de recherche, de création ou d'intervention correspondant aux standards et aux exigences de son domaine.

2. **Méthodologie :** Il doit avoir une maîtrise des méthodes de recherche s'il veut pouvoir répondre adéquatement aux mandats de l'organisme d'accueil. Il doit être en mesure d'identifier les problèmes, d'explorer différentes pistes de solution et de comparer leur valeur.

3. **Interdisciplinarité :** Il doit être en mesure de considérer, dans sa pratique de recherche, de création ou d'intervention, la perspective d'autres disciplines, particulièrement le droit et la science politique.

4. **Conceptualisation :** Il problématise, modélise ou conceptualise à partir de situations ou de connaissances relatives à son domaine.

Par ailleurs, le mandat permet aux étudiants de s'initier aux méthodes de recherche d'emploi, notamment via la réalisation d'un bon curriculum vitæ et le développement de techniques d'entrevues efficaces.

2.6 Outils Web et multimédia

En science politique, comme pour d'autres domaines des sciences humaines, la maîtrise des nouvelles technologies de l'information et des communications est un incontournable. Durant leur parcours, les étudiants sont donc appelés à développer leur capacité à penser, à réaliser et à transmettre des messages d'information politique à travers les nouveaux médias. À titre d'exemple, le cours de bulletin multimédia en politique leur permet de parcourir l'ensemble des étapes nécessaires à la production d'une capsule vidéo/web traitant d'un phénomène politique ou de relations internationales. Les étudiants apprennent alors les rudiments du montage vidéo en plus de parfaire leur technique de communication orale et leur capacité à trouver des images pertinentes pour illustrer le propos. Au final, les productions sont diffusées sur la Toile via plusieurs plates-formes.

2.7 Stages et microstages

Le stage comme outils d'application des connaissances et d'apprentissage des savoir-être et savoir-faire est déjà bien reconnu dans le système universitaire. Bien qu'il reprenne en grande partie la formule habituelle du stage, le microstage comporte des spécificités. Évidemment, le microstage suppose la collaboration d'un partenaire externe ou interne (université). Il est d'une durée minimale de 150 heures et se termine par la présentation d'un court rapport évalué par l'organisme d'accueil et le professeur responsable. Il existe plusieurs formes ou types de microstages, lesquels prennent diverses formes en fonction des besoins de l'organisme partenaire. De manière non exhaustive, il peut référer à des mandats :

- De coordination :
    - de projet professionnel ou de recherche, d'événement universitaire, sportif ou culturel, de campagne de financement ou de recrutement;
    - de consultation privée ou publique;
    - des communications ou des relations d'un organisme avec ses membres, ses partenaires ou les médias;
    - de dossiers de nature politique et stratégique;

- d'interfaces de travail (conseil, comités, etc.);
- d'agenda;

- D'accompagnement d'un professionnel ou d'un gestionnaire, fournissant les aides et les informations nécessaires à la prise de décision et à l'action;

- D'éducation et d'animation au moyen :
  - d'ateliers de sensibilisation ou de promotion;
  - de conférences ou formations en école, en entreprise, etc.;
  - du développement d'outils et de mécanismes de mobilisation;
  - de l'élaboration de matériel pédagogique ou d'information;

- De recherche et d'analyse afin de :
  - faire émerger la connaissance dans un dossier cher à l'organisme partenaire;
  - tenir une veille stratégique ou mettre à jour un tableau de bord;
  - construire une banque de données ou de ressources;
  - poser un diagnostic (analyser les forces et les faiblesses, identifier les indicateurs pertinents);
  - évaluer les retombées des politiques et des actions entreprises par les décideurs;
  - produire des outils de gestion, de communication, de transfert de connaissances;
  - proposer de nouvelles perspectives (opportunités, priorités, actions)...

De janvier 2012 à janvier 2013, nous avons dénombré près de 60 stages et microstages au premier et au deuxième cycle. Il est important de mentionner que les stages sont généralement réservés pour les étudiants qui ont conservé de bonnes moyennes scolaires.

2.8 Activités terrain

Nous regroupons sous l'appellation « activités terrain » l'ensemble des cours de gestion de l'espace public (GEP), qui exigent que les étudiants complètent leur étude d'un phénomène politique en se rendant sur le « terrain », soit pour observer ou encore participer à un événement politique. Ces activités sont étroitement encadrées par un ou deux membres du corps enseignant. Ajoutons que toutes ces activités sont créditées et nécessitent une longue préparation qui s'étale généralement sur une session.

Le cours de premier cycle « Voyage sur les sites de pouvoir » constitue un bon exemple d'activité terrain. Il s'agit essentiellement d'étudier puis de visiter des sites de prise de décision politique. Par exemple, un groupe d'étudiants se rendra aux États-Unis pour rencontrer des décideurs politiques et visiter des lieux de pouvoir. Ils iront au Congrès pour y rencontrer des sénateurs et des représentants. Ils visiteront aussi le Pentagone et pourront échanger avec le gouverneur d'un État. À chaque lieu visité, l'étudiant fait une présentation sur l'historique du lieu de pouvoir, sur ses fonctions et ses dynamiques. Une année sur deux, le même type d'activité est organisé à l'extérieur de l'Amérique du Nord. La Chine, le Vietnam, la Croatie et la Bosnie-Herzégovine figurent parmi quelques-unes des destinations visitées ces dernières années dans le cadre des activités terrain. Un voyage sur la thématique des organisations internationales a aussi amené les universitaires à visiter et rencontrer des responsables politiques aux Nations-Unies à Genève, au Haut-Commissariat aux réfugiés, au Haut-Commissariat des droits de l'Homme, à la Croix-Rouge, au Parlement européen, à la Commission européenne, à l'OTAN, à la Cour internationale de justice, à la Cour pénale internationale et au Tribunal pénal pour l'ex-Yougoslavie. Au cours de ce voyage, les étudiants ont participé à un cycle de 14 conférences.

Depuis quelques années au deuxième cycle, l'ÉPA envoie une délégation étudiante afin de participer aux Conférences des Nations-Unies sur les changements climatiques, notamment les Conférences de Cancún et de Doha. Toujours encadrés par un enseignant, plusieurs participants s'intègrent à des délégations d'ONG comme Équiterre et participent directement aux négociations ou encore reçoivent des mandats d'autres ONG. Bien entendu certaines activités terrain concernent davantage des problématiques nationales. À ce sujet, l'activité intitulée « Le plan Nord » permet à un groupe de 15 étudiants, accompagné d'un professeur, de visiter et de rencontrer des acteurs directement impliqués dans les problématiques relatives à l'exploitation des ressources du nord du Québec.

Ces activités terrain sont très formatrices, car la classe étudiante est directement en contact avec les praticiens sur leur lieu de travail. Elles permettent de mieux comprendre l'action des organisations et d'initier les étudiants à des cultures organisationnelles diversifiées.

2.9 Les activités synthèses

Le programme de baccalauréat en politique appliquée exige la réussite de deux examens synthèses, le GEP401 et le GEP402. Ceux-ci constituent sans doute un des aspects les plus originaux de notre approche.

Le premier examen, le GEP 401, arrive à mi-parcours. Il se divise en deux sections : l'une orale et l'autre écrite. L'objectif principal de ces deux épreuves est d'amener l'étudiant à intégrer, à synthétiser et à appliquer sur des exemples concrets les connaissances et méthodes acquises dans la première moitié du baccalauréat. L'examen écrit porte sur l'actualité politique, sur la culture politique générale et sur l'application des savoirs via la résolution de problèmes statistiques et via l'analyse politique au moyen des outils théoriques et méthodologiques de la science politique. En ce qui concerne la culture politique, la lecture des trois tomes de l'ouvrage de René Rémond *Introduction à l'histoire de notre temps* est obligatoire. L'examen oral porte principalement sur le contenu des cours obligatoires et se déroule devant un jury composé de deux membres du corps professoral. L'exercice exige évidemment un peu de préparation. Une série de 18 questions est d'abord présentée aux étudiants en début de trimestre. Ils doivent ainsi préparer des réponses à ces questions. Au final, ils auront à répondre à deux d'entre elles en plus d'apporter des compléments de réponses aux questions des autres membres du panel, lequel est composé de cinq étudiants en moyenne. L'activité se déroule de manière relativement simple. Dans un premier temps, l'étudiant dispose de deux minutes pour répondre à une question. Après chacune des réponses, il y a une période de discussion. Dans un second temps, les autres membres du panel sont invités à apporter soit des correctifs, soit des compléments de réponse. Par la suite, le jury de professeurs intervient afin de vérifier le niveau de maîtrise de la matière tant pour l'étudiant responsable de la question qu'auprès de ses collègues. Mentionnons que 40% de la note finale est attribuée en fonction du niveau de participation et de la qualité des interventions effectuées par l'étudiant lors des périodes de discussion.

Le second examen, le GEP 402, arrive en fin de parcours académique. Bien qu'il reprenne essentiellement la même formule que l'examen oral du GEP 401, la différence entre les deux demeure pourtant fort importante. C'est que l'exercice fait davantage appel à la capacité d'analyse des étudiants. Les questions portent sur des problématiques plus générales et plus complexes. La réponse à ces questions demande une réflexion analytique plus poussée et fait appel aux connaissances et aux outils d'analyse présentés dans plusieurs activités académiques. En d'autres termes, ils doivent croiser le contenu de plusieurs cours.

Le recours à ces deux examens synthèses vise principalement les mêmes objectifs. Dans les deux cas, les étudiants doivent faire la démonstration de leurs acquis, notamment dans le cadre de leurs nombreuses activités d'application des compétences, des savoir-être et des savoir-faire privilégiés dans le cadre du programme de politique appliquée, comme savoir convaincre et savoir persuader. Finalement, dans les deux examens, les étudiants doivent présenter des faits, des données qui confirment ou soutiennent leur argumentation.

Conclusion

En dépit du caractère « récent » de l'approche appliquée en sciences politiques, il semble que les outils pédagogiques découlant de son enseignement se soient considérablement développés depuis les dix dernières années. L'analyse des quelque 200 plans de cours révèle ainsi qu'environ le tiers des cours enseignés à l'intérieur du programme de baccalauréat en études politiques appliquées possède une forte dimension pratique. Un autre tiers est partagé à part relativement égale entre les outils de transmission des contenus théoriques et les outils pratiques. Même à l'intérieur des cours essentiellement magistraux, la volonté d'initier la classe étudiante au « choc » du réel n'est jamais bien loin, comme en témoignent les exercices et les travaux exigés. Dans un cours appliqué, les étudiants peuvent ainsi s'initier à la vie publique, notamment via la réalisation d'émission de télévision, de radio ou en produisant du contenu Web et multimédia. Ils peuvent aussi s'impliquer directement dans un organisme ou une institution politique nationale ou internationale ou être mandatés par une ONG afin de contribuer au développement d'une région à l'étranger.

On comprend donc que l'approche appliquée vise un enseignement à la fois large, mais ciblé, considérant l'omniprésence des phénomènes politiques à l'intérieur de la plupart des dynamiques sociales.

Plusieurs membres du corps enseignant en politique appliquée ont d'ailleurs souligné la rigueur qu'une telle formation exige. Selon eux, l'approche appliquée tend à développer le savoir-faire et le savoir-être sans pour autant négliger le savoir dans son sens général, c'est-à-dire la connaissance.

Bibliographie

BERGERON, P. G. *Méthodologie et étude de cas, Les Éditions de la Chenelière inc,* [En ligne], 2007, http://www.cheneliere.info/cfiles/complementaire/ complementaire_gm/fichiers/gestion_dyn/methodologie.pdf, (page consultée le 23 mai 2013).

BEYLERIAN O. *Accords et impasses : introduction à la négociation internationale par la simulation*, Liber, Montréal, 1998, 153 p.

BOUT DE L'AN, C. « Une pédagogie du débat à partir du jeu de rôle », dans LA BRANCHE, S., OLIVIER, L. *Enseigner les sciences sociales: Expériences de pédagogie universitaire*, Paris, L'Harmattan, 2004, pp. 97-118.

BOUKELIF, A. et TIFOUR, D. « APP : de l'accumulation des connaissances vers leur intégration et transfert par résolution de problème », *Permanent Online Journal of Information and Communication Technologies*, ISDM, [En ligne], *isdm.univ-tln.fr/PDF/isdm25/Boukeliftifour_TICE2006.pdf.*

BRIDGES E. et HALLINGER P. *Implementing Problem-based Learnig in Leadership Development*, Eugene-University of Oregon, 1995, 194 p.

CHAMBERLAND, G. et PROVOST, G. *Jeu, simulation et jeu de rôle*. Sainte-Foy, Les Presses de L'Université du Québec, 1996, 198p.

CHEVRIER, J. et CHARBONNEAU, B. « Le savoir-apprendre expérientiel dans le contexte du modèle de David Kolb », *Revue des sciences de l'éducation*, vol. 26, no. 2, 2000, pp. 287-324.

COOB, S. *Negotiation Pedagogy: A Research Survey of Four Disciplines*, Cambridge, PON Books Harvard Law School, 2000, 84 p.

FAVRE, P. *Comprendre le monde pour le changer*, Paris, Presses de Sciences Po, 2005, 400 p.

FAVRE, P. et LAGAVRE, J-P. *Enseigner la science politique*, Paris, L'Harmattan, 1998, 430 p.

FLETCHER J.L. «The Effectiveness of Simulation Games as Learning Environment: A Proposed Program of Reseach», *Simulations and Games*, vol. 2, no. 4, 1971, pp. 425-454.

JOYCE B.R. et WEIL M. *Models of teaching*, Needham Heights, Allyn et Bacon, 1996.

KERJEAN, A. *L'apprentissage expérientiel*, Thiron, Éditions E.S.F., 2006, 223 p.

KOLB, D.A. *Experiential learning: experience as the source of learning and development*, Upper Saddle River, Prentice Hall, 1984, 256 p.

LEWICKI R.J. SAUNDERS D.M. et MINTON B. *Negotiation: Readings, Exercises, and Cases*, (4th edition), McGraw Hill-Irwin, 2002, 744 p.

MARQUIS, D., LAVOIE, L. et CHAMBERLAND, G. *20 formules pédagogiques*, Sainte-Foy, Presses de l'Université du Québec, 1995, 196 p.

MONIÈRE, D. et GUAY, J.-H., *Introduction aux théories politiques*, Montréal, Éditions Québec-Amérique, 1987, 197 p.

POIRIER PROULX, L. « Enseigner et apprendre la résolution de problèmes», *Pédagogie collégiale*, volume 11, no.1, 1997, pp.18-23.

SUSSKIND L.E., MNOOKIN R.H., FULLER B. et ROZDEICZER L. *Teaching Multiparty Negotiation, a Workbook*, Cambridge PON, 2003, 171 p.

TARDIF, J. *Pour un enseignement stratégique. L'apport de la psychologie cognitive*, Montréal, Les Éditions Logiques, 1997, 474 p.

PODZIBA S., GENSBERG A. et GUETTA I. «Writing Multiparty Simulations to Teach and Introduce Mediation and Negotiation Techniques in Diverse Cultures», (Conference), *New Trends in Negotiation Teaching: Toward a Trans-Atlantic Network*, Essec, Cergy, France, 14–15, November 2005.

VAN DER MAREN, J-M. *La recherche appliquée en pédagogie : Des modèles pour l'enseignement*, Bruxelles, De Boeck Supérieur, 2003, 264 pages.

WHEELER M. *Teaching Negotiation: Ideas and Innovations*, Cambridge, PON Books Harvard Law School, 2000, 383 p.

ZARTMAN I.W. (dir.), *International Multilateral Negotiation: Approaches to the Management of Complexity*, San Francisco, Jossey-Bass, 1994, 248 p.

Deuxième partie

Acteurs et institutions

Chapitre 4
Essai de redéfinition des fonctions partisanes

Par Jean-Herman Guay

Introduction

On pourrait croire que la montée du cynisme qui marque les sociétés occidentales depuis une vingtaine d'années[150] a des effets corrosifs majeurs sur toutes les institutions politiques : autant les gouvernements que les parlements, autant les groupes que les partis et, par extension, autant les valeurs que les projets. La démocratie représentative serait devenue un château de cartes. Selon cette interprétation, toutes les institutions sociales seraient à différents degrés menacées par un cocktail d'indifférence, de désabusement, voire de dénigrements qui auraient pour corollaires la montée d'un individualisme débridé et d'un laxisme généralisé. Avec toute l'ambiguïté que contient l'expression, on vivrait la « fin du politique ».

Cette évaluation est cependant contestée. À partir de grandes enquêtes d'opinions du *World Values Survey* et de l'*European Values Study*, les analyses faites par Michel Forsé et Maxime Parodi dressent un portrait plus optimiste de l'évolution des valeurs en Europe de l'Ouest et aux États-Unis entre 1980 et 2010[151]. Elles permettent de définir tout autrement le périmètre du problème. En fait, la démocratie, le respect de la loi, les grandes valeurs collectives et associatives n'auraient pas vu leur soutien s'effriter. Le laxisme et la permissivité ne seraient

---
[150] S. Dion. « La montée du cynisme : qui blâmer ? », *Revue parlementaire canadienne*, hiver 1993-1994, pages 33-35.
[151] M. FORSÉ. « Un individualisme raisonnable de part et d'autre de l'Atlantique», *La Revue Tocqueville*, Vol. XXXII, no 2, 2011, p. 179.

pas en augmentation. Si l'autonomie est une valeur en croissance, il n'en va pas de même de l'indépendance et de l'indifférence : les données attestent que plus de gens participent aux associations et à la culture protestataire et plus de citoyens partagent des préoccupations communes en matière d'emploi, de logement et d'environnement, pour ne citer que ces domaines. Forsé écrit : « l'exercice de la politique demande de plus en plus d'attention à l'égard des différents points de vue et est soumise plus qu'avant au regard critique des citoyens »[152].

Le mal serait beaucoup plus précis, plus circonscrit. Ce sont les partis politiques qui seraient l'objet principal du ressentiment. Linz et Gispert, dans un article intitulé *Quel avenir pour les partis politiques dans les démocraties contemporaines ?*, écrivent : « À l'inverse de la première moitié du vingtième siècle, la critique des responsables politiques et des partis ne s'accompagne pas d'une remise en question des institutions démocratiques[153].»

Le désengagement des citoyens à l'endroit des partis ne fait pas de doute au sein de la communauté scientifique[154]. Au Royaume-Uni, par exemple, le pourcentage des électeurs membres d'un parti a dégringolé de 6% en 1976 à moins de 2% en 2006. En France, les partis politiques auraient perdu la moitié de leurs membres depuis 1946. En Italie, alors que les partis fédéraient 10% des électeurs en 1976, trente ans plus tard, ce n'était le cas que de 3% d'entre eux. En Norvège, on est passé de 14% à 5% et en Suisse de 11% à 7%. Le cas néerlandais est particulièrement révélateur : au lendemain de la Deuxième Guerre mondiale, 14% des électeurs étaient membres d'un

---

152 M. FORSÉ. « Un individualisme raisonnable de part et d'autre de l'Atlantique», [...], p. 179.
153 C. GISPERT C. et J. LINZ. « Quel avenir pour les partis politiques dans les démocraties contemporaines ? », *Pôle Sur*, no 21, 2004, pages 67.
154 Les données ici présentées sont tirées des tableaux de P. DELWITT dans le chapitre « Still in decline ? Party membership in Europe » dans *Party Membership in Europe, Exploration into the anthills of party politics* d'E. VAN HAUTE (dir), Éditions de l'Université de Bruxelles, 2011, pages 30 et 31.

parti ; en 1967 c'était le cas de 7% d'entre eux ; et à la fin des années 2000, ce n'est plus le cas que de 2,5% de l'électorat ; le « membership » a été divisé par six[155] ! Le Québec ne fait pas exception : il y a plus de trente ans, 6 % des citoyens étaient membres d'un parti; aujourd'hui on peut estimer que ce n'est plus que 3% d'entre eux[156].

Aux États-Unis, la chute des partis est moins prononcée. En 2011, la firme Gallup enregistrait néanmoins que 40% des Américains s'identifiaient comme « indépendants », soit un record[157] ! Pendant la période 1988 à 2010, les données oscillent autour d'une moyenne de 37%, mais de 1951 à 1988, les données indiquaient que les indépendants se situaient autour de 30%. Républicains et démocrates ne sont donc plus aussi fédérateurs qu'il y a soixante ans.

Ce désengagement généralisé s'inscrit dans une humeur antipartisane. Dans les grandes démocraties, les partis politiques sont plus souvent qu'à leur tour sur la sellette et sont interpellés durement par une opinion publique méfiante. Si certains remettent ouvertement en question leur rôle, la tendance lourde conduit à prendre simplement du recul à l'endroit des organisations partisanes. Dans un article publié en 2006, Gispert et Nicolas ont ainsi relevé le caractère protéiforme du phénomène antipartisan :

> Parmi les conséquences les plus citées, il y a l'érosion de l'attachement psychologique des votants aux partis politiques, la chute de la participation électorale,

---

155 G. VOERMAN et W. SCHURR. «Dutch political parties and their members» dans *Party Membership in Europe, Exploration into the anthills of party politics* d'E. VAN HAUTE (dir). Éditions de l'Université de Bruxelles, 2011, p. 77-94, consulter le tableau de la page 79.
156 J-H. GUAY. « Les éléphants du parlement », *Options politiques*, septembre 2010, [En ligne] http://irpp.org/fr/options-politiques/pour-un-parlement-efficace/les-elephants-du-parlement-fr-ca/ (page consultée le 15 juin 2013)
157 J. M. JONES. *Record-High 40% of Americans Identify as Independents in 2011*, 9 janvier 2012, [En ligne] http://www.gallup.com/poll/151943/record-high-americans-identify-independents.aspx (page consultée le 13 décembre 2012)

l'augmentation de la volatilité électorale, le déclin du nombre d'affiliés aux partis et l'augmentation du soutien à des organisations antisystèmes[158].

D'une manière assez manifeste, n'assisterions-nous pas à la « fin des partis politiques » plutôt qu'à la « fin du politique »? Et si oui, pourquoi ? Qu'ont donc fait les partis pour subir ce désengagement ? Quelle est la nature du « mal » qui les frappe indistinctement, peu importe leurs leaders ou leurs résultats électoraux ?

Pour contribuer à cette réflexion, nous entendons ici mener une investigation combinant théorie et empirie. Nous relèverons d'abord les éléments clés des contributions de plusieurs politologues : Duverger, Kirchheimer, Lavau, Seiler, mais aussi, et plus récemment, Katz et Mair. À travers eux, nous examinerons comment la science politique a, depuis plus d'un demi-siècle, analysé les partis politiques. Après avoir relevé les contradictions et les anomalies de ces typologies, nous adopterons une perspective plus fondamentale, et plus ancienne, développée par Weber. De cela, croyons-nous, se dégage une posture épistémologique, laquelle permet d'orienter différemment le diagnostic que l'on puisse faire de tel ou tel parti et de nous amener à interpréter *autrement* les fonctions partisanes. En bout de piste, les difficultés actuelles des partis politiques apparaissent sous une lumière quelque peu différente.

1. Les contributions théoriques

Les contributions théoriques pour définir et expliquer les partis sont nombreuses. Notre liste n'est évidemment pas exhaustive ; notre choix permet cependant de relever les contributions les plus communément utilisées.

---

158 C. GISPERT et F. NICOLAS. « La mutation du vote protestataire : partis tribuniciens, partis de gouvernement et sentiment antiparti », *Pôle Sud*, no. 24, 2006. p. 151.

1.1 Maurice Duverger

L'une des plus classiques est celle du politologue français Maurice Duverger, lequel a d'ailleurs proposé le terme stasiologie pour montrer l'originalité et la richesse de ce champ à l'intérieur de la science politique. Sa démarche, amorcée à la fin des années 1940, est particulièrement contributive sur deux aspects. Il démontre d'abord un lien causal entre le système électoral et le système partisan. Un mode de scrutin majoritaire engendre un système partisan marqué par le bipartisme. Corollairement, un mode de scrutin proportionnel provoque une offre partisane nettement plus diversifiée, conduisant généralement au multipartisme. C'est ce que l'on appelle succinctement la « loi de Duverger ».

> En définitive, système de partis et système électoral sont deux réalités indissolublement liées, parfois même difficiles à séparer par l'analyse : l'exactitude plus ou moins grande de la représentation politique par exemple, dépend du système électoral et du système de partis, considérés comme éléments d'un même complexe, rarement isolables l'un de l'autre. On peut schématiser l'influence générale du mode de scrutin dans les trois formules suivantes : 1° la représentation proportionnelle tend à un système de partis multiples, rigides, indépendants et stables (sauf le cas des mouvements passionnels) ; 2° le scrutin majoritaire à deux tours tend à un système de partis multiples souples, dépendants et relativement stables (dans tous les cas) ; 3° le scrutin majoritaire à tour unique tend à un système dualiste, avec alternance de grands partis indépendants[159].

D'une manière illustrative, l'Italie et la Belgique sont de la première catégorie, la France de la deuxième et le Canada, le Royaume-Uni ou les États-Unis relèvent de la troisième catégorie. La démonstration

---

159 M. DUVERGER. *Les partis politiques*, Partis, Armand Colin, 1976, p. 291.

causale de Duverger est particulièrement convaincante lorsqu'il considère le passage du troisième au premier mode dans les Pays-Bas au cours de la période 1918 à 1939.[160]

La seconde contribution de Duverger renvoie aux partis eux-mêmes dans leur rapport avec les électeurs et les adhérents. Il distingue les partis de cadres et les partis de masse. Les premiers visent à « réunir des notables, pour préparer des élections, les conduire et garder le contact avec les candidats ». Le parti constitue une machine électorale et l'adhésion demeure « un acte tout à fait personnel, basé sur les aptitudes ou la situation particulière d'un homme »[161]. Les partis de cadres constituent l'unique forme d'organisations partisanes lorsque le suffrage est censitaire. Ils marquent les deux premiers tiers du XIXe siècle. Cas classique, les tories et les whigs étaient ainsi des partis de cadres au Royaume-Uni. Inversement, quand le suffrage s'élargit, le second modèle partisan entre en concurrence avec le premier. Un parti de masse poursuit des finalités diamétralement opposées. Il vise d'abord à faire de l'éducation politique : « les adhérents sont donc la matière même du parti, la substance de son action. Sans adhérents, le parti ressemblerait à un professeur sans élèves »[162]. Le financement est démocratique, obtenu grâce à des contributions modestes, par opposition au « financement capitaliste » fait de quelques donateurs. Enfin, un parti de masse s'inscrit souvent dans une dynamique sociale plus large, reproduisant politiquement les clivages des classes économiques : la distinction entre les deux types correspond grosso modo à celle de la droite et de la gauche, des partis « bourgeois » et des partis « prolétariens »[163].

---

160 M. DUVERGER. *Les partis politiques*, [...], p. 348.
161 M. DUVERGER. *Les partis politiques*, [...], p. 121.
162 S'impose assez aisément la filiation avec le parti d'avant-garde prôné par Marx et Engels dans le Manifeste du parti communiste, repris au moment de l'émergence des sociodémocrates allemands et avec le parti bolchévique de Lénine.
163 M. DUVERGER. *Les partis politiques*, [...], p. 126.

1.2 Otto Kirchheimer

Parallèlement aux travaux de Duverger, le politologue Otto Kirchheimer va développer un nouveau concept dès le milieu des années 1950 : le parti attrape-tout ou « catch-all people's party ».

> Après la Seconde Guerre mondiale, le vieux parti bourgeois de représentation individuelle est devenu l'exception. S'il s'en trouve toujours quelques spécimens, ils ont cessé d'être un élément déterminant des systèmes de partis. De plus le parti d'intégration de masses, produit d'une époque aux oppositions de classes plus dures et aux structures religieuses plus tranchées, est en train de se transformer en partie de rassemblement du « peuple ». Abandonnant toute ambition d'encadrement intellectuel et moral des masses, il s'intéresse plus pleinement à la vie électorale, dans l'espoir d'échanger une action en profondeur contre un public plus vaste et des succès électoraux plus tangibles. Cette ambition politique plus limitée et ce souci des contingences électorales sont très éloignés des vastes ambitions d'autrefois ; de telles ambitions, aujourd'hui, sont considérées comme gênantes, car elles éloignent certaines catégories d'une clientèle potentielle à la mesure de la nation[164].

Ces partis visent le bassin le plus large d'électeurs; ils se veulent des « courtiers » d'intérêts variés qu'ils véhiculent de l'espace privé jusqu'aux assemblées parlementaires. Ils se distancient donc forcément de leurs propres adhérents ou militants, souvent caractérisés par un credo idéologique défini. Le clivage, voire l'opposition idéologique, s'estompe au profit d'un agencement flou, éclectique de discours, promesses et engagements. Les partis en viennent à se déplacer vers le centre, à se professionnaliser vers le haut aux dépens des militants de la base. Le leadership est moins une affaire de convictions qu'une capacité à administrer l'appareil partisan. On utilisera par

---
164 O. KIRCHHEIMER, « *Le parti de rassemblement. 'The catch-all party'* » dans J. CHARLOT (dir), *Les partis politiques,* Paris, Armand Colin, 1971, p. 213.

après l'appellation « partis d'électeurs » –versus parti de militants– pour désigner ces partis. Reprenant le modèle économique mis de l'avant par Anthony Downs, l'espace politique est défini comme un marché : les partis y offrent des biens, et chaque électeur juge de ses « achats politiques » en fonction de son profil individuel. Kirchheimer interprète ainsi l'évolution des partis suédois, norvégiens et allemands, en particulier le Parti Social-démocrate allemand. En devenant des « partis attrape-tout », les partis européens glisseraient vers le modèle partisan américain.

En amont, l'adoption du type « attrape-tout » ne serait pas étrangère aux grandes transformations socio-économiques de l'après-guerre : 1) extension de la classe moyenne ; 2) complexification de la stratification sociale et 3) affaiblissement des clivages culturels par l'arrivée des médias de masse, qui rejoignent des ensembles autrefois segmentés au plan communicationnel. En aval, Kirchheimer identifie une série de conséquences délétères pour la démocratie : 1) une érosion des pouvoirs des parlements au profit des gouvernements, 2) une déconnexion des partis de leur base électorale d'origine et 3) une dépolitisation du débat public[165].

1.3 Georges Lavau

Dans le prolongement des modèles antérieurs, Lavau va pendant les années 1970 et 1980 souligner l'émergence d'un autre modèle : les partis antisystèmes. La vocation de ces partis est de procéder à la critique globale du système. Ils ne cherchent pas nécessairement l'agrégation de groupes importants numériquement, mais plutôt la représentation de segments souvent marginalisés de l'électorat. Ces partis se servent des élections ni pour accéder à la gouverne ni pour participer à l'élaboration

---

[165] A. KROUWEL. « Otto Kircheimer and the Catch-All Party », *West European Politics*, vol. 26, no. 2, avril 2003, p. 23-40.

des consensus législatifs, mais pour diffuser leur opposition radicale au régime lui-même. Le corps législatif devient donc une caisse de résonnance, une « tribune » pour diffuser leur position; de là l'expression de « parti tribunitien » pour les désigner [166]. En pratique, ils peuvent tout au plus bloquer certaines initiatives gouvernementales. Par un jeu de distanciation, les partis antisystème apparaissent dans les marges d'un système politique d'autant plus fortement que les grands partis se situent au centre, selon la logique des « partis attrape-tout ». Pour Lavau, le Parti communiste français fut de 1958 à 1981 un cas assez net de parti tribunitien[167].

1.4 Daniel Seiler

Au début des années 1980, Daniel Seiler va contribuer à faire le point et à rénover l'analyse des partis. Dans son ouvrage synthèse *Partis et familles politiques*, il condamne les lectures unidimensionnelles cherchant à placer tous les partis sur un seul axe, plus ou moins gradualiste. Par exemple, à l'endroit du dualisme droite-gauche, il estime qu'« on s'exposerait à de lourdes méprises en généralisant cette situation à d'autres pays. Tous les bipartismes ne traduisent pas le dualisme droite-gauche »[168]. Son modèle, évidemment plus complexe, cherche à fonder une « taxinomie cohérente des familles de partis politiques »[169]. Alimenté par la richesse des travaux de Rokkan[170], il combine les travaux des fonctionnalistes et ceux de la tradition marxiste. Il met alors au point une structure conceptuelle qui propose des agrégations sur des axes différents: 1) les partis de classes (partis bourgeois contre partis ouvriers); 2) les partis cléricaux

---

166 Lavau oppose consulat et tribunat. Dans la Rome antique, le premier exerce directement le pouvoir et le second indirectement.
167 A. ROGER. « Les partis antisystème dans la Roumanie postcommuniste *Revue d'études comparatives Est-Ouest*. Vol. 31, no. 22, 2000, p. 101-136.
168 D. SEILER. *Partis et familles politiques*, [...], p. 47.
169 D. SEILER. *Partis et familles politiques*, [...], p. 89.
170 D. SEILER. *Partis et familles politiques*, [...], p. 86.

contre les partis anticléricaux; 3) les partis communautaires (partis centralistes contre partis de défense de la périphérie) et 4) les partis issus du clivage rural/urbain. Au total, le modèle de Seiler travaille avec huit grands types, associés à quatre dimensions.

1.5 Katz et Mair

Enfin, au milieu des années 1990, une dernière réflexion majeure s'ajoute, soit celle opérée par Katz et Mair[171], laquelle relève l'émergence des « partis-cartels ». Selon ces deux politologues, les partis, au fil des années 1980, en viennent à établir des rapports moins compétitifs. Ils s'entendent entre eux à travers une « collusion interpartisanne ». Ils se transforment en des agences intégrées à l'État. Selon Katz et Mair, l'augmentation des subsides de l'État aux partis, en particulier au cours des années 1980 et 1990, constitue un changement qui favorisa l'émergence d'une cartellisation des intérêts partisans. Concrètement, ces subsides sont autant une dépendance à l'égard de l'État qu'une réponse aux effets financiers du désengagement citoyen. Les législations, les réglementations et les pratiques médiatiques – qui leur donnent souvent un accès institutionnalisé aux médias – contribuent aussi à développer une « cordialité partisane » à l'intérieur d'une structure qui les protège. La victoire ou la défaite d'un parti importe alors moins que son maintien dans le périmètre du pouvoir. Les deux auteurs écrivent dans l'article séminal du nouveau paradigme:

> Après avoir été de simples médiateurs entre la société et l'État, les partis sont désormais absorbés par celui-ci; administrateurs au temps des partis de notables, délégués à l'époque des partis de masse, entrepreneurs à l'âge

---

[171] Pour la traduction nous nous référons à la version française de Y. AUCANTE et A. DEZE (dirs.), *Les systèmes de partis dans les démocraties occidentales, Le modèle du parti cartel en question*, Paris, Presses de la Fondation nationale des sciences politiques, 2008, pages 35-64.

d'or des partis attrape-tout, ils occupent aujourd'hui une fonction d'agences quasi étatiques[172].

Les systèmes partisans autrichien, danois, allemand, finlandais, norvégien et suédois seraient d'excellents candidats pour les « partis cartels ». Katz et Mair soulignent l'une des conséquences majeures de l'intégration étatique des partis: la société civile achemine elle-même ses demandes sans transiger par les partis : « Ne relayant plus les demandes de groupes particuliers auprès du gouvernement, ce sont ces groupes qui font directement état de leurs demandes aux partis et à l'État »[173].

Ces cinq ensembles conceptuels, considérés conjointement, permettent au bout du compte d'expliquer, du moins en partie, le désistement citoyen évoqué au départ. Avec la mise en place des « partis cartels », ou même des « partis attrape-tout » de Kirchheimer, on comprend mieux que les militants s'éloignent peu à peu des structures partisanes. Idéologiquement, ils se reconnaissent de moins en moins dans un discours éclectique, où les recoupements/convergences avec les adversaires l'emportent. Les changements internes retracés par les auteurs laissent aussi moins de place à l'initiative militante dans les instances partisanes. Les travaux de William Cross et Lisa Young offrent une image très nette de ce qui est par exemple advenu dans les partis politiques canadiens: 1) la moyenne d'âge des militants frôle 60 ans ; 2) les jeunes désertent massivement les partis, bien plus qu'au début des années 1990 ; 3) l'engagement des membres est souvent éphémère, lié à une course au leadership et 4) bien des membres sont insatisfaits du pouvoir qu'ils ont, éclipsés par les professionnels de la politique. Les changements ont aussi des conséquences pour les électeurs ou adhérents. En fait, puisque les programmes et la rhétorique tendent à

---

172 R. KATZ et P. MAIR. « The Cartel Party Thesis : A Restatement », *Perspectives on Politics*, IV, 2009, p. 50-51.
173 R. KATZ et P. MAIR. « The Cartel Party Thesis : A Restatement », […], p. 61.

converger, les électeurs sont convaincus que les partis disent au fond la même chose et mettront en place les mêmes politiques publiques.

2. L'analyse critique des typologies

Le cumul des efforts a son envers. En mettant bout à bout les travaux de Duverger à Katz et Mair, on aurait ainsi cinq grands types quant aux modalités d'agrégation: les partis 1) de cadres, 2) de masse, 3) attrape-tout, 4) antisystèmes et 5) de cartel. Quand on ajoute la distinction plus triviale, fondée sur l'idéologie gauche/droite – qu'elle soit fortement ou faiblement structurante –, on peut aisément ajouter une autre collection de types : extrême droite, droite modérée, centre droit, centre, centre gauche, gauche modérée, gauche communiste et extrême gauche[174]. Enfin, si l'on voulait compléter le tout en considérant la typologie développée par Seiler ou Rokkan, il faudrait ajouter huit autres types. En intégrant les contributions de Key, de Lipset, de Lijphart et de Lemieux, le tableau serait plus complet. Enfin, si nous avions pris en compte les travaux antérieurs de l'école élitiste, notamment ceux de Michels qui a diagnostiqué une loi d'airain de l'oligarchie laquelle conduit tous les partis, quelle que soit leur orientation idéologique, à se centraliser au profit d'une élite, la variété et la complexité des propositions conceptuelles seraient d'autant plus élevées. En fait, on assiste presque à une surenchère théorique, le tout en un peu plus de cinquante ans. Le problème qui se dégage de cette variété presque exponentielle de modèles explicatifs peut être posé à trois niveaux.

2.1 L'incohérence des ensembles théoriques

Lorsqu'il tente de démêler le « fouillis des classifications », Seiler porte un jugement méthodologique assez catégorique: « Si la confusion

---

[174] C'est la classification utilisée dans Perspective Monde : *Political Handbook of the World*, Binghamton, Ed. Arthur Banks, CSA Publications. Publication annuelle.

des catégories ne peut que discréditer une nomenclature, le fait de ménager autant d'inclassables exceptions constitue une faille logique plus grande encore »[175]. Ce qui frappe, c'est le chevauchement conceptuel ou typologique. Aussitôt formulée, la classification de Duverger fut jugée obsolète par Kircheimmer. Considérées conjointement, ces deux classifications ont perduré jusqu'aux questionnements de Katz et Mair, moins de trois décennies plus tard. Les types ne font pas que coexister ; dans certains cas, ils s'excluent. Le diagnostic de Katz et Mair ne laisse pas de doute : « The mass party is dead[176]. »

Soulignant le trentième anniversaire de son classique, Duverger, dans la préface de l'édition de 1981, prétend que son modèle reste le « plus nourrissant » des modèles ou celui qui explique le « moins mal » la réalité. Cependant, il ne dissimule pas le vieillissement de certaines propositions. Boutade ou conseil prémonitoire, il termine sa préface en reprenant la formule gidienne : « Parvenu au terme de cet ouvrage, que le lecteur pense au conseil d'André Gide : Nathanaël à présent, jette mon livre... »[177]. Ce conflit des modèles suscite des questions légitimes. Quel modèle utiliser ? Quel concept privilégier ? L'absence de consensus théorique est un premier problème.

2.2 La discordance entre réalité et types

Le second problème est la discordance entre les modèles et les faits. Considérons celui de Katz et Mair, puisqu'il est le plus récent. Dans son article *Party, State and Political Competition in Canada : The Cartel Model Reconsidered*[178], Lisa Young estime que l'évolution du système partisan canadien depuis 1974, soit depuis l'implantation d'un

---

175 D. SEILER. *Partis et familles politiques*, [...], p. 35.
176 R. KATZ et P. MAIR. « The Cartel Party Thesis : A Restatement », [...], p. 61.
177 M. DUVERGER. *Les partis politiques*, [...], p. 16.
178 L. YOUNG. « Party, State and Political Competittion in Canada : The Cartel Model Reconsidered », *Revue canadienne de science politique*, juin 1998, pages 339-358.

financement public des partis, permet mal une application des critères du modèle de Katz et Mair. Par exemple, lors du scrutin de 1993, deux des trois joueurs du prétendu cartel sont presque évincés de la Chambre – le Parti progressiste conservateur et le NPD. Aussi, le prétendu cartel n'a pas empêché la montée des nouveaux joueurs – le Reform et le Bloc québécois. Plus encore, Young estime qu'il y a peu de signes de collusions programmatiques pendant les années 1990. Le seul rapprochement – lors du référendum de Charlottetown en 1992 – s'expliquerait plus par la nature de l'enjeu – l'unité nationale – que par une cartellisation du système partisan canadien. Elle conclut ainsi son analyse :

> Il est évident que la collusion entre les partis canadiens n'a pas abouti à la cartellisation du système partisan ou des partis eux-mêmes. Les partis canadiens ne dépendent pas principalement des ressources de l'État et les formules retenues pour le financement public n'ont pas supprimé ou même diminué grandement la tendance des partis à effectuer des sollicitations auprès du grand public. Les liens entre les partis et la société civile sont demeurés intacts (bien que fragiles pour d'autres raisons). Il y a peu de preuves de la diminution de la concurrence entre les partis ou d'une augmentation des liens entre l'État et la société, selon la logique proposée par Katz et Mair[179].

La radicalisation de la droite canadienne au milieu des années 2000, de même que la volonté des conservateurs du premier ministre Stephen Harper de réduire le financement public des partis, donne raison à Lisa Young et éloigne d'autant le Canada du modèle de Katz et Mair. Pour maintenir la concordance du modèle avec la réalité, certains estiment qu'il serait essentiellement valable dans le contexte européen. Or, là aussi les interrogations se multiplient. L'ouvrage d'Aucante et Dézé publié en 2008, intitulé *Les systèmes de partis dans les démocraties*

---
179 (Notre traduction) L. YOUNG. « Party, State and Political Competittion in Canada : The Cartel Model Reconsidered », [...], p. 357-358.

occidentales, Le modèle du parti cartel en question, contient un grand nombre de contributions qui mettent en doute le modèle de Katz et Mair, du moins sur plusieurs critères. Par exemple, dans le cas allemand, Klauss Detterbeck estime que « ni leurs caractéristiques internes ni les styles de compétition entre eux (les partis) ne peuvent être réellement expliqués par les hypothèses de la théorie du cartel »[180]. Contrairement aux principes du modèle, le financement public n'a pas été instauré ou renforcé lorsque les partis subissaient un désengagement citoyen. C'est même l'inverse qui s'est produit : « L'introduction et le développement des aides publiques coïncident en fait avec l'expansion très importante du nombre des adhérents des partis... »[181] Il ajoute : « La cartellisation est ainsi plus un développement parallèle possible que le véritable moteur de la transformation des organisations des partis »[182]. Pour l'Autriche, Anton Pelinka considère que la concordance est mitigée : « Si le cas autrichien ne contredit pas complètement la thèse du parti-cartel, il ne semble pas non plus bien correspondre à ce schéma »[183]. En fait, l'analyse conduit à penser que la cartellisation serait plus visible de 1945 à 1970 que pendant la période ultérieure. « L'Autriche apparaît comme un exemple de décartellisation[184] ». Pour les Pays-Bas, Philip Van Praag convient que si certains critères s'appliquent, d'autres contredisent le modèle : « L'idée que le parti-cartel soit le parti du futur est donc discutable »[185].

---

180 K. DETTERBECK. « Le cartel des partis et les partis cartellisés en Allemagne», dans Y. AUCANTE et A. DEZE (dirs.), *Les systèmes de partis dans les démocraties occidentales, Le modèle du parti cartel en question*, Paris, Presses de la Fondation nationale des sciences politiques, 2008, p. 130.
181 K. DETTERBECK. « Le cartel des partis et les partis cartellisés en Allemagne», [...], p. 135.
182 K., DETTERBECK. « Le cartel des partis et les partis cartellisés en Allemagne», [...], p. 142.
183 A. PELINKA. « Partis-cartels et partis attrape-tout en Autriche », dans Y. AUCANTE et A. DEZE (dirs.), *Les systèmes de partis dans les démocraties occidentales, Le modèle du parti cartel en question*, Paris, Presses de la Fondation nationale des sciences politiques, 2008, p. 153.
184 A. PELINKA. « Partis-cartels et partis attrape-tout en Autriche », [...], p. 169.
185 P. VAN PRAAG. « Démocratie consociative et cartellisation, Le cas des Pays-Bas », dans Y. AUCANTE et A. DEZE (dirs.), *Les systèmes de partis dans les démocraties occidentales, Le modèle du parti cartel en question*, Paris, Presses de la Fondation nationale des sciences politiques, 2008, p. 194.

2.3 Les inclassables ou les exclus théoriquement

Le troisième problème théorique, et peut-être le plus fondamental, réside dans l'exclusion de bon nombre de partis, et ce, en fonction des définitions de parti les plus utilisées. Par exemple, La Palombara et Weiner posent qu'un parti est une organisation durable, possédant des ancrages locaux et dont l'objectif est la conquête du pouvoir au moyen de la recherche du soutien populaire. Cette définition restrictive, telle que précisée par Jean Charlot, se décompose en quatre critères:

> 1- Une organisation durable, c'est-à-dire une organisation dont l'espérance de vie soit supérieure à celle de ses dirigeants en place ; 2- une organisation locale bien établie et apparemment durable, entretenant des rapports réguliers et variés avec l'échelon national ; 3- la volonté délibérée des dirigeants nationaux et locaux de l'organisation de prendre et exercer le pouvoir, seul ou avec d'autres, et non pas simplement d'influencer le pouvoir ; 4- le souci, enfin de rechercher un soutien populaire à travers les élections ou de tout autre manière[186].

En mettant en parallèle les faits rapportés plus haut et les critères énumérés, plusieurs hiatus apparaissent. Par exemple, il est manifeste que les partis antisystèmes ne respectent par le troisième critère, ni nécessairement le quatrième d'ailleurs. Les deux premiers critères visant la durabilité et l'enracinement local sont quant à eux plus problématiques qu'on peut le croire à première vue, et ce, simplement en s'arrêtant à la situation canadienne et québécoise. Par exemple, l'Action démocratique du Québec, fondée par Mario Dumont et Jean Allaire en 1994, n'a pas vraiment dépassé l'espérance de vie politique de son unique dirigeant. Ce problème de durée est fréquent pour les petits partis ou ceux qui évoluent sur la scène municipale. De toute

---

186 J. CHARLOT. *Les partis politiques*, Paris, Armand Colin, 1971, page 22.

évidence, le premier critère de La Palombara et Weiner n'est donc pas respecté à la lettre.

Au palier fédéral canadien, d'autres hiatus avec les critères de la définition apparaissent aisément. Par exemple, en 2011, Bob Rae, le chef intérimaire du Parti libéral du Canada, révélait que, sur 308 circonscriptions, seulement 127 comptent plus de 100 membres[187]. Pis encore : cinq associations ont dû être dissoutes parce qu'il n'y avait personne pour produire les rapports administratifs exigés par Élections Canada. Le second critère de La Palombara et Weiner est donc manifestement mis à mal, du moins à ce moment précis. Le cas du Nouveau Parti démocratique soulève les mêmes doutes. Lors de l'élection de 2011, le NPD a raflé 43% des votes au Québec et une majorité de sièges dans la province sans organisation locale, sans enracinement, avec des candidats le plus souvent privés de notoriété. Contrevenant à la logique de la définition, le NPD est parvenu à agréger des votes sans avoir au préalable agrégé des membres, des militants et un soutien logistique.

La définition de Schattschneider pose une difficulté plus importante encore. Pour lui, une organisation est un parti dans la mesure où ses moyens sont pacifiques et son but est de prendre le pouvoir. Et il ajoute une précision : ce but doit être possible et probable dans un avenir défini.

> La vie des partis tourne autour de la possession du pouvoir ou de l'espérance de l'obtenir à une date rapprochée. C'est seulement quand une organisation est en contrôle du gouvernement ou qu'elle peut être sûre qu'elle en

---

[187] H. BUZZETTI. « Congrès bisannuel du Parti libéral du Canada – Bob Rae appelle à l'unité des troupes », *Le Devoir*, 13 janvier 2012, [En ligne] http://www.ledevoir.com/politique/canada/340155/congres-bisannuel-du-parti-liberal-du-canada-bob-rae-appelle-a-l-unite-des-troupes (page consultée le 15 juin 2013)

assumera bientôt le contrôle qu'elle devient un vrai parti. On ne crée pas un parti à volonté ou en lui donnant simplement le nom de parti. Savoir si une organisation politique est un vrai parti est une question factuelle[188].

Au pied de la lettre, bon nombre de partis ne respectent pas les termes de cette définition, puisque peu d'entre eux ont pu prendre le pouvoir. Cette définition restrictive des partis politiques se trouve enfin à exclure les partis illégaux ou révolutionnaires. Ne seraient considérés que les partis dans le contexte des démocraties établies. Le parti de Marx, à l'origine du plus célèbre manifeste politique, serait exclu. Le parti de révolutionnaires professionnels, tel que défini par Lénine dans son classique *Que faire?*, lequel a servi de modèle pour tous les partis communistes formés dans les années 1920, serait aussi exclu. De même, le Congrès national africain de Nelson Mandela ou les Frères musulmans auraient mystérieusement passé de non-parti à parti en conservant par ailleurs plusieurs composantes essentielles. Il en va de même pour le Parti révolutionnaire institutionnel mexicain, qui a dirigé autoritairement le pays pour se plier ensuite aux principes démocratiques et reprendre le pouvoir lors de l'élection présidentielle de 2012. Il existe aussi une difficulté pour les partis qui ont travaillé à la fois sur la scène électorale et par des moyens non pacifiques, en Irlande ou au Pays Basque.

Quand on considère conjointement la confusion et les incohérences nommées précédemment, les nombreuses discordances et les exclus, plusieurs pourraient se demander si l'effort théorique des cinquante dernières années a facilité ou embrouillé complètement l'analyse des partis et des systèmes partisans.

---

188 E. E. SCHATTSCHNEIDER. *Party Governement,* Transaction Publishers, 2009, page 36. (notre traduction)

3. De la théorie à l'épistémologie

Que faut-il faire ? Rejeter tous les modèles théoriques en vue d'en construire un autre, un « nouveau », qu'on prétendrait cette fois exhaustif ? C'est une voie audacieuse, à la limite prétentieuse compte tenu de la qualité des recherches menées depuis plus de cinquante ans. L'ambition serait évidemment d'éliminer les hiatus ou les discordances[189]. Une autre voie, diamétralement opposée, conduirait à rejeter toutes prétentions théoriques quant aux partis politiques, comme si ceux-ci étaient insaisissables conceptuellement. Les types seraient rejetés. Le politologue n'aurait alors devant lui que des partis singuliers, spécifiques et réels. La définition des partis serait elle-même réduite à sa plus simple expression : « est un parti une organisation qui se prétend être un parti ».

Ces deux voies posent problème. Cela conduit à reléguer au second plan ce qui les unit néanmoins et surtout à renoncer trop rapidement à la richesse heuristique des types. Nous croyons qu'il convient davantage de modifier l'attente épistémologique que de développer une autre théorie ou un autre modèle.

3.1 Considérer autrement les types

Revenons à la matière première de notre réflexion. Dans son ouvrage phare sur la question des partis, Duverger relève plusieurs problèmes quant à la transposition de ces types à la réalité. Il écrit ainsi, immédiatement après avoir formulé sa célèbre loi : « Mais ces propositions très générales définissent seulement des tendances de base; elles sont loin d'englober toutes les influences du régime électoral sur les systèmes de partis »[190]. À propos de la distinction entre

---

[189] Raymond Boudon précise que la validité d'un paradigme ou d'une théorie tient dans leur capacité d'expliquer simplement un nombre maximal de cas possibles. R. BOUDON. *La crise de la sociologie*, Genève, Droz, 1971, cité dans Seiler, page 53.

[190] M. DUVERGER. *Les partis politiques*, [...], p. 291.

les deux types de parti, il écrit d'ailleurs : « Claire dans son principe, la distinction n'est pas toujours facile dans son application. [...] Il y a peu de partis de cadres à l'état pur »[191]. Bien plus, pour qualifier les partis politiques américains, il les décrit comme « hybrides » : au plan financier il s'agirait de partis de cadres, mais dans leur sollicitation lors des primaires, il s'agirait de partis de masse. On pourrait, dit-il, en faire des partis « semi-massifs ». Mais il se refuse de créer une troisième catégorie, « à cause de son hétérogénéité »[192]. Presque soixante ans plus tard, en 2009, Katz et Mair vont reconnaître le même écart quant à tous les modèles développés en utilisant le mot-clé de l'épistémologie de Max Weber, soit idéaltype:

> Il est important de souligner que le parti cartel reste un idéaltype, qui peut être estimé ou approché, mais qui ne sera pas pleinement réalisé, tout comme il n'y a jamais eu de partis qui répondaient pleinement aux définitions des idéaltypes du parti de masse ou du parti attrape-tout[193].

Selon Weber, l'idéaltype n'est pas une réalité, mais un moyen conceptuel pour mieux comprendre le réel. Il précise sa pensée en écrivant : « il n'est pas un exposé du réel, mais se propose de doter l'exposé de moyens d'expression univoques »[194]. Et sur sa construction, il propose la procédure suivante :

> On obtient un idéaltype en accentuant unilatéralement un ou plusieurs points de vue et en enchaînant une multitude de phénomènes isolés, diffus et discrets, que l'on trouve tantôt en grand nombre, tantôt en petit nombre et par endroits pas du tout, qu'on ordonne selon les précédents

---

191 M. DUVERGER. *Les partis politiques*, [...], p. 121.
192 M. DUVERGER. *Les partis politiques*, [...], p. 122.
193 R. KATZ et P. MAIR. « The Cartel Party Thesis : A Restatement », [...], p. 759. (notre traduction).
194 M. WEBER. *Economie et société : Les catégories de la sociologie*, Paris, Plon / Agora, 1995, p. 180.

points de vue choisis unilatéralement pour former un tableau de pensée homogène[195].

Pour Weber, prétendre aborder le réel sans un bagage conceptuel est non seulement impossible, mais trompeur. L'observateur, sans concept, serait soumis à un « fouillis sensible » ou au « chaos de la réalité » selon l'expression kantienne. Weber écrit : « L'essai d'une connaissance de la réalité dépourvue de toute présupposition n'aboutirait à rien d'autre qu'à un chaos de « jugements existentiels » portant sur d'innombrables perceptions particulières »[196]. Dit autrement, puisque la pensée travaille nécessairement avec des mots (et donc des concepts), il vaut donc mieux faire usage de concepts « imparfaits », mais réfléchis, préalablement discutés par la communauté scientifique plutôt que de s'en remettre au concept intuitif, généralement équivoque, provenant de la pensée spontanée.

Un idéaltype de parti ne doit donc pas être considéré comme un « fait social », mais comme un outil conceptuel, dont la discordance avec le réel n'est pas un signe d'« erreur », mais un rappel de son statut épistémologique. Dans *Économie et société*, Weber écrit :

> Comme pour toute science généralisante les abstractions qui lui sont propres font que ses concepts ne sauraient être que relativement vides en contenu par rapport à la réalité concrète d'ordre historique. En compensation elle fournit une univocité accrue des concepts. Cette univocité accrue est obtenue par un optimum aussi élevé que possible d'adéquation significative, ainsi que l'élaboration sociologique des concepts se le propose. Cette adéquation [...] peut être obtenue de façon particulièrement complète à propos des concepts et des règles rationnels[197].

---
195 M. WEBER. *Economie et société : Les catégories de la sociologie*, [...], p. 181.
196 M. WEBER. *Economie et société : Les catégories de la sociologie*, [...], p. 162.
197 M. WEBER. *Economie et société : Les catégories de la sociologie*, [...], pp. 48-49.

Les conséquences de l'utilisation de la posture épistémologique wébérienne sont multiples. Le chercheur qui travaille sur les partis politiques réels – ou par extension sur tous les phénomènes sociaux – a besoin de concepts théoriques, mais ceux-ci ne doivent pas être considérés comme des retranscriptions abstraites du réel, mais bien comme des simplifications qui permettent une réflexion théorique. Selon ce point de vue qui modère les attentes épistémologiques, les types développés par Duverger ou Katz et Mair ou encore Seiler retrouvent leur utilité.

3.2 Considérer inévitable le changement de typologies

En soulignant les distinctions entre les sciences de la nature et les sciences humaines, qu'il qualifie de disciplines historiques, Weber nous amène une précision supplémentaire :

> C'est le cas, dit-il, de toutes les disciplines historiques, de toutes celles à qui le flux éternellement mouvant de la civilisation procure sans cesse de nouveaux problèmes. Par essence leur tâche se heurte à la fragilité de toutes les constructions idéaltypiques, mais elles sont inévitablement obligées d'en élaborer continuellement de nouvelles. [...] Ils ne sont rien d'autres que des essais pour mettre de l'ordre dans le chaos des faits que nous avons fait entrer dans le cercle de notre intérêt, sur la base chaque fois de l'état de notre connaissance et des structures conceptuelles qui sont chaque fois à notre disposition[198].

La conséquence repérée par Weber éclaire ainsi positivement la variété et la succession des types élaborés depuis plus d'un demi-

---

198 M. WEBER. *Économie et société : Les catégories de la sociologie*, [...], p. 202.

siècle. Leur foisonnement s'inscrit dès lors comme l'effet attendu d'une réalité mouvante. Il n'est pas la pathologie d'une discipline, mais plutôt la preuve de sa santé. Bien que peut-être trop déterministes dans la présentation de la succession, Katz et Mair suggèrent une réflexion analogue :

> Nous suggérons au contraire que le développement des partis dans les démocraties occidentales reflète un processus dialectique où chaque nouvelle forme de parti engendre des réactions qui stimulent d'autres évolutions, d'autres types de partis et ainsi de suite[199].

L'agrégation des partis de cadres serait propre au XIXe siècle; les partis de masse couvrent la longue période de 1880 à 1960. Le modèle attrape-tout émerge à compter de 1945 comme celui des cartels à compter de 1970 selon les auteurs. En toute rigueur, ils envisagent conséquemment un dépassement possible du modèle des « partis cartels »[200] :

> Ainsi, de la même manière que les partis de cadres ont préparé le terrain social et politique à l'avènement des partis de masse, ces derniers ont à leur tour créé des conditions favorables à l'apparition du parti attrape-tout, qui a ensuite permis d'évoluer vers la forme du parti-cartel. Celui-ci engendre alors inévitablement ses propres oppositions[201].

Ils anticipent ainsi « l'émergence de mouvements contestataires à l'extérieur du cartel ». Le périmètre du cartel crée ainsi une marge qui

---

199 R. KATZ et P. MAIR. « The Cartel Party Thesis : A Restatement », [...], p. 36.
200 Si cette description évolutive est intéressante, c'est d'une manière globale, comme un idéaltype, qu'il faut la retenir. Elle serait trompeuse si on cherche à la transposer mécaniquement. Weber ne cesse d'insister sur les dangers de confondre le monde conceptuel et le monde réel, ou d'hypostasier le premier des deux mondes : « La connaissance de lois sociales n'est pas une connaissance de la réalité sociale, mais seulement un des multiples moyens que la pensée utilise à cet effet [...]»
201 R. KATZ et P. MAIR. « The Cartel Party Thesis : A Restatement », [...], p. 62.

permet à des partis antisystèmes, dirait Lavau, de « mobiliser les déçus de la politique »[202]. Sous cet angle, et en posant que les organisations partisanes s'alimentent mutuellement surtout dans leurs oppositions, bien des contradictions relevées antérieurement s'estompent lorsqu'elles sont considérées selon une épistémologie wébérienne.

3.3 Combiner les idéaltypes avec une approche clinique

La troisième conséquence de l'utilisation d'une approche wébérienne est l'importance qu'il faut accorder à la singularité des cas à l'étude. Il n'est ainsi pas de connaissances scientifiques d'un parti sans une attention systématique portée à sa spécificité. Dans *Économie et société*, il écrit : « Ce n'est qu'en de très rares cas [...], et encore de façon approximative, que l'activité réelle se déroule telle qu'elle est construite dans l'idéaltype »[203]. Il faut donc compléter l'approche conceptuelle par une approche pratique, appliquée, voire clinique, dans le sens d'au « pied du lit du patient», hérité de la médecine. Lorsque le médecin s'approche du patient, il utilise les connaissances générales dont il dispose pour ordonner, observer, écouter les signaux qui pourraient conduire à tel ou tel diagnostic. À la limite, il ne présume pas un état pathologique ou normal. Bien au contraire, il utilise son savoir général – ici les types de parti, les relations avec le système électoral, les connexions avec les groupes sociaux ou culturels, le contexte national ou international – pour s'assurer de couvrir d'une manière systématique les différents états possibles du cas particulier qui est devant lui. Et ces possibles sont plus intelligibles s'ils sont interprétés à travers le prisme des types posés comme idéaltypes. Weber est une fois de plus explicite sur la posture qu'il faut adopter :

> [Les idéaltypes] ont une très grande valeur heuristique pour la recherche et une très grande valeur systématique

---
202 R. KATZ et P. MAIR. « The Cartel Party Thesis : A Restatement », [...], p. 62.
203 M. WEBER. *Economie et société : Les catégories de la sociologie*, [...], p. 35.

pour l'exposé, si on les utilise simplement comme moyens conceptuels pour comparer et mesurer à eux la réalité. Dans cette fonction, ils sont même indispensables[204].

Selon les besoins pratiques, cette investigation clinique peut couvrir différents aspects. Considérer le parti d'abord comme une *association* : forte ou faible professionnalisation des opérations, hiérarchisation prononcée ou non de la décision dans les instances, centralisation ou décentralisation, membership plus ou moins étendu. On peut investiguer ensuite le rôle des leaders : mode de désignation, contributions à l'évolution du parti, existence de factions. Le rôle ou la *place du parti dans l'électorat* est un autre volet: organisation des campagnes, publicités, définitions de la plate-forme, liens avec les médias, succès et échecs électoraux. Du même coup, il faut évaluer les groupes sociaux qui appuient le parti. Fort de cela, il convient d'examiner leur positionnement en rapport avec les autres partis : proximité/polarité idéologique, position sur les axes (gauche/droite), etc.. Troisièmement, il est possible d'étudier le parti dans ses *rapports avec l'État* : présence dans le législatif et l'exécutif, financement public, mode de scrutin, contraintes légales pendant les périodes électorales et hors de celles-ci. Pour tous ces éléments, la recherche relève autant de l'analyse documentaire que du suivi médiatique. Elle impose l'étude de ce qui provient du parti – constitution interne, programme, plate-forme, et surtout les nombreuses interventions au Parlement comme à l'extérieur de celui-ci–, mais elle exige également l'utilisation des résultats électoraux, sondages d'opinion, documents légaux. Avec évidence, la recherche terrain, l'entrevue et la participation directe fournissent des apports significatifs à la connaissance. Par la simple énumération, il est évident que les concepts de Duverger jusqu'à Katz et Mair revêtent un grand intérêt pour diriger l'attention de l'observateur, formuler des hypothèses et investiguer tous

---

[204] M. WEBER. *Economie et société : Les catégories de la sociologie*, [...], pp. 191-192.

les items de recherche cités [205]. Tout compte fait, ramenée à une posture plus modeste, héritée des considérations méthodologiques de Weber, la plus-value du politologue œuvrant dans une organisation singulière est plus appréciable – parce que plus réaliste – et certainement moins inconfortable pour lui-même.

Ces écarts incontournables entre le singulier-empirique et le général-théorique s'expliquent aisément : les phénomènes analysés s'entremêlent selon des combinatoires variées, presque infinies. L'effet combiné des caractéristiques du système partisan, du mode de scrutin, de la stratification sociale, de l'appui des groupes confessionnels, ethniques, etc., sans parler des considérations culturelles, internationales ou historiques, est chaque fois spécifique. Et si l'on prend en compte que les entités collectives sont toujours faites d'individus, une autre couche de facteurs impondérables s'ajoute, soit les convictions/ambitions des personnes. En d'autres termes, les mêmes causes ne produisent pas toujours les mêmes effets parce que la combinatoire causale est chaque fois différente. Weber rappelle ainsi dans ses *Essais sur la théorie de la science* :

---

[205] Quand le politologue quitte son rôle d'observateur-analyste pour œuvrer sur le terrain, auprès d'un parti, avec un candidat ou dans une circonscription donnée, les réflexions plus macroscopiques passent au second plan, et cèdent le devant des préoccupations à des considérations plus micros. Comme praticien, les problèmes à résoudre sont ciblés et singuliers. Weber rappelait cette exigence appliquée dès 1904: « Nous savons tous que la science qui est la nôtre, de même que toutes les sciences qui ont pour objet des institutions et des événements culturels humains, sont issues historiquement de considérations pratiques.» Dans cette perspective appliquée, les questions pertinentes visent la singularité des enjeux: doit-on prendre position pour ceci ou pour cela ? En optant pour telle position, va-t-on s'éloigner du centre ou s'en approcher ? Quels sont nos alliés ? Sommes-nous cohérents avec les positions antérieures adoptées par le parti ? Et si l'on décide d'une direction, comment la mettre en œuvre en terme de communication, de mobilisation, de financement et de promotion dans les différentes instances du parti ? Quels liens établir avec les membres, les groupes de la société civile, les médias ? Et devant une prise de position d'un adversaire, que faire ? S'en approcher ou s'y opposer ? Et puis comment combiner le poids des parlementaires, des professionnels du parti, des militants actifs, de ceux moins actifs, et enfin des segments plus larges de l'électorat ? Enfin, avec les ressources disponibles, quelles sont les priorités ? Toutes ces questions pratiques ou cliniques, qui ont souvent pour dénominateur commun l'objectif d'accroître le soutien au parti, peuvent trouver chez Duverger, Schattschneider et Katz et Mair d'appréciables points d'appui, mais aucunement des réponses précises.

Même si nous possédions la connaissance la plus complète possible de la totalité des « lois » de devenir, nous resterions désemparés devant la question : comment une explication causale d'un fait singulier est-elle possible en général ? – étant donné que même la description du plus petit fragment de la réalité ne peut jamais être pensée de manière exhaustive. Le nombre et la nature des causes qui ont déterminé un événement singulier quelconque sont toujours infinis et il n'y a dans les choses mêmes aucune espèce de critère qui permettrait de sélectionner une fraction d'entre elles comme devant seule entrer en ligne de compte.[206]

4. Redéfinir les partis politiques

À la lumière de ce recadrage épistémologique, il est possible de revenir à la définition des partis et de la revisiter et utilisant d'abord celle de Weber. La définition proposée dans *Économie et société* est moins restrictive que celle de La Palombara et Weiner. Elle ouvre sur un grand nombre d'options. Les partis seraient selon Weber des associations « reposant sur un engagement (formellement) libre ayant pour but de procurer à leurs chefs le pouvoir au sein d'un groupement et à leurs militants actifs des chances –idéales ou matérielles– de poursuivre des buts objectifs, d'obtenir des avantages personnels ou de réaliser les deux ensemble. Ils peuvent constituer des associations éphémères ou permanentes, se présenter dans des groupes de tout genre et former des groupes de toute sorte... »[207]. Il ajoute que l'importance du programme est variable et que les partis « peuvent employer tous les moyens pour obtenir le pouvoir ». Il relève enfin des variations quant aux idées, au financement et à l'adhésion.

---

206 M. WEBER. *Economie et société : Les catégories de la sociologie*, [...], p. 162.
207 M. WEBER. *Economie et société : Les catégories de la sociologie*, [...], p. 371.

Cette définition extensive –et très ouverte– formulée au début du XXe siècle, peut aujourd'hui être enrichie. En utilisant la liberté de l'épistémologie wébérienne et la richesse des réflexions menées sur les partis de Duverger jusqu'à Katz et Mair, puis en considérant l'évolution des partis au cours des cent dernières années, on peut, à notre avis, intégrer trois caractéristiques et trois fonctions.

4.1 Les trois caractéristiques des partis

4.1.1 La variabilité

À l'évidence, les partis ne sont pas des organisations nécessairement stables, offrant toujours la même rhétorique et se structurant de la même manière. Si on les compare aux autres composantes du système politique – parlement, gouvernement, pouvoir judiciaire – ou à des contraintes régulatrices – constitutions, modes de scrutin, structures légales –, les partis politiques, du moins lorsqu'on les étudie sur la longue durée, sont sujet à une **variabilité** plus marquée. Ils se métamorphosent, fusionnent ou changent de l'intérieur en gardant parfois les mêmes habits. Plusieurs disparaissent au bout de quelques défaites, voire d'une seule. Weber posait le caractère « éphémère » comme une option.

Il en va de même pour l'enracinement local. D'une part ces liens peuvent être faméliques, d'autre part ils peuvent être inappropriés, par exemple pour des partis qui défendent des intérêts strictement locaux ou de groupes nationaux spécifiques, voire en opposition avec l'ensemble. À la limite, la durée ou le rayon d'action d'un parti pourrait relever au départ de son objectif : local ou national, spécifique dans le temps ou relevant de la longue durée. Il s'agirait d'une modalité du parti et aucunement d'un critère décisif pour déterminer s'il s'agit d'un parti ou non. L'enracinement social est aussi un critère très variable. Prononcé pour les partis de cadres et de masse, le lien s'étiole et devient flou à partir des années 1970. Si certains liens demeurent, ils sont peu exclusifs depuis une trentaine d'années.

La première caractéristique des partis renvoie donc à leur variabilité fondamentale. Bien que celle-ci soit repérable dans tous les cas, du moins sur le moyen ou long terme, elle n'est pas nécessairement vécue de la même manière à court terme. Si les grands partis « attrape-tout » n'hésitent pas à épouser les tendances du moment, les partis dont la consistance idéologique est très forte présentent une rigidité indéniable. Par exemple, certains partis se considèrent comme les gardiens d'une idée, dont ils constituent l'avant-garde. Lavau écrit :

> Pour certains partis –surtout les petits partis idéologiques animés par un fort militantisme c'est le parti lui-même avec son histoire et ses traditions, ses héros légendaires et ses mythologies, qui est à lui-même son propre système de référence. Pour les militants surtout, il a ses propres exigences fonctionnelles qu'ils placeront avant toutes les autres. Les activités d'un tel parti seront orientées vers l'en-groupe : gagner des militants et entretenir leur ferveur, maintenir la presse du parti, s'évertuer à se distinguer idéologiquement des autres partis rivaux, sont des activités plus importantes que de gagner des voix ou faire élire des représentants dans les assemblées[208].

Cela peut être aussi le cas, du moins exceptionnellement, de grands partis. Par exemple, selon Lavau, les républicains américains en choisissant Barry Goldwater en 1964, « n'ignoraient pas que cette candidature n'était pas celle, qui dans le contexte du système politique américain, pouvait donner la victoire au parti ; ils durent cependant s'incliner devant la flambée idéologique du parti »[209]. La variabilité se

---

[208] G. LAVAU. « Partis et systèmes politiques : interactions et fonctions », *Revue canadienne de science politique*, volume 2, no 1, 1969, p. 36.
[209] G. LAVAU. « Partis et systèmes politiques : interactions et fonctions », [...], p. 27.

module donc distinctement selon le type de parti, ou les moments de son histoire.

4.1.2 La perméabilité

De Duverger jusqu'à Katz et Mair, en passant par Seiler et Kirchheimer, chaque auteur a aussi relevé l'importance de l'environnement pour comprendre l'émergence d'un type partisan particulier et le déclin d'un autre. D'une manière générale, les partis apparaissent comme des caisses de résonnance de variations exogènes devant lesquelles ils doivent se repositionner et fournir un nouveau discours explicatif, rassembleur, sinon périr. Les partis sont donc marqués par une forte **perméabilité**. Ils sont ainsi sensibles aux variations générales de l'environnement sociétal : scandales, crises économiques, fragmentation médiatique, changements culturels.

Le cas des partis américains est à nouveau révélateur : à première vue, les deux partis sont campés dans un positionnement relativement stable depuis les années Roosevelt : les républicains à droite, et les démocrates au centre. Or, cette évaluation est trompeuse. L'économiste Paul Krugman, dans son ouvrage *L'Amérique que nous voulons*, écrivait : « Durant l'essentiel sinon l'ensemble de ma jeunesse, un large consensus unissait démocrates et républicains sur la politique étrangère et bien des aspects de la politique intérieure. Les républicains n'essayaient plus de démanteler les acquis du New Deal »[210]. À partir des réalités économiques de la fin des années 1970 et de la montée d'un conservatisme social, cet état d'esprit change fortement. Les républicains de Ronald Reagan se déplacent à droite en remettant en question le New Deal et l'interventionnisme étatique. Assez rapidement, les autres pièces de l'échiquier politique sont emportées par ce glissement. Quand Bill Clinton dirige les

---

210 P. KRUGMAN. *L'Amérique que nous voulons*, Paris, Flammarion, 2008, page 12.

destinées des démocrates, au cours des années 1990, il est ainsi amené à affirmer pour espérer gagner le cœur de l'Amérique: « the era of big governement is over ». Les démocrates se trouvent dès lors plus à droite que ne l'étaient les républicains à la fin des années 1950! Un phénomène analogue aurait touché les travaillistes anglais sous Tony Blair. De Neve, dans son article *The median voter data set : Voter preerences across 50 democracies*, lequel permet un repérage des déplacements de la culture politique du début des années 1950 jusqu'au milieu des années 2000, vient confirmer la pression à laquelle était soumise les grands partis. Cette dépendance n'est pas constante. Selon W.N. Chambers, les partis politiques américains auraient eu le plus d'influence et d'autonomie pendant les 50 premières années de la fédération américaine. Depuis 1860 cependant, ils « auraient bien davantage subi les influences de facteurs culturels, économiques, et sociaux de l'environnement »[211].

Du côté des petits partis idéologiques, marqués par une forte rigidité et une faible variabilité programmatique, on peut croire qu'il n'y pas de perméabilité. C'est oublier leurs origines. Ces partis ont été souvent des relais d'idées déjà présentes. Par exemple, les partis d'extrême droite des années 1920 se sont nourris de courants variés, préexistants à l'organisation partisane. Dans son ouvrage *Les origines du fascisme*, Robert Paris explique cette combinaison complexe de médiations intellectuelles, culturelles et très conjoncturelles. À gauche, même ceux qui dénoncent tout « amoindrissement » ou tout « éloignement » reconnaissaient que la source intellectuelle du parti fut essentiellement extra partisane. C'est le cas de Lénine, qui dès 1902, reconnaissait cette extériorité en s'appuyant sur la réflexion de Kautsky[212].

---

211 G. LAVAU. « Partis et systèmes politiques : interactions et fonctions », [...], p. 18.
212 LÉNINE. *Que faire ?*, Paris, Seuil, p. 95-96.

La vulnérabilité peut aussi se manifester à nouveau en fin de parcours, au terme de la vie des partis. Parfois enfermés dans un dogmatisme, ils finissent par périr, comme le chêne dans la fable de Lafontaine. Dans d'autres cas, c'est le contexte international qui peut jouer un rôle déterminant. Katz et Mair, faisant un bilan de la portée heuristique de leur modèle, n'hésitent pas à reconnaître cette lacune dans leur modèle initial :

> Rédigé en 1992, la quasi-totalité de l'accent mis dans notre explication du changement partisan reposait sur des facteurs internes, qu'ils soient sociaux, politiques ou institutionnels. Rétrospectivement, il est clair que l'influence de facteurs externes tirés des mondes de la politique internationale et l'économie devait également être pris en compte[213].

Repérant l'effet majeur de la chute de l'URSS, ils expliquent combien la compétition électorale traditionnelle des partis occidentaux a été transformée, voire complètement sapée, par la fin de l'affrontement idéologique qui a marqué la Guerre froide. On comprend ainsi mieux la chute du Parti communiste français ou la disparition du Parti communiste italien, lesquels ont vu progressivement, avec les événements hongrois (1956), tchécoslovaques (1968), polonais (1981) et russes (1989), se tarir la source d'une certaine légitimité. Presque inexorablement, ils ne pouvaient pas ne pas subir les effets de la chute d'un modèle et d'une réalité – extérieure à eux, et même à leur système politique – qu'ils avaient défendus pendant des années. Même les partis de centre-gauche ont subi, bien qu'indirectement, les contrecoups de l'échec des modèles soviétiques, chinois ou yougoslaves.

---

213 R. KATZ R. et P. MAIR. « The Cartel Party Thesis : A Restatement », [...], p. 754. (notre traduction)

4.1.3 La conflictualité

Reste enfin une évidence : les partis sont continuellement traversés par des conflits ou des luttes infrapartisanes. Dans certains cas, ces luttes sont manifestes, voire formalisées dans des procédures : course à la direction des partis lors du renouvellement du leadership, primaires aux États-Unis, et récemment en France. Mais c'est aussi le cas lors des congrès ou rencontres des différentes instances. Les votes dans les instances témoignent d'une certaine conflictualité.

Ces conflits internes peuvent évidemment être destructeurs. Cela peut mener à un éclatement, mais le plus souvent ces conflits permettent au contraire au parti de s'adapter ou de se renouveler. Dans d'autres cas, la conflictualité n'est visible que de l'intérieur ; elle peut même avoir un caractère violent. C'est le cas du Parti communiste chinois alors qu'il est encore dans l'opposition. C'est aussi le cas des batailles au sein de la gauche russe : l'opposition entre bolcheviques et mencheviks au sein du Parti ouvrier social-démocrate russe, au début du vingtième siècle. Les conflits infrapartisans sont généralement protéiformes. S'y mêlent forcément des différends idéologiques et personnels, qui renvoient aux ambitions des différents joueurs. Cela n'est pas indépendant des deux autres caractéristiques. Ainsi, c'est souvent des enjeux externes qui donnent naissance à des conflits internes. Mais plus fondamentalement, l'impossibilité d'établir catégoriquement – et a priori – ce qu'il faut faire pour l'avenir – quel chef, quel programme, quel échéancier, quel moyen – suscite nécessairement des conflits quant aux choix à faire.

Les trois caractéristiques auraient des points communs. Dans tous les cas, il pourrait y avoir un dosage : plus ou moins de variabilité, plus ou moins de perméabilité et plus ou moins de conflictualité. Cependant, pour les trois caractéristiques, le danger serait celui du trop comme du trop peu. Un excès de variabilité risque de faire perdre au parti sa crédibilité et son identité auprès d'un électorat. Trop peu l'amènerait à une caducité rapide. Il en va de même de la perméabilité et de la conflictualité. Un parti déchiré continuellement par des dissensions fortes est menacé d'éclatement. L'inverse présente d'autres dangers. On comprend aussi que la victoire électorale d'un parti réduit généralement la variabilité, la perméabilité et la conflictualité. Inversement, la défaite, voire une série de défaites ou de reculs, peut augmenter les pressions sur les trois caractéristiques.

4.2 Les trois fonctions des partis

En vue d'enrichir la définition, il convient aussi de souligner trois fonctions essentielles d'un parti : l'**agrégation** des membres et des électeurs ; la **conciliation** globale des propositions ; la **légitimation** du système politique.

4.2.1 L'agrégation

La première, et sans aucun doute la principale des fonctions d'un parti, a été présentée par Schattschneider en 1942 dans son ouvrage *Party Governement*. Compte tenu de son importance, il convient de prendre le temps de la reproduire. Imaginons une cité de cent individus devant impérativement choisir parmi eux un dirigeant ; celui qui obtiendra le plus grand nombre de votes, la pluralité simple, sera élu et dirigera les destinées de cette collectivité. C'est la règle du scrutin imaginaire. Postulons ensuite que 98 des 100 individus soient radicalement égoïstes (individualistes): chacun de ceux-là s'imagine à la tête de ses concitoyens. La conséquence est évidente : chacun votera pour lui-même ! Nous aurons donc d'emblée 98 candidatures, avec chacune un seul vote. Qu'advient-ils des deux autres ? Ils ont décidé de s'allier. Après consultation, ils déterminent lequel d'entre eux se présentera candidat ; le centième, par exemple, votera pour son partenaire. Le résultat final des votes s'impose arithmétiquement: le 99ᵉ candidat sera élu parce qu'il aura la pluralité des votes, soit deux contre un pour tous les autres. Pourquoi ? Parce que ces deux individus ont formé un parti, ou plus précisément son embryon, soit un caucus, puisqu'ils se sont entendus préalablement au vote. Les autres sont demeurés dispersés, comme des atomes. L'exemple est trivial, mais combien éclairant sur l'avantage partisan. Schattschneider écrit ainsi :

> Combien de membres doivent se joindre au caucus pour qu'il soit efficace? Deux éléments doivent être considérés. Premièrement, la consultation préalable menant à un accord par un nombre quelconque, même minime, est susceptible de produire un certain effet. Deuxièmement, le nombre requis pour prendre le pouvoir dépend entièrement de la dispersion des voix des membres qui ne participent pas au caucus. Bien que la dispersion parfaite soit rare, on comprend que plus les adversaires affichent une forte dispersion, moins le caucus doit être fort ou nombreux pour contrôler le résultat. L'ensemble de la procédure renvoie à une étude de la concentration et de la dispersion[214].[...]

On devine bien sûr que ce stratagème aura rapidement une conséquence : devant l'avantage partisan constaté, une portion des autres fera de même. On voit alors surgir un système partisan comprenant deux ou plusieurs partis. L'ensemble des votants étant chaque fois défini, chaque gain d'un vote pour un parti est une perte pour l'autre. Il en découle que l'interaction partisane sera forcément conflictuelle tout en étant pacifique, puisque balisée par des règles communément acceptées préalablement au scrutin. Malgré la banalité de la démonstration de Schattschneider, les composantes de base de la vie partisane sont là.

---

214 E. SCHATTSCHNEIDER. *Party Governement*, [...], p. 40. (notre traduction)

> La découverte que quelques hommes, conscients de leur manque d'influence du public, peuvent par l'utilisation de la technique du caucus et un froid calcul acquérir une efficacité miraculeuse dans les réunions [...] n'a jamais cessé d'étonner et de fasciner les gens[215].

Si l'on définit que la fonction de base des partis est d'**agréger** les individus et les groupes, on peut estimer que les variations des contextes – démocratiques ou autocratiques– imposent des mises en œuvre variées – pacifiques ou violentes, légales ou illégales – de cette fonction. Dans une démocratie, la détermination du vainqueur se caractérise aussi par une agrégation explicite, relevant d'une arithmétique établie a priori. Et quand le suffrage s'élargit, les partis, en vue d'agréger un grand nombre d'électeurs, doivent forcément changer. Analysant l'évolution du système partisan allemand, Weber avait d'ailleurs, dès 1919, repéré l'effet du nombre :

> Il est exclu que l'on puisse organiser pratiquement des élections dans des groupements politiques étendus sans cette sorte d'organisation... Ces nouvelles formations sont des enfants de la démocratie, du suffrage universel, de la nécessité de recruter et d'organiser les masses[216].

De la même manière, un système électoral majoritaire et un système électoral proportionnel auront des impacts sur le type d'agrégation des partis. La « loi de Duverger » expose clairement cette causalité. Dans le cas d'un régime autocratique, les partis s'opposant au pouvoir doivent eux aussi agréger les individus, combiner les efforts. Mais l'ultime sélection du vainqueur, dans le cas d'une guerre civile, d'un coup d'État, ou d'une révolte populaire, n'a rien d'explicite ; elle relève d'un rapport de force qui renvoie aux actions de masse, à des

---
215 E. SCHATTSCHNEIDER. *Party Governement*, [...], p. 41.
216 M. WEBER. *Le savant et le politique*, Paris, Éditions UGE, Collection 10/18, pages 135 et 141.

formes d'actions clandestines, voire à des activités de guérillas. La capacité agrégative est néanmoins décisive. Dans *Economie et société* (1922), Weber écrivait que « C'est dans l'État légal à Constitution représentative que les partis prennent leur physionomie moderne »[217]. Selon cette perspective, le Congrès national africain, fondé en 1912, n'est pas devenu parti politique en 1991. Le parti a seulement changé de physionomie. Il n'y a pas discontinuité quant à sa fonction essentielle.

4.2.2 La conciliation

L'agrégation, à elle seule, n'est cependant pas une distinction suffisante. Les groupes de pression cherchent aussi à agréger les individus en mobilisant leurs membres sur des actions concertées et des propositions rassembleuses. C'est le cas d'une association syndicale, étudiante, d'une chambre de commerce ou d'un groupe écologiste. L'agrégation est cependant sectorielle (un enjeu) ou catégorielle (un groupe). Sauf exception, les groupes n'ont pas à se prononcer sur un grand nombre de questions et à justifier les conséquences de leurs propositions sur le fardeau fiscal des contribuables par exemple.

Par opposition, les partis politiques traitent d'un grand nombre d'enjeux, voire de la totalité des enjeux publics. Le programme proposé doit contenir des positions sur l'ensemble des considérations qui divisent les acteurs politiques, puisqu'ils auront à se prononcer législativement sur tous les projets de loi, de même que sur les énoncés budgétaires. Malgré des modalités différentes, il en va de même des partis révolutionnaires qui sont également pourvoyeurs d'un discours global, même s'ils sont dans l'illégalité.

À la limite, les partis doivent concilier des propositions sur une multitude d'enjeux. Ils doivent agréger les individus sur un ensemble

---

217 M. WEBER. *Economie et société : Les catégories de la sociologie*, [...], p. 374.

de propositions, elles-mêmes réconciliées dans une cohérence vraisemblable, du moins aux yeux de certains segments de la population. Telle est la ligne de démarcation avec les groupes de la société civile.

En combinant ces deux premières fonctions, on comprend mieux les problèmes actuels des partis. En simplifiant à outrance, selon les possibilités d'une épistémologie wébérienne, on pourrait dire ceci : plus une société possède une stratification sociale simple (au plan économique, confessionnel, culturel, etc.) et plus les enjeux discutés par l'appareil politique sont réduits, plus les partis devraient avoir de la facilité à agréger les individus et concilier les propositions. Inversement, plus la stratification sociale est complexe, diversifiée, et plus les enjeux politiques sont nombreux, plus l'agrégation et la conciliation des composantes programmatiques deviennent difficiles. En d'autres termes, il est plus facile d'agréger des individus semblables sur une liste limitée d'enjeux que d'agréger des individus dissemblables sur une liste quasi illimitée d'enjeux. De la même manière, on peut estimer que plus la stratification sociale se complexifie plus émergent des groupes de pression spécifiques et plus se développe un conflit de légitimité entre les partis et les groupes, et plus la conciliation des différents enjeux constitue un tour de force. D'une manière complémentaire, plus le cadre légal favorise la diversification partisane – mode de scrutin proportionnel, référendum d'initiative populaire – plus le défi de l'agrégation revêt un caractère problématique.

La difficulté actuelle des partis, malgré une grande diversité de situations, relève donc d'une logique que l'on peut articuler à partir même de ce qui est leurs fonctions essentielles. Le fait que tous les enjeux humains – santé, éducation, environnement, famille, etc. – sont aujourd'hui, d'une manière ou d'une autre, devenus des enjeux politiques, rend la conciliation partisane toujours plus exhaustive, presque sans limites. Et le fait que les sociétés se soient complexifiées, mettant en valeur des identités plurielles, redouble la difficulté. En plus, quand on ajoute les enjeux éthiques modernes, les inquiétudes environnementales et les pressions budgétaires qui s'accentuent avec les années 1980, on comprend à quel point les partis peinent à concilier les requêtes. Lorsqu'ils prennent le pouvoir, ils sont alors tenus d'opérer des virages qui peuvent être interprétés comme des trahisons pour certains.

Mais le problème est plus large encore, du moins depuis une trentaine d'années. Insérés dans un environnement culturel plus éclectique, marqué par une recherche d'autonomie – le post-modernisme –, soumis à des pressions médiatiques incessantes, jugées par des courants d'opinion toujours plus éclatés, et exposés enfin à la rareté des projets collectifs positifs généralement formulés par l'intelligentsia, les partis subissent indéniablement une surcharge de requêtes et de pressions sans pour autant retrouver dans cet environnement des principes directeurs qu'ils pourront reprendre à leur compte.

Selon certains auteurs, les groupes de pression qui exerçaient autrefois une fonction de filtre, donc de réducteurs de demandes selon la logique d'Easton, seraient devenus des amplificateurs de demandes. Il en irait de même des médias qui surchargent à leur tour les demandes à l'endroit du système politique. Les partis seront dès lors incapables de supporter la demande. Il devient alors presque impossible pour eux de fournir une synthèse crédible et de trouver des leaders dont le charisme est susceptible de plaire à un grand nombre. De tous côtés, la fonction de conciliation est lourdement hypothéquée.

4.2.3 La légitimation

La troisième et dernière des fonctions que nous identifions s'inscrit dans des travaux antérieurs. Il convient d'en dire quelques mots néanmoins. En agrégeant les votes et en conciliant préalablement les objectifs, les partis politiques se trouvent à légitimer les lois et les budgets qui émanent des parlements. Ils se trouvent généralement à être des « réducteurs de conflits ou de tensions », puisqu'ils ont dans leurs instances partisanes identifié des priorités et des solutions. Mille et une requêtes, demandes, insatisfactions et frustrations ont déjà été l'objet d'un traitement par les appareils partisans. Enfin, la victoire électorale d'un parti ou d'une famille politique vient légitimer les politiques publiques qui seront mises de l'avant. Quand cette fonction est assumée pleinement, les actions ultimes du système politique s'en trouvent consolidées. Cette légitimation est évidemment assumée très différemment si ce parti est au pouvoir ou dans l'opposition, ou s'il se trouve au Parlement ou à l'extérieur. Il n'en reste pas moins que la simple participation au débat public accrédite le jeu politique.

Les travaux de Sören Holmberg à partir des grandes études électorales (CSES : Comparative Study of Electoral System) ont démontré un lien fort entre ceux qui s'identifient comme partisans et ceux qui considèrent les partis comme nécessaires au fonctionnement du système politique. Il remarque cependant des différences importantes au sein d'un groupe de 20 pays démocratiques. En Norvège et aux Pays-Bas, les partis sont considérés comme nécessaires par 90% des répondants. Inversement, au Japon et aux États-Unis ce résultat est de moins de 60%. Il remarque aussi des différences importantes selon l'âge. Aux États-Unis, les 18-30 ans sont d'avis que les partis sont nécessaires que dans une proportion de 41% , moins de la majorité absolue, ce qui est exceptionnel parmi les pays considérés. Holmberg dénote au Japon, en Australie et au Royaume-Uni une différence significative du même ordre. Dans les nouvelles démocraties – Roumanie, Hongrie, ou Pologne, etc. –, ce sont au contraire les plus âgés qui sont les plus sceptiques à l'endroit de la nécessité des partis pour le bon fonctionnement du système politique.

Russell Dalton procède à un repérage des tendances lourdes pendant la période 1965-1995, et ce, dans 14 pays, dont le Canada, les États-Unis, mais aussi le Royaume-Uni, la Finlande, l'Italie et le Japon. La pente est presque toujours la même. Qu'il s'agisse de la confiance envers les parlementaires, les ministres, les promesses ou la gestion des deniers publics, dans presque tous les cas on assiste à une chute de la confiance. Dalton fait évidemment le lien avec le déclin des partis politiques déjà visible pendant cette période :

> Si l'attachement partisan reflète le soutien citoyen pour un gouvernement représentatif, lui-même lié au rôle des partis, il faut conclure que le déclin de l'attachement partisan dans les démocraties avancées est un signe avant-coureur du désengagement citoyen à l'endroit de la politique[218].

Suivant cette logique, la difficulté des partis à assumer leur fonction d'agrégation et de conciliation provoquerait une difficulté à remplir la fonction de légitimation. Il y aurait ainsi une causalité entre les problèmes des partis et l'effritement de la légitimité des autorités politiques. La difficulté des partis à assumer leur fonction se trouverait aussi à miner leurs caractéristiques fondamentales. Un parti qui peine à agréger les votes ou à concilier les enjeux risque fort d'être traversé par une crise majeure. Il risque aussi de devenir plus vulnérable aux pressions extérieures, et peut-être même périr. Plus positivement, il peut aussi se transformer radicalement de l'intérieur.

---

218 R. J. DALTON. « Political support in advanded Industrial Democracies », dans P. NORRIS (dir), *Critical Citizens*, Oxford University Press, 1999, p. 66. (notre traduction)

En somme, les différentes caractéristiques et composantes semblent tenir le coup logiquement et empiriquement. Cela nous amène à redéfinir les partis politiques. Il s'agirait d'*une association perméable à son environnement, inévitablement marquée par des conflits, qui vise, selon des actions variées et variables dans le temps, à procurer à ses chefs les postes de pouvoir ou encore à occuper des fonctions législatives et/ou exécutives. Ce but exige d'agréger les membres et/ou les électeurs et de concilier les principaux enjeux dans un programme. Advenant une prise du pouvoir ou une participation législative, cette association contribue directement ou indirectement à légitimer les décisions de l'État. Une incapacité à assumer ces fonctions amène des tensions qui peuvent ultimement provoquer son déclin et sa disparition.*

Quant au tableau suivant, il résume enfin très grossièrement les transformations repérées.

Tableau 4 : Caractéristiques sociétales des partis politiques selon l'agrégation, la conciliation et la légitimation

Caractéristiques sociétales relatives		Agrégation	Conciliation	Légitimation	
1850-1920	Suffrage censitaire Stratification sociale simple Enjeux sociopolitiques limités Possibilités budgétaires sous-utilisées Médiatisation faible ou contrôlée Diversité culturelle faible	Limitée	Facile	Facile	Présence limitée des partis
1920-1980	Suffrage universel Stratification sociale simple Enjeux sociopolitiques croissants Possibilités budgétaires croissantes Médiatisation intermédiaire, mais contrôlée Diversité culturelle faible	Facile	Facile	Facile	Âge d'or des partis politiques en particulier de 1945 à 1975
1980-2010	Suffrage universel Stratification sociale complexe Enjeux sociopolitiques très nombreux Possibilités budgétaires surutilisées Médiatisation forte, continue et fragmentée Diversité culturelle forte	Difficile	Très difficile	Difficile	Déclin des partis politiques

En revenant à la réflexion posée au tout début du texte, on pourrait avancer que le problème fondamental des démocraties modernes se situe au niveau des partis, comme s'il s'agissait du foyer ou du nœud du problème, voire de l'épicentre d'un mal qui « contamine » les autres instances politiques. Cependant, notre proposition conduit à estimer que plusieurs des difficultés des partis relèvent de dynamiques qui se retrouvent à l'extérieur d'eux. En elles-mêmes, celles-ci n'ont rien de problématique ; elles ont cependant pour conséquence d'exercer des pressions inédites sur les partis depuis quelques décennies. Conséquemment et pratiquement, il revient donc aux partis de s'adapter en vue d'agréger autrement les personnes et de repenser les modes de conciliation des intrants pour ultimement (re)légitimer les décisions de l'État.

Comment y arriver? Quelles modifications doivent être faites à leur fonctionnement? À quel rythme ? Et avec quels effets réels ? Ce sont là autant de questions qui restent cependant sans réponse, ici du moins. L'aventure des partis au cours des cinquante dernières années, et ce, à la lumière des travaux de Duverger, Kirchheimer, Lavau, Seiler, Katz et Mair, montrent cependant que ceux-ci n'ont jamais cessé d'évoluer et de se transformer. Weber n'a-t-il pas dit que la politique, c'est « le goût de l'avenir » ? Les partis politiques pourraient ainsi se réinventer et rebondir, à défaut de quoi ils risquent de périr et d'être dépassés par de nouvelles forces agrégatives.

Bibliographie

AUCANTE, Yohann et Alexandre DEZE (dirs.), *Les systèmes de partis dans les démocraties occidentales, Le modèle du parti cartel en question*, Paris, Presses de la Fondation nationale des sciences politiques, 2008, pages 35-64.

BOUDON, Raymond. *La crise de la sociologie*, Genève, Droz, 1971, 326 pages.

BRÉCHON, Pierre. *Les partis politiques français*, Les études de la documentation française, Ed. La documentation française, Paris, 2005, 212 pages.

BUZZETTI, Hélène. Congrès bisannuel du Parti libéral du Canada – Bob Rae appelle à l'unité des troupes, *Le Devoir,* 13 janvier 2012, [En ligne] http://www.ledevoir.com/politique/canada/340155/congres-bisannuel-du-parti-liberal-du-canada-bob-rae-appelle-a-l-unite-des-troupes (page consultée le 15 juin 2013)

CHARLOT, Jean. *Les partis politiques*, Paris, Armand Colin, 1971, 256 pages.

DALTON, Russel J. « Political support in advanded Industrial Democracies», in Norris, P., *Critical Citizens*, Oxford University Press, 1999, 320 pages.

DELWITT, Pascal. « Still in decline ? Party membership in Europe » dans *Party Membership in Europe, Exploration into the anthills of party politics* d'Emilie van Haute, Éditions de l'Université de Bruxelles, 2011, p. 25-42.

DE NEVE, Jean-Emmanuel. « The médian voter data set : Voter préférences across 50 démocracies », *Electoral Studies*, 30, 2011, pages 865-871.

DUVERGER, Maurice. *Les partis politiques*, Partis, Armand Colin, 1976, page 551.

FORSÉ, Michel. « Un individualisme raisonnable de part et d'autre de l'Atlantique », *La Revue Tocqueville*, vol. 32, no 2, 2011, pages 159-187.

GISPERT, Cyril et Juan LINZ. « Quel avenir pour les partis politiques dans les démocraties con temporaines ? », *Pôle Sud*, no 21, 2004, pages 55-68.

GISPERT, Cyril et Fabien NICOLAS. « La mutation du vote protestataire : partis tribuniciens, partis de gouvernement et sentiment antiparti », *Pôle Sud*, no. 24, 2006. pages 139-154.

GUAY, Jean-Herman. «Les éléphants du parlement», *Options politiques*, septembre 2010, [En ligne] http://irpp.org/fr/options-politiques/pour-un-parlement-efficace/les-elephants-du-parlement-fr-ca/ (page consultée le 15 juin 2013)

HOLMBERG, Sören. « Are political parties necessary ? », *Electoral Studies*, vol. 22, no 2, juin 2003, pages 287-299.

JONES, Jeffrey M. « Record-High 40% of Americans Identify as Independents in 2011 », 9 janvier 2012. http://www.gallup.com/poll/151943/record-high-americans-identify-independents.aspx (consulté le 13 décembre 2012).

KATZ, Richard et Peter MAIR. « The Cartel Party Thesis : A Restatement », *Perspectives on Politics*, IV, 2009, pp. 753–766.

KEY, Vladimer Orlando. *Politics, Parties and Pressure Groups*, 5ᵉ édition, New York, Crowell, 1964, 738 pages.

KIRCHHEIMER, Otto. « The Transformation of the Western European Party Systems », chapitre 6 dans l'ouvrage de Joseph LaPalombra et Myron Weiner dans *Studies in Political Development*, Princeton, Princeton University Press, 1966, pages 177-200.

KIRCHHEIMER, Otto. « *Le parti de rassemblement. 'The catch-all party'* », dans Jean CHARLOT, *Les partis politiques,* Paris, Armand Colin, 1971, pages. 213-217.

KROUWEL, André. « Otto Kircheimer and the Catch-All Party », *West European Politics*, vol. 26, no. 2, avril 2003, pages 23-40.

KRUGMAN, Paul. *L'Amérique que nous voulons*, Paris, Flammarion, 2008, 337 pages.

LAVAU, Georges. « Partis et systèmes politiques : interactions et fonctions », *Revue canadienne de science politique*, vol. 2, no 1, 1969, p. 18-44.

LAZURE, Jacques. *Abolir les partis politiques*, Montréal, Édition Libre Pensée. 2006. 167 pages.

LEMIEUX, Vincent. *Systèmes partisans et partis politiques*, Montréal, Presses de l'Université du Québec, 1985. 275 pages.

LÉNINE. *Que faire ?,* Paris, Seuil, 320 pages.

LIJPHART, Arend. *Democracies : Patterns of Majoritarian and Consensus Government in Twenty-on Countries*, New Haven, Yale University Press, 1984, 229 pages.

LIPSET, Seymour Martin et Stein ROKKAN. *Party Systems and Voter Alignments : Cross-National Perspectives*, New York, Free Press, 1987, 554 pages.

MICHELS, Robert. *Les partis politiques, Essai sur les tendances oligarchiques des démocraties*, Paris, Flammarion, 1971, 313 pages.

PARIS, Robert. *Les origines du fascisme*, Paris, Flammarion, 1968, 140 pages.

ROGER, Antoine. « Les partis antisystème dans la Roumanie postcommuniste», *Revue d'études comparatives Est-Ouest*, vol. 31, no. 2, 2000, pages 101-136.

SCHATTSCHNEIDER, Elmer Eric. *Party Governement,* Transaction Publishers, 2009, 284 pages.

SEILER, Daniel-Louis. *Partis et familles politiques*, Paris, PUF, 1980, 440 pages.

WATTENBERG, Martin P. *Parties Without Partisans:Political Change in Advanced Industrial Democracies*, Oxford University Press, 2000, 314 pages.

WEBER, Max. *Economie et société 1 : Les catégories de la sociologie*. Paris, Plon/Agora, 1995, 410 pages.

WEBER, Max. *Le savant et le politique*, Paris, Éditions UGE, Collection 10/18, 185 pages.

YOUNG, Lisa. « Party, State and Political Competittion in Canada : The Cartel Model Reconsidered », *Revue canadienne de science politique*, juin 1998, pages 339-358.

Chapitre 5

Les qualités nécessaires pour devenir un grand dirigeant politique

Par Gilles Vandal

Introduction

Tous les pays ont des dirigeants. Il est aussi indéniable que certains dirigeants politiques se démarquent par rapport à d'autres. Certains émergent et laissent une empreinte indélébile sur leur société et leur période, alors que d'autres sombrent rapidement dans l'oubli. Il y a même des paradoxes. Napoléon marque indéniablement sa période et pourtant il laisse une France amoindrie. Hitler a brisé l'Allemagne et a permis une montée beaucoup plus rapide des États-Unis et de la Russie. Les différences de personnalité et les expériences passées d'un dirigeant par rapport à un autre peuvent faire toute la différence. Essayons de nous imaginer comment la première décennie du nouveau millénaire aurait été, si Al Gore, au lieu de George W. Bush, avait accédé à la Maison-Blanche en 2001[219].

Comme Churchill l'affirmait dans ses mémoires de guerre : « Dans toute sphère d'activité, la position du numéro un ne soutient aucune comparaison avec celle des numéros deux, trois ou quatre.[220] » Cela est particulièrement vrai dans l'arène politique. Il est donc particulièrement important de se pencher sur les caractéristiques personnelles d'un dirigeant politique, de son style de leadership, de la place qu'il accorde à ses subalternes et conseillers, parce que ces différents facteurs ont une influence indéniable sur le processus de

---

219 T. PRESTON. *The President & His Inner Circle, Leadership Style and the Advisory in Foreign Affairs*, New York, Columbia University Press, 2001, p. 262.
220 E. GOLDENBERG. *Comment ça marche à Ottawa*, Montréal, Fides, 2007, p. 127.

prise de décision dans une société donnée. En effet, l'exercice du pouvoir exécutif dans un pays repose à la fois sur une combinaison des qualités personnelles de celui qui le dirige, de sa position dans l'arène politique, mais aussi des contraintes culturelles et sociales dans lesquelles il opère. C'est dans cet esprit que Churchill posait le problème : « L'histoire est-elle la chronique des hommes et des femmes célèbres ou bien seulement de la manière dont ils ont répondu aux courants, aux forces et aux mouvements de leur temps »[221].

Par ailleurs, le leadership, particulièrement en politique, est un concept transversal qui touche des disciplines aussi différentes que la psychologie, l'administration publique, l'histoire et la science politique. Pour devenir un grand dirigeant, il n'y a pas d'examen de passage ni d'exigence de forme d'intelligence particulière. On retrouve de tout. Certains ont des talents particuliers, un jugement inné ou un talent hors pair de communicateur, mais d'autres se démarquent par leur manque d'imagination, leur ignorance et leur étroitesse d'esprit. Le sujet des qualités nécessaires pour devenir un grand dirigeant a donc été très étudié depuis une trentaine d'années[222]. Cependant, son aspect politique l'est un peu moins[223]. Le 20e siècle a connu près de 2000 dirigeants politiques

---

221 F. BÉDARIDA. *Churchill*, Paris, Fayard, 1999, p. 24.
222 J. GARDNER. *On Leadership*, New York, Free Press, 1989, 220 pages; K. GRINT, *Leadership. Classical, Contemporary and Critical approaches*, Oxford, Oxford University Press, 1997, 385 pages; F. E. FIEDLER et J. E. GARCIA. *New Approaches to Effective Leadership*, New York, John Wiley, 1987, 250 pages; B. M. BASS. *New Paradigm of Leadership: An Inquiry into Transformational Leadership*, Alexandria, VA, U.S. Army Research Institute for the Behavioral and Social Sciences, 1996, 225 pages; M. REJAI et K. PHILLIPS. *Leaders and Leadership: An Appraisal of Theory and Research*, Westport, CT, Praeger, 1997, 127 pages; P. HERSEY, K. BLANCHARDET et D. JOHNSON. *Management of Organizational Behavior: Leading Human Resources*, Upper Saddle River, NJ, Pearson Education, 2008, 550 pages; J. M. BURNS. *Leadership*, New York, Harper & Row, 1978, 544 pages.
223 Voici quelques études sur le leadership politique. J. BLONDEL. *Political Leadership: Towards a General Analysis*, Sage Publications, 1987, 256 pages; A. M. LUDWIG. *King of the Mountain: The Nature of Political Leadership*, Lexington, The University Press of Kentucky, 2002, 496 pages; R. ELGIE. *Political Leadership in Liberal Democracies*, MacMillan, 1995, 246 pages; J. S. LUKES. *Catalytic Leadership: Strategies for an Interconnected World*, San Francisco, 1997, 304 pages.

ayant des personnalités et des styles de leadership des plus variés[224]. Le but premier de la présente étude est d'établir un prototype du dirigeant et d'analyser les facteurs qui font que certains se démarquent.

Origine du concept

Le concept de leadership est aussi vieux que la civilisation elle-même. Le dirigeant charismatique était déjà au centre des épopées de Gilgamesh ou celles de l'Iliade et de l'Odyssée. Les qualités et les vertus des grands dirigeants antiques furent célébrées par des biographes comme Plutarque, Suétone et Tacite. Mais il faut attendre Sun Tzu, dans *L'Art de la guerre*, au 6e siècle avant Jésus Christ, et Platon, dans *La* République, au 4e siècle avant notre ère, pour voir des penseurs définir le cadre théorique du leadership. Le concept de leadership sera ensuite repris à la Renaissance par Machiavel qui, dans *Le Prince*, montre comment les grands dirigeants sont à la fois assujettis aux circonstances et à la conjoncture, soit la *fortuna*, à leur capacité de saisir la situation, soit la *virtu*, liée à leurs talents et personnalité. Ainsi, c'est la raison, selon Machiavel, pourquoi les périodes de crises et de détresse sont plus susceptibles de susciter l'émergence de grands dirigeants.[225] Ce n'est ensuite qu'au 20e siècle, avec Max Weber, que la nature du leadership retrouve un intérêt particulier.[226]

Avec la révolution industrielle apparaissent de nouveaux mécanismes de gestion et une redéfinition des relations entre employeurs et employés. Le patronat découvre ainsi qu'il est possible d'accroître la production en recourant moins à la coercition. À ces phénomènes

---

[224] Une donnée particulière ressort, sur 1941 dirigeants connus du 20e siècle, seulement 27 furent des femmes, soit 1.4%. A. M. LUDWIG, *King of the Mountain: The Nature of Political Leadership*, [...], p. 22

[225] A. DALCOURT. *Les grands leaders charismatiques du XXe siècle*, Montréal, Éditions Québec/Amérique, 1994, p. 19.

[226] J. FREUND. « Le charisme selon Max Weber », *Social Compass*, 1976, p. 383-395; H. TREIBER. « La « sociologie de la domination » de Max Weber à la lumière de publications récentes », *Revue française de sociologie*, no. 46, 2005, p. 871-882.

s'ajoutent la formation de mouvements sociaux, le développement de la bureaucratie et une démocratisation des institutions politiques. Dans le processus, le rôle des dirigeants en est largement redéfini. Si au début du 20ᵉ siècle, un grand dirigeant se démarque encore par sa capacité d'imposer le respect et l'obéissance à ceux qu'il dirige, à partir de 1930, la force d'un grand dirigeant découle de sa capacité de façonner les comportements du groupe ou des citoyens qu'il dirige. À partir de 1940, l'art de la persuasion, la capacité de motiver et l'habileté à amener des personnes à travailler ensemble dans un objectif commun deviennent les principales qualités de grands dirigeants comme Roosevelt, De Gaulle ou Churchill. Dans les années 1950-1960 émerge le concept d'équipe avec l'exemple de Kennedy et son « brain-trust ». Finalement, dans les années 1970-1980, l'habileté à communiquer devient un facteur prépondérant pour réaligner les valeurs morales et réorganiser les institutions afin de changer les modes de gouvernance. L'importance croissante des médias et l'arrivée de la télévision amènent une plus grande attention aux différents chefs de partis pendant les campagnes électorales entre autres. Cela apparaît particulièrement avec Reagan, Clinton ou Obama[227].

Cette évolution des modes gouvernance va générer une nouvelle compréhension de la nature du leadership. Le politologue français Jean Blondel, dépassant l'idée classique du pouvoir comme force de coercition, propose ainsi un modèle universel du leadership applicable autant dans des sociétés démocratiques que dans des sociétés autoritaires ou traditionnelles. Ces idées sont ensuite reprises et poussées plus loin par Jeffrey Lukes et Robert Elgie, qui définissent le leadership d'abord comme un phénomène de redéfinition des politiques dans des institutions particulières. Oubliant le rôle de la mobilisation des individus dans le processus politique, ils limitent le leadership à une simple interaction entre institutions.

---
227 E. GOLDENBERG. *Comment ça marche à Ottawa*, [...], p. 79.

La nécessaire ambition

Pour accéder au pouvoir, à la direction d'un gouvernement, une personne a besoin d'un ingrédient fondamental : l'ambition. Si Barak Obama n'avait pas eu cette ambition, s'il n'avait pas voulu le pouvoir à tout prix, s'il n'avait pas rêvé à l'impossible et forcé son destin alors que tout semblait aller contre lui, il ne serait pas aujourd'hui président des États-Unis. Comme Jean Chrétien l'affirme dans ses mémoires : « On va parler franchement : faire de la politique, c'est convoiter le pouvoir, le prendre, l'exercer et le conserver ».[228] Dans la même foulée, le destin de Mitterrand bascula en 1961.

> Dès que de Gaulle annonça en 1961 que l'élection du président de la République aurait lieu au suffrage universel – j'étais alors au sénat, rejeté par tous –, j'ai su que je serais candidat un jour. Pourtant je n'avais pas d'appuis, pas de soutiens, pas d'argent, et j'avais plus d'adversaires que d'amis. Mais je le voulais. En 1965, personne ne voulait de moi, personne ne s'attendait à moi. Je n'ai annoncé ma candidature que deux mois seulement avant l'élection, alors que personne n'osait se présenter contre De Gaulle. Il faut forcer son destin; sinon, on n'en devient jamais maître.[229]

Conquérir le pouvoir n'est pas tout, il faut aussi s'y maintenir. Pour cela, il faut aimer le pouvoir. « Dire que le pouvoir ennuie Chirac serait exagéré. Mais il est à l'évidence plus doué pour sa conquête que pour sa gestion quotidienne... Gouverner semble souvent pour lui une sorte de punition. »[230] Une telle situation devient d'autant plus dangereuse, que les dirigeants politiques sont régulièrement confrontés, non seulement de la part des partis adverses, mais aussi au sein de leur

---
228 J. CHRÉTIEN. *Passion politique*, Montréal, Boréal, 2007, p. 10.
229 J. ATTALI. *C'était François Mitterrand*, Paris, Fayard, 2006, p. 102.
230 F.-O. GIESBERT. *La tragédie du président, Scènes de la vie politique 1986-2006*, Paris, Flammarion, 2006, p. 12.

parti, à des rivaux qui rêvent de leur ravir la place. Plus de la moitié du « règne » de Chrétien fut marqué par une lutte interne au sein du parti libéral dirigé par Paul Martin pour lui ravir le pouvoir. De même en décembre 2008, les partis d'opposition à Ottawa formèrent une coalition dans une tentative de déloger Stéphane Harper du pouvoir et former un nouveau gouvernement[231].

Un dirigeant a un besoin constant de succès pour se maintenir, faute de quoi c'est la déchéance et il se voit montrer la porte de sortie. En démocratie, un parti déçu ne peut tolérer un chef en qui il a perdu foi. Trudeau en 1984, Thatcher en 1990, Mulroney en 1993, Chrétien en 2003, Blair en 2007 ou Dion en 2008 ont vécu une telle situation. Comme George W. Bush l'affirme, un bon dirigeant doit savoir marginaliser l'opposition[232]. Cela est encore plus vrai dans les régimes autoritaires. Lorsqu'un dirigeant perd sa magie et devient impopulaire, il perd alors tous ses moyens et devient impuissant.[233] Après 1943, Mussolini écrit : « Je suis pareil au capitaine d'un bateau brisé par la tempête, je me trouve au milieu d'un océan en fureur, sur un radeau sans gouvernail... nul n'entend plus ma voix. »[234]

Un dirigeant, pour être efficace, doit aussi savoir faire la distinction dans l'exercice du pouvoir entre ce qui est l'essentiel et l'accessoire. Mitterrand comprenait très bien où résidait le vrai pouvoir d'un président français lorsqu'il déclara aux Américains en 1986 lors de la première cohabitation : « Ils ont le contrôle de tout, sauf l'essentiel. Et sur ce qu'ils contrôlent, ils ne feront rien que d'accessoire. [...] Le premier ministre devrait comprendre que la SNCF c'est lui, et que l'armée, c'est moi »[235]. Dans la même veine, Jean Chrétien

---

231 J. CHRÉTIEN. *Passion politique*, [...], p. 282-86, 411-14, 435-37; P. MARTIN. *Contre vents et marées*, Montréal, Fides, 2008, p. 267-88.
232 E. GOLDENBERG. *Comment ça marche à Ottawa*, [...], p. 288.
233 A. DALCOURT. *Les grands leaders charismatiques du XXe siècle*, [...], p. 83-86.
234 A. DALCOURT. *Les grands leaders charismatiques du XXe siècle*, [...], p. 87.
235 J. ATTALI. *C'était François Mitterrand*, [...], p. 163.

Deuxième partie - Acteurs et institutions

comprenait que l'exercice du pouvoir dans un système parlementaire de type britannique repose d'abord sur le droit du premier ministre de nommer, de congédier ou de changer ses ministres de postes. En utilisant ce pouvoir, il n'a ensuite qu'à donner le ton et à laisser à ses ministres et autres subalternes les questions de détail.

> Quand on est premier ministre, on se garde de s'enliser dans les détails de l'administration, la minutie est l'affaire de l'exécutant et non de l'exécutif. Non, on établit des priorités, on imagine des stratégies, on règle les grands problèmes, on explique les enjeux de l'heure en termes intelligibles, on délègue. Qu'on ne s'étonne donc pas si j'écris comme j'ai gouverné[236].

Mais pour qu'un leader se démarque et se hausse au rang d'un grand dirigeant, il faut plus. Chirac déclarait en 1988 : « Je me suis fait avoir comme un bleu par François Mitterrand... Je ne suis pas assez calculateur ni assez hypocrite pour devenir un homme politique de haut niveau. Il me manque quelque chose que je n'aurais jamais, ce mélange de vice et d'assurance qui fait les grands destins »[237]. Cela est particulièrement vrai pour les grands dirigeants qui ont le sentiment qu'ils peuvent faire quelque chose de grand, qui sont motivés par un seul grand objectif et qui désirent laisser leur marque dans l'histoire. Tels sont Castro qui rêve d'être un nouveau José Marti, Gandhi qui veut réaliser l'indépendance de l'Inde ou de Gaulle qui désire restaurer le prestige de la France[238].

Le facteur chance

Avoir de l'ambition n'est pas tout. Il faut aussi avoir de la chance. La mort de plusieurs généraux espagnols qui avait planifié le coup

---

236 J. CHRÉTIEN. *Passion politique*, [...], p. 15.
237 F.-O. GIESBERT. *La tragédie du président, Scènes de la vie politique 1986-2006*, [...], p. 39.
238 A. DALCOURT. *Les grands leaders charismatiques du XXe siècle*, [...], p. 101-103 et p.140.

d'État de juillet 1936 va permettre au général Franco d'émerger trois mois plus tard comme le chef de la coalition nationaliste[239]. Le refus du poste de premier ministre par Lord Halifax le 10 mai 1940, alors que débutait l'offensive allemande en Europe occidentale, va paver la voie à Churchill. Ce dernier décrit dans ses mémoires sa réaction personnelle alors que son destin basculait durant ces jours fatidiques et dramatiques : « Enfin [...] le pouvoir d'orienter l'ensemble des évènements. J'eus l'impression que [...] toute ma vie n'avait été qu'une préparation à cette heure et à cette épreuve »[240].

L'invasion allemande va jouer aussi un rôle crucial dans la carrière du colonel Charles de Gaulle, qui est propulsé en deux semaines au grade de général de brigade et, puis, le 6 juin 1940 au rang de sous-ministre à la défense. Douze jours plus tard, il sera seul, parmi tous les généraux et hommes politiques français, à refuser la défaite. Envers et contre tous, il a répondu à l'appel du destin, car il y croyait à son destin, et a choisi d'incarner seul le soir du 18 juin la France combattante. Moins de cinq ans plus tard, l'armée française comptera 500 000 hommes et la France sera à la table pour recevoir la capitulation de l'Allemagne. Par son choix, de Gaulle a assuré à la France un siège parmi les cinq grands et un droit de veto à l'ONU. En 1958, il répondra de nouveau à l'appel du destin. Non seulement il redonnera la stabilité à la France avec la création de la cinquième république, mais il mettra aussi fin à la guerre d'Algérie[241].

De Gaulle et Churchill ne sont pas des cas isolés. Les évènements de l'été 1940 vont permettre aussi à Roosevelt de briguer un troisième, puis un quatrième mandat, du jamais vu dans l'histoire américaine. Finalement, la mort de Nasser en 1970 ouvre la voie à Sadate comme

---

239 B. BENNASSAR. *Franco*, Paris, Perrin, 2002, p. 97-118.
240 A. DALCOURT. *Les grands leaders charismatiques du XXe siècle*, [...], p. 25.
241 E. ROUSSEL. *Charles de Gaulle*, Paris, Gallimard, 2002, p. 26.

président d'Égypte, de même que les démissions successives en moins d'un an de Spiro Agnew, vice-président, puis de Richard Nixon, président, vont propulser Gerald Ford en 1974 du poste obscur de leader de la minorité républicaine au Congrès à celui de la présidence des États-Unis.

La capacité du dirigeant à aller au-delà des conventions peut faire la différence. Comme Napoléon disait, en 49 avant J. C., ce ne sont pas les légions romaines qui ont traversé le Rubicon, mais Jules César. La même chose peut être affirmée pour Churchill ou De Gaulle en 1940. Tous deux ont su incarner la résistance de leur pays respectif à l'Allemagne nazie. Alors que la France capitulait, de Gaulle choisit seul d'incarner la France combattante. De même sans la détermination de Churchill, l'Angleterre allait demander aussi l'armistice après Dunkerque. Par ailleurs, c'est Anouar Al Sadate qui a décidé d'aller à Jérusalem en 1977 au prix de voir son pays mis au ban des pays arabes.

Il ne faut pas seulement avoir de la chance, il faut savoir la saisir, voire même la créer. Ainsi, Obama n'hésita pas à recourir en 1995-96 à toutes les astuces possibles pour éliminer la candidature d'Alice Palmer, sénatrice de l'État de l'Illinois, dont il était le secrétaire général de l'organisation. Cette action va propulser sa carrière politique. En 2004, il accepte d'être « orateur d'honneur » à la convention nationale démocrate. Deux années plus tard, il n'hésite pas à se lancer dans la course à la Maison-Blanche. On connaît la suite[242].

À l'été 2001, George W. Bush apparaissait comme un accident de parcours. Les incidents tragiques du 11 septembre ont transformé sa présidence. Il a pu se démarquer par son esprit de leadership, ce qui lui a donné un nouveau crédit politique et plus de liberté d'action, non

---
242 A. CLAIRE. *Obama, le roman de la nouvelle Amérique*, Paris, Éditions du Rocher, 2008, p. 69.

seulement aux États-Unis, mais aussi dans le monde. La communauté internationale a alors appuyé à l'unanimité l'intervention alliée en Afghanistan. Comment il a gaspillé ensuite ce crédit avec la guerre en Irak est une autre question[243]. Mais une crise peut aussi paralyser une administration comme le cas de Bush en Irak ou après l'ouragan Katrina. Il en a été de même pour Robert Bourassa qui a eu, à l'été 1990, à subir coup sur coup, l'annonce qu'il souffrait d'un cancer, l'échec du Lac Meech et la crise d'Oka.

Apparaître comme le dirigeant providentiel

Une constante qui ressort de tous les grands dirigeants, c'est qu'ils émergent en période de crises, de révolutions, de bouleversements ou de changements majeurs. Si l'invasion allemande a permis à Churchill et De Gaulle d'émerger, il en est allé de même pour Martin Luther King. Les incidents entourant le boycottage des autobus de Montgomery en 1955 vont propulser ce jeune pasteur noir de 29 ans au rang de dirigeant des droits civiques américains[244].

Le grand dirigeant se démarque par sa capacité d'inspirer ses associés, ses partisans et la population en général. Pour ce faire, il doit être capable d'identifier et poser clairement les problèmes pour amener les gens à relever collectivement les défis proposés. Dans une société démocratique, il doit faire confiance à ces concitoyens et croire profondément que ces derniers sont capables de saisir les problèmes et relever les défis proposés. Il doit faire resurgir les bonnes idées de la population et fixer les buts qui vont amener les gens à réaliser des rêves communs. Le grand dirigeant saisit donc plus que tous autres les désirs profonds de la population. Il est capable de dresser un portrait clair de la situation, de verbaliser les rêves de ses concitoyens et de

---

243 Y. THÉORET et A.-A. LAFRANCE. *Les Éminences grises à l'ombre du pouvoir*, Montréal, Éditions Hurtubise, 2006, p. 39.
244 A. DALCOURT. *Les grands leaders charismatiques du XXe siècle*, [...], p. 219.

communiquer sa vision de l'avenir, ce qui amène les gens à suivre la direction qu'il propose. Mais pour ce faire, il doit d'abord avoir une confiance totale en lui-même. Jacqueline Bouvier-Kennedy écrivait en 1959 que chaque jour elle constatait chez son mari « qu'il possède peut-être la plus importante qualité d'un leader : une assurance et une confiance imperturbable dans ses moyens »[245].

Pour réussir, un grand dirigeant est comme le capitaine qui dirige une expédition. Il doit d'abord être un rassembleur et former une équipe gagnante avec qui il est prêt à partager la joie de la découverte. Sa vision n'a de sens que si elle est partagée et se répand dans son entourage et la population. Il peut ainsi amener les autres à se joindre à lui pour réaliser un projet commun. Il faut que sa vision soit attrayante et excitante, qu'elle crée une anticipation qui génère l'enthousiasme. Il doit donc savoir communiquer sa vision afin de proposer des objectifs spécifiques réalisables qui mobilisent ses partisans et les orientent vers l'action. Comme il définit des valeurs et fixe des priorités à long terme, la vision qu'il propose devient alors souvent le projet d'une vie[246]. Mandela a su dégager une telle vision dans la lutte contre l'apartheid ou King avec son « I have a dream » dans la lutte des droits civiques. Toutefois, un leader peut émerger comme un grand dirigeant visionnaire sans être charismatique. Tel fut le cas de Cavour qui a réalisé l'unité italienne, ou de Bismarck, qui fut le père de l'unité allemande ou de Monet, qui a été à l'origine de l'unité européenne.

La présence d'une vision est un ingrédient essentiel à tout grand dirigeant. En parlant de Margaret Thatcher, François Mitterrand notait qu'elle possédait tous les ingrédients d'un grand chef d'État et alla jusqu'à regretter son départ de la scène politique en novembre

---

245 A. DALCOURT. *Les grands leaders charismatiques du XXe siècle*, [...], p. 36-37 et 49-51.
246 A. M. LUDWIG. *King of the Mountain: The Nature of Political Leadership*, [...], p. 149-156 et 187-196.

1990 même s'il reconnaissait qu'il était souvent en désaccord avec elle. « C'était un adversaire, mais elle avait au moins une vision. L'impopularité ne lui faisait pas peur. Je m'entendais finalement très bien avec elle »[247].

Pour sa part Jean Chrétien trouvait « qu'il n'y a pas, dans le discours politique, de mot plus vide de sens et plus galvaudé que 'vision'. N'importe qui peut se réveiller au milieu de la nuit et dire qu'il a eu une vision. Mais qu'est-ce que ça veut dire ? Rien. »[248] Il avait une perception plutôt terre à terre de l'art de gouverner :

> En outre, les difficultés qu'ont tous les gouvernements sont presque toujours d'ordre financier. On peut avoir les visions les plus mirifiques et les idées les plus brillantes qu'on veut, mais il n'y a rien de plus important que de trouver assez d'argent pour faire ce qu'on veut faire, de définir les priorités qui s'imposent et d'exercer un bon jugement pour contribuer à ce que la société devienne meilleure... En somme, tout chef de gouvernement fait face aux mêmes problèmes complexes et aux mêmes crises imprévisibles qui font en sorte qu'il lui est presque impossible de concrétiser ou d'alimenter une vision, quelle qu'elle soit[249].

Toutefois, on découvre quelques lignes plus loin que l'objection de Jean Chrétien au mot vision est plus sémantique qu'autre chose. Il ajoute qu'à la place du mot vision, il préférait celui de valeurs : « valeurs canadiennes, valeurs libérales, valeurs personnelles. Ce sont les valeurs qui façonnent les principes et les perspectives sur lesquels on s'appuie pour arrêter les priorités gouvernementales et maîtriser les difficultés de la gouvernance »[250]. En définitive, que l'on soit ou

---
247 J. ATTALI. *C'était François Mitterrand*, [...], p. 92.
248 J. CHRÉTIEN. *Passion politique*, [...], p. 53-54.
249 J. CHRÉTIEN. *Passion politique*, [...], p. 53.
250 J. CHRÉTIEN. *Passion politique*, [...], p. 54.

non d'accord avec lui, Jean Chrétien a proposé et défendu une vision particulière du Canada. Et il a montré beaucoup de courage et de détermination à promouvoir sa vision.

Le grand dirigeant qui se démarque comme un être providentiel sait montrer beaucoup de courage dans l'adversité. Non seulement il est capable de prendre des risques pour réaliser sa vision, son projet, mais il n'abandonne jamais. Homme de conviction, rien ne l'arrête. Il est inflexible dans la poursuite de son projet. Il est prêt à créer les conditions qui vont rendre les autres excités, qui développent leurs pulsions émotionnelles. Il doit croire ce qu'il dit, car ses propos soulèvent les passions. Il est capable non seulement de faire rêver, mais aussi d'amener les gens ordinaires à réaliser de grandes choses. « L'histoire est faite de gens qui vivent et réalisent leurs rêves et de ceux qui en sont incapables »[251].

Dans ce contexte, un nouveau dirigeant proposant une vision nouvelle devient nécessairement dangereux pour l'ordre établi. Par sa nature même, il conteste ce dernier. Ses idées sont dangereuses pour les défenseurs du statu quo. En offrant une alternative aux gens, il se trouve à remettre en question les fondements et les présuppositions du système en place. Cela est particulièrement vrai pour les dirigeants qui ont voulu libérer leur peuple du colonialisme ou faire passer leur peuple d'un régime totalitaire ou communiste à une démocratie émergente. Nous n'avons ici qu'à penser au rôle déstabilisateur joué par Gorbatchev en Union Soviétique. Pour un pays libéré du colonialisme, le nouveau leader devient adulé au titre de père de l'indépendance et de la nation. Il se trouve à introduire ainsi un nouveau paradigme. Pour beaucoup, il est difficile de ne pas succomber à un nouveau statut de privilégiés et à ne pas oublier les idéaux pour lesquels ils se

---

251 A. DALCOURT. *Les grands leaders charismatiques du XXᵉ siècle*, [...], p.31-33 et p. 49-51.

sont battus. Certains comme Mandela, Collins, Nehru, Valera ou Ben Gourion ont passé l'examen, mais beaucoup d'autres ont échoué[252].

Les qualités exceptionnelles d'un dirigeant peuvent générer non seulement chez lui une confiance absolue, mais aussi se transmettre à ses partisans qui souvent l'adulent. Cette situation lui donne une aura d'autorité qui le fait souvent apparaître comme un homme providentiel. Par exemple, ce fut le cas de personnages comme Sandino, Villa, Zapata, Peron, Vargas, Morelos, Hidalgo, Bolivar, Chavez, le Che ou Castro en Amérique latine. Par exemple, l'ascendant de Castro à Cuba déborde le cadre d'une simple dictature, plusieurs trouvent un côté miraculeux dans sa personnalité. Après tout, il est protégé par la **Providence**. Il a démontré une longévité sans pareil, ayant survécu à plus de 600 tentatives d'assassinat, à 10 présidents américains, à la chute de l'Union Soviétique et à plus de 40 ans d'embargo américain. La capacité d'Hitler de déjouer ou de survivre aux tentatives d'attentats émerveillait aussi ses contemporains[253].

Le mélange de fierté et d'humilité peut représenter un atout majeur pour un grand dirigeant. « L'humilité est un atout fantastique. Elle permet d'apprécier les succès sans se laisser aveugler, de rester conscient des risques, de ne jamais perdre de vue que la réussite d'un projet est difficile et plein d'embûches »[254]. Gandhi est le prototype du dirigeant humble. Mais il n'est pas unique et peut se retrouver là où a priori nous le pensons le moins. En parlant de François Mitterrand, Jean Chrétien affirme :

---

252 A. M. LUDWIG. *King of the Mountain: The Nature of Political Leadership*, [...], p. 36-39, 156-162 et 205-209.
253 A. DALCOURT. *Les grands leaders charismatiques du XXe siècle*, [...], p. 24-30 et 49-51; A. M. LUDWIG. *King of the Mountain: The Nature of Political Leadership*, [...], p. 112 et 116.
254 EN COLLABORATON, *Patrons de PME. Être un bon chef d'entreprise* !, [En ligne] http://pmeperformances.wordpress.com/2009/10/19/patrons-de-pme-etre-un-bon-chef-d-entreprise/ (page consultée le 21 juin 2013)

> J'aimais beaucoup l'homme de l'Élysée, l'ayant rencontré plusieurs fois auparavant. J'admirais sa grande culture, son sens du mot juste, son habileté manœuvrière. Il est vrai que lui-même ne doutait nullement de sa grandeur, mais je lui trouvais tout de même une certaine humilité[255].

À sa façon, Tony Blair montre la même force. Il ne fut pas toujours l'homme assuré que l'on connaît. S'il est difficile de s'imaginer l'amplitude du chemin qu'il a parcouru, il a tout aussi été capable d'éviter l'arrogance du vainqueur. Dans son approche, il conserve toujours quelque chose d'humble tout en ayant plus d'assurance, parce qu'il sait qu'il n'y a qu'un pas entre la modestie et la prétention ou la suffisance.

> Il y a des réponses simples. Il s'expose aux critiques, parce qu'il sait qu'il a les reins assez solides. Il a pris l'habitude de gagner des débats, de remporter des élections, de défaire l'opposition au sein de son parti, de quasiment détruire l'opposition conservatrice au parlement. Il a découvert qu'il peut encaisser un coup après l'autre et rester debout[256].

Être capable d'établir une *synergie avec son peuple*

Peu importe dans quel système il opère, qu'ils soient de type autoritaire ou démocratique, les dirigeants politiques pour être efficaces doivent fonctionner dans le cadre de systèmes sociaux bien précis dont les valeurs sont prédéterminées. Par exemple, dans deux pays aussi rapprochés que la France et l'Allemagne, l'exercice du pouvoir se fait différemment. Pour comprendre l'influence d'un dirigeant, voire comment il a pu émerger, il faut comprendre l'ordre organisationnel de son pays et la nature de la distribution du pouvoir qui y existe. Un

---
255 J. CHRÉTIEN. *Passion politique*, [...], p. 102.
256 P. STOTHARD. *30 jours au coeur du système Blair*, Paris, Saint-Simon, 2003, p. 32-33.

dirigeant peut être représentatif d'une classe sociale ou d'un segment particulier de la population. Mais il doit savoir être proche des gens, être capable de se tenir avec eux, d'être à l'écoute et de partager sa vision avec eux. Il peut ainsi montrer que ses politiques font partie intégrante d'un projet commun, car il doit convaincre une grande partie de la population qu'il gouverne au nom du bien commun. Son ascendant et son exercice du pouvoir seront d'autant légitimes qu'il ait su développer une certaine symbiose avec la population en général. Cela est encore plus vrai lorsqu'il s'avère être un grand dirigeant qui veut introduire des changements importants[257].

Cela est vrai dans tous les régimes. Des dictateurs comme Hitler et Mussolini en sentaient le besoin. C'est aussi pourquoi des dirigeants, comme Vladimir Poutine et Hugo Chavez, bien qu'ayant des personnalités plutôt autoritaires, adoptent une approche populiste et trouvent leur légitimité en faisant appel régulièrement à la population et en respectant certaines règles démocratiques minimales[258]. Toutefois, cette réalité est encore plus vraie dans un régime démocratique. D'ailleurs, c'est ce que Jean Chrétien voulait dire lorsqu'il affirme dans ses mémoires que : « L'isolement est un danger de la profession politique à Ottawa. Les dirigeants et les fonctionnaires doivent donc sans cesse s'employer à rester en contact avec les besoins et les désirs des Canadiens ».[259] Pour réussir en politique, un dirigeant a donc besoin, peu importe le système, de répondre à certaines attentes de la population et de ses partisans afin de rallier des gens à leur cause.[260] Comme l'affirme François Bédarida dans son étude sur Churchill :

> En réalité l'interaction est continuelle entre l'individu et le milieu. De là un équilibre fragile et changeant,

---

257 A. DALCOURT. *Les grands leaders charismatiques du XXe siècle*, [...], p. 24-25.
258 A. M. LUDWIG. *King of the Mountain: The Nature of Political Leadership*, [...], p.149-56.
259 J. CHRÉTIEN. *Passion politique*, [...], p. 77.
260 J. CHRÉTIEN. *Passion politique*, [...], p. 3.

tout particulièrement dans une vie combattante comme celle de Churchill avec son parcours agonistique, ses bifurcations et ses contradictions, sans parler d'une large dose d'improvisation au contact des circonstances, malgré la permanence des principes et des croyances[261].

Ainsi, la position d'un dirigeant sera d'autant plus forte que ce dernier a conduit son parti à la victoire. Plus le lien entre la formation du gouvernement et la victoire électorale est étroit, plus grande est la légitimité du dirigeant et plus importante est son ascendant, et ce, même en cas de formation d'une coalition. Des dirigeants comme Jean Chrétien, Helmut Kohl, Margaret Thatcher ou Tony Blair, bien qu'ils aient été tous évincés par des frondes au sein de leur parti, ont pu se maintenir longtemps au pouvoir parce qu'ils avaient démontré une capacité à conduire leur parti à des victoires électorales successives. Par contre, la nature et le fonctionnement du système politique en Italie ou en France font en sorte que dans ces deux pays, le prestige du premier ministre ou président du conseil est moins important. Ces derniers ont été ou bien désignés par une commission électorale composée de représentants de plusieurs partis ou par le président de la République.

Dans un système démocratique, tout dirigeant trouve sa légitimité dans le fait qu'il a été élu dans le cadre d'élections reposant sur un système de droit. Tout système démocratique se caractérise par la reconnaissance de principes de base tels que la liberté de parole, l'égalité des chances, l'égalité des droits, l'impartialité de la justice, l'idée qu'une personne correspond à un vote, etc. Un dirigeant élu dans le cadre d'un tel système ne voit donc pas son droit de gouverner contesté, pour une certaine période du moins. Toutefois, ce dirigeant peut être confronté à des choix difficiles qui vont amener rapidement

---

261 F. BÉDARIDA. *Churchill*, Paris, Fayard, 1999, p. 25.

certains groupes à contester ouvertement son droit de gouverner. Lorsqu'ils sont très minoritaires, comme c'est le cas présentement d'Obama, ces groupes sont marginalisés par le système. Or, ces groupes lorsqu'ils interrogent l'orientation générale de la société et qu'ils ont des assises importantes au sein d'une classe, d'un groupe ethnique ou d'une région peuvent parfois tester fortement les limites du système démocratique dans un pays particulier. Tel fut le cas avec le mouvement des droits civiques aux États-Unis durant les années 1950 et 1960 ou le mouvement nationaliste québécois entre 1970 et 2000[262].

Parce qu'il doit fonctionner dans le cadre d'un système de droit et selon les limites inhérentes imposées par les institutions du pays ou de l'État qu'il gouverne, le dirigeant démocratique dispose d'une liberté d'action réduite. Sa capacité de persuasion et ses habiletés personnelles à faire accepter les politiques qu'il propose sont donc cruciales. La personnalité du dirigeant devient ainsi un facteur primordial. Pour formuler ses politiques et les faire adopter, il doit rassembler une large quantité d'informations d'une grande variété de sources et procéder à des enquêtes qui montrent la justesse de ces dernières. Comme il oeuvre dans un environnement instable et changeant, il dépend de la cohésion de son équipe et de la loyauté de ses conseillers qui l'assistent dans la réalisation de diverses tâches liées à la gouvernance. C'est pourquoi sa personnalité et le mode de gestion du dirigeant jouent dans un système démocratique un rôle critique[263].

Un dirigeant opérant dans un système démocratique pourra d'autant plus émerger comme un grand leader et être en mesure de bien remplir ses diverses fonctions s'il est un politicien expérimenté. Gouverner est un art qui n'est pas fait pour les amateurs. Il doit d'abord être

---

262 A. M. LUDWIG. *King of the Mountain: The Nature of Political Leadership*, [...], p. 39, 163-68, 209-219.
263 A. DALCOURT. *Les grands leaders charismatiques du XXe siècle*, [...], p. 27-33.

une bête politique dont la première et la seule ambition est prendre le pouvoir et de gouverner. Pour ce faire, il a besoin d'avoir confiance en ses capacités, d'être à l'aise dans son travail et d'aimer ce qu'il fait. Pour éviter de voir ses politiques rejetées par une majorité de ses citoyens et ultimement de courir le risque de perdre le pouvoir, il doit avoir une vue d'ensemble tout en étant sensible à la fois au processus de développement des politiques et de leur implémentation que de leur contenu et des détails qui les entourent. C'est pourquoi le dirigeant démocratique apparaît souvent comme impuissant. Il doit d'abord convaincre ses proches conseillers ou subordonnés de la justesse de sa vision pour ensuite entreprendre la même opération vis-à-vis ses concitoyens. Certes, lors de cette dernière opération, il est confronté aux partis d'opposition qui contestent ses politiques et sa vision.[264]

La décision d'aller en guerre contre Saddam Hussein en 1990 représente un bel exemple des défis de la gouvernance dans un système démocratique. Le président George H. W. Bush a dû pour ce faire convaincre le public américain, le Congrès américain et la communauté internationale de la nécessité d'une telle guerre et qu'une non-intervention serait pire que toutes les peurs générées par une telle intervention. Il a dû démontrer que les règles traditionnelles de la politique internationale ne fonctionnaient pas, que Saddam Hussein représentait une réelle menace à l'ordre mondial, qu'une intervention en Irak ne serait pas un nouveau Vietnam et que les États-Unis ne cherchaient pas simplement à s'emparer du pétrole irakien. Pour réaliser son objectif, le président Bush a alors décrit Saddam Hussein comme un nouvel Hitler, qui doit être arrêté avant qu'il atteigne un pouvoir total. Qui plus est, son discours ne s'est pas limité à une démarche négative. Pour briser les dernières résistances, il a dû aussi proposer un nouvel ordre mondial qui allait remplacer l'ordre ancien

---

264 A. M. LUDWIG. *King of the Mountain: The Nature of Political Leadership*, [...], p. 40 et 77.

discrédité. Il a su ainsi rallier le public américain, le congrès et la communauté internationale à sa vision de la menace représentée par Saddam Hussein et créer un large consensus autour d'une intervention pour libérer le Koweït[265].

Être capable de se libérer de l'*héritage du passé*

Lorsqu'un dirigeant accède au pouvoir, il doit considérer l'historique de la fonction à laquelle il accède. Certains de ses prédécesseurs ont laissé une marque indélébile sur l'institution. Ainsi, la présidence américaine a été au cours des deux derniers siècles profondément marquée par la façon dont des présidents comme George Washington, Abraham Lincoln, Theodore Roosevelt ou Franklin D. Roosevelt ont perçu leur rôle et ont exercé leur fonction. Le président Obama bénéficie aujourd'hui de cet héritage. De la même façon, le général de Gaulle et le chancelier Adenauer ont laissé une empreinte permanente sur l'exercice du pouvoir dans leur pays respectif. Dans un système démocratique, le nouveau dirigeant qui accède au pouvoir doit : « expliquer comment les choses se passent vraiment – la complexité des prises de décisions, l'importance fondamentale des traits de caractère personnels et des rapports entre les gens, la nécessité d'une mémoire institutionnelle, l'influence des citoyens ordinaires et des évènements qui se passent ailleurs dans le monde, et la façon des évènements imprévus viennent bousculer les plans établis »[266]. Dans l'exercice de ses fonctions, le nouveau dirigeant « se trouve confronté à un mélange d'histoire, de précédents, de succès et d'échecs hérités du passé. Tout nouveau gouvernement doit vivre, pour le meilleur et pour le pire, avec les conséquences des décisions de ses prédécesseurs »[267]. Cela est particulièrement vrai pour un dirigeant traditionnel qui hérite

---

265 T. PRESTON. *The President & His Inner Circle, Leadership Style and the Advisory in Foreign Affairs*, [...], p. 201-212.
266 E. GOLDENBERG. *Comment ça marche à Ottawa*, [...], p. 25.
267 E. GOLDENBERG. *Comment ça marche à Ottawa*, [...], p. 27.

d'une fonction. Il est souvent prisonnier d'une série de conventions et de règles. Dans ce sens, même dans un système démocratique, il est nécessaire pour le nouveau dirigeant de bien comprendre son rôle et les pouvoirs dont il dispose et qui lui sont légués souvent par des conventions non écrites. C'est ce que Jean Chrétien avait clairement compris dans son rôle de premier ministre :

> Dans le système canadien, le premier ministre peut modifier une décision du cabinet simplement parce qu'il lui est loisible de déplacer tous les ministres à son gré. Il n'y a jamais de vote comme tel parce que tout le monde sait exactement qui a le dernier mot[268].

Dans une démocratie libérale, le succès d'un dirigeant dépend donc largement de sa capacité d'abord de bien comprendre le fonctionnement des institutions et les différentes composantes de son rôle, puis de sa capacité de faire face à des situations variables, imprévues, souvent complexes, et d'opérer selon le mode particulier de fonctionnement des institutions de son pays. Sa capacité d'assumer des rôles différents, comme chef de gouvernement ou de parti, ou de faire face à des problèmes de politique intérieure ou de relations internationales, dépend largement de l'héritage laissé par ses prédécesseurs. Ainsi, Margaret Thatcher, François Mitterrand et Helmut Kohl ont pu assumer en politique étrangère des rôles qui auraient été impossibles pour leurs prédécesseurs 10 ou 15 ans plus tôt. La structure et l'évolution du système politique national, comme les règles régissant les institutions et la politique internationales, représentent donc des dimensions fondamentales du leadership politique.

Aussi, un nouveau dirigeant est confronté à la fois à un héritage du passé, mais aussi à une possibilité de redéfinir son rôle, voire

---

268 J. CHRÉTIEN. *Passion politique*, [...], p. 43-44.

même de le réinventer en partie. Juan Carlos a su très bien se dégager du régime franquiste et a joué un rôle crucial pour transformer le système espagnol en un système de monarchie constitutionnelle dans le cadre d'une démocratie libérale. Pour ce faire, il n'a pas hésité à prendre certains risques. Valéry Giscard d'Estaing a établi des relations différentes avec son premier ministre et son cabinet que ses prédécesseurs. De même François Mitterrand accordait un rôle comparativement disproportionné à ses proches conseillers, tel que Jacques Attali. Finalement, Nicolas Sarkozy a redéfini les pouvoirs et le rôle de la présidence française[269].

Par ailleurs, dans un régime présidentiel pur comme celui des États-Unis, une seule personne, le président, symbolise le pouvoir exécutif et est donc responsable de toutes les activités gouvernementales. Non seulement, il assume les fonctions de chef d'État et de chef de gouvernement, mais il a pleine autorité sur ses subordonnés. Tout ce que le gouvernement fait, il le fait au nom du président. Comme une affiche sur le bureau du président Truman l'affirmait, « the buck stops here ». Cette expression voulait signifier que le président devait assumer l'entière responsabilité pour la façon que le pays était gouverné, même si dans la pratique il était difficile pour lui de tout savoir[270].

Par ailleurs, aux États-Unis, le président n'a pas besoin de consulter son cabinet pour prendre une décision. Et s'il le fait, il n'est pas tenu de suivre l'avis de ce dernier. Avant d'émettre sa proclamation d'émancipation des esclaves en septembre 1862, Lincoln consulta son cabinet. Les sept secrétaires votèrent unanimement contre l'idée. Mais

---

269 J. ATTALI. *C'était François Mitterrand*, [...], p. 71-76; M. FAURE. *L'Espagne de Juan Carlos*, Paris, Perrin, 2008, p. 240-46; V. GISCARD D'ESTAING. *Le pouvoir et la vie*, Compagnie 12, Paris, 1991, p. 397-464.
270 T. PRESTON. *The President & His Inner Circle, Leadership Style and the Advisory in Foreign Affairs*, [...], p. 32.

Lincoln fit le compte et déclara alors, sept non et un oui, donc les oui l'emportent. Le mode de fonctionnement de la présidence américaine fait en sorte que les conseillers immédiats du président ont plus facilement accès au président que les secrétaires. Ainsi, Condoleezza Rice, comme présidente du conseil de sécurité nationale, était plus proche et voyait plus souvent le président Bush que les secrétaires Powell ou Rumsfeld. Rice avait son bureau adjacent à celui du président, alors que Powell et Rumsfeld avaient les leurs dans leur département respectif et devaient prendre rendez-vous pour rencontrer le président, ce que Rice n'avait pas à faire[271].

En prenant la direction du parti travailliste, Tony Blair était conscient que son parti était animé par un désir de revanche afin de faire oublier ses déboires passés. Pour réaliser cet objectif et mener son parti à la victoire, Tony Blair a choisi d'abandonner les techniques de mobilisation et le cadre idéologique de ses prédécesseurs. Non seulement il a provoqué une véritable révolution culturelle au sein de son parti en le recentrant, mais il a réussi dans le processus à créer une redoutable machine électorale. Pour ce faire, il a fait appel à deux consultants, Philip Gould et Peter Mandelson. Ces derniers entrèrent en contact avec James Carville, l'organisateur de la campagne de Bill Clinton en 1992, pour mieux connaître les clefs de son succès. Ils vont ainsi proposer une modernisation et un recentrage du programme du parti qui va donner naissance au New Labour. L'autre recommandation importante qu'ils font à Tony Blair consiste à embaucher Alastair Campbell. Ce dernier, ex-responsable du service politique du « Mirror », était rompu aux arcanes de la presse populaire fermement ancrée à gauche[272].

---

271 Y. THÉORET et A.-A. LAFRANCE. *Les Éminences grises à l'ombre du pouvoir,* [...], p. 58 et 61.
272 A. SELDON. *Blair,* Free Press, London, 2005, p. 21, 26-27, 29, 31, 40. ; BBC. *Profile: Alastair Campbell,* 29 août 2003, [en ligne] http://news.bbc.co.uk/1/hi/uk_politics/3028250. stm. (page consultée le 21 juin 2013)

Campbell va mettre en place une redoutable machine capable de remodeler l'information en faisant appel à une batterie d'instruments servant à scruter, interpréter et façonner l'opinion publique. Il dirige une équipe dont le rôle est de cueillir et transcrire en temps record les informations négatives circulant. Il recourt aussi systématiquement aux groupes de discussion, qui lui permettent de mesurer en direct les réactions quant aux capacités oratoires et discursives de Blair. En conséquence, on assiste à la création d'un écosystème politico-médiatique. Drogué par ces méthodes, Blair devient toutefois à la longue incapable de fonctionner sans groupe de discussion et perd même sa capacité d'écoute. Campbell contribua ensuite à créer le mythe des ADM de Saddam Hussein qui allaient frapper l'Europe en moins de 45 minutes pour justifier la guerre en Irak. À la suite du suicide nébuleux de David Kelly, le scientifique qui avait révélé à la BBC le trucage des 45 minutes et des travaux de la Commission Hutton, il dut démissionner. De ce fait, la réputation du gouvernement Blair **était inexorablement entachée**[273].

Posséder la maîtrise de la prise de décision

Le processus de prise de décision varie beaucoup selon les types et la nature des systèmes politiques, des caractéristiques personnelles et psychologiques des dirigeants impliqués, des contextes sociopolitiques et historiques des pays concernés et de la nature des crises que ces dirigeants ont à affronter[274]. Lester Thurow, doyen de la Sloan School of Management au MIT, déclarait en 1991 que « si vous ne vous souciez pas de l'avenir, vous n'arriverez pas à gérer le présent... le rôle du gouvernement est de prévoir les besoins de demain »[275]. Face à un dirigeant politique, la première chose à se demander consiste à

---

273 A. SELDON. *Blair*, [...], p. 38, 196, 219, 225-26 et 254-56.
274 Y. THÉORET et A.-A. LAFRANCE. *Les Éminences grises à l'ombre du pouvoir*, [...], p.19-20.
275 E. GOLDENBERG. *Comment ça marche à Ottawa*, [...], p. 49.

savoir s'il comprend sa tâche comme décideur ou si ce dernier est là pour faire autre chose. Un bon dirigeant doit d'abord être un excellent généraliste. Endosser ce costume de généraliste suppose d'acquérir les connaissances de base dans les domaines que l'on ne maîtrise pas et de conserver une vision d'ensemble. Il doit avoir une intelligence pratique qui lui permet de porter une vision, de formuler les objectifs à moyen et long terme et d'anticiper les étapes à atteindre pour les réaliser. Quelqu'un doté d'une grande intelligence abstraite ne fait pas forcément un bon dirigeant. S'il est trop intellectuel, il risque de lui manquer quelque chose : l'instinct. Le bon dirigeant est capable de sentir bien les choses et les gens, de distinguer ce qui est important de ce qui est accessoire et de se centrer sur les quelques points dont dépend la réussite de son projet politique. Il doit être un bon joueur d'échecs et être capable d'avoir plusieurs coups d'avance sur ses adversaires.

Les mécanismes de prise de décision peuvent varier grandement d'un dirigeant à un autre. C'est une question de style de gestion. Certains dirigeants veulent avoir leur mot à dire sur tout, d'autres organisent un système de délégation de telle sorte que seules les décisions stratégiques remontent jusqu'à eux. Mais au bout de la ligne, il faut faire savoir qui décide et savoir assumer ses responsabilités et les décisions qui ont été prises. Comme Jean Chrétien l'affirme dans ses mémoires :

> Quand on est premier ministre, on se garde de s'enliser dans les détails de l'administration, la minutie est l'affaire de l'exécutant et non de l'exécutif. Non, on établit des priorités, on imagine des stratégies, on règle les grands problèmes, on explique les enjeux de l'heure en termes intelligibles, on délègue[276].

---
276 J. CHRÉTIEN. *Passion politique*, [...], p. 15.

Le président George H. W. Bush avait développé un mécanisme de prise de décision basé sur la recherche continuelle de consensus. Il était prêt à mettre de l'eau dans son vin. Il était plutôt pragmatique. Son style de gestion était du type collégial et ouvert qui laissait beaucoup de liberté d'action à ses assistants et subordonnés sur la gestion des questions routinières. Il définissait les principes à suivre et laissait ses assistants s'occuper des détails pour s'attarder à la formulation des grandes politiques. Son style de leadership et l'interaction qu'il entretenait avec ses conseillers et assistants favorisaient l'harmonie et la conciliation et non la confrontation. Lorsqu'une crise éclatait, comme celle de l'Irak en 1990, il se préoccupa d'abord de rassembler une quantité considérable d'informations et de points de vue d'une variété de sources. Pour ce faire, il consulta ses assistants, des spécialistes, des représentants étrangers et entra en contact personnel avec différents chefs d'État. Il sut ainsi bâtir un large consensus qui va lui permettre de passer à l'action. Néanmoins, s'il était convaincu de la rectitude de son point de vue, il était alors disposé à l'imposer[277].

Un bon dirigeant, tout en ayant une vision claire de la réalité et un programme à réaliser, doit être à la fois pragmatique et avoir l'esprit ouvert pour être en mesure de faire face aux situations imprévues. Pour régler la crise économique des années 1930, Roosevelt montra cet esprit de décision et il était tout sauf dogmatique. Il savait que les solutions traditionnelles ne fonctionnaient plus. Il était disposé à tenter de nouvelles expériences et à retenir celles qui fonctionnaient. Jean Chrétien démontre un peu le même esprit comme il le décrit dans ses mémoires :

> Parce que rien n'est jamais tout noir ou tout blanc, je changeais souvent d'avis dans l'évolution d'un dossier après avoir écouté les membres du caucus. On décide de

---
[277] T. PRESTON. *The President & His Inner Circle, Leadership Style and the Advisory in Foreign Affairs*, [...], p. 194-196, 201 et 204-205.

faire ceci ou cela, mais si on se bute sur un obstacle, il faut changer de cap ou trouver le moyen de contourner la difficulté. Tel est l'art de la politique[278].

Dans les prises de décision, un bon dirigeant doit toujours se garder une porte de sortie. Il doit saisir les enjeux et savoir même retraiter le cas échéant si la résistance est trop forte. Dans son projet de réforme de la Cour suprême en 1937, Roosevelt fut confronté à une telle situation. Face à une levée de boucliers au sein même de son parti, il a dû retirer son projet, mais le message avait passé. La cour approuva par la suite la constitutionnalité des différentes mesures qu'il proposait. François Mitterrand montra le même pragmatisme et la même capacité de prendre des risques comme il le démontra dans la gestion du projet de loi Savary en 1986. Ce projet proposait une réforme importante des institutions de la 5e république. À la suite du retrait du projet de loi, il déclara :

> Voilà comment j'aime gouverner. En choisissant le terrain, sans me le laisser imposer. Nous étions encerclés. Nous sommes sortis. En France, on ne règle les problèmes qu'avec des crises. Et il faut aller au paroxysme avant de les résoudre. Mais on ne sort jamais sans pertes[279].

Jean Chrétien allait dans le même sens. Comme Truman, il avait compris qu'avec l'exercice du pouvoir découle des responsabilités. Un premier ministre ou un président est appelé à prendre des décisions qui ne feront pas que des heureux. Il n'est pas là pour se faire aimer, mais d'abord pour décider. Il doit assumer son rôle.

> Un premier ministre est toujours accusé de despotisme lorsqu'il définit lui-même les priorités de son

---

278 J. CHRÉTIEN. *Passion politique*, [...], p. 46.
279 J. ATTALI. *C'était François Mitterrand*, [...], p. 126-127.

gouvernement ou lorsqu'il prend des décisions impopulaires, et de faiblesses lorsqu'il omet de le faire, alors que la responsabilité ultime du gouvernement n'incombe qu'à lui seul[280].

En définitive, la maîtrise du mécanisme de prises de décision est fondamentale pour devenir un grand dirigeant. Mais là encore, il faut que ce dernier ait un projet, une vision et qu'il sache clairement où il s'en va. Comme Eddie Goldenberg l'affirme, « la prise de décision n'est pas une science, mais un art »[281]. Jean Chrétien et François Mitterrand avaient tous deux très bien compris cela. Ainsi pour Mitterrand « [e]xercer le pouvoir, c'est donner de l'espoir »,[282] alors que pour Jean Chrétien « [g]ouverner, ce n'est pas seulement régler des problèmes, c'est aussi créer un climat positif dans le pays »[283].

Savoir utiliser ses conseillers

Les administrations modernes se démarquent par l'importance de la garde rapprochée dont dispose un dirigeant. Par exemple, le personnel de la Maison-Blanche en 2008 était fort impressionnant, bien qu'il ait été fortement réduit, avec ses 1800 conseillers et assistants. Le personnel du bureau du premier ministre à Ottawa, qui avait atteint plus de 200 personnes sous Trudeau, en avait encore 70 sous Chrétien. Par ailleurs, Tony Blair était soutenu en 2002 par un personnel de 81 conseillers et assistants. Selon sa personnalité, un dirigeant va s'entourer de conseillers et d'attachés politiques qu'il va organiser sous un système qui lui est propre. Ces derniers servent selon la bonne volonté du « prince » et jouent un rôle qui est adapté à la personnalité, à la stratégie et à la façon que le dirigeant a de percevoir la politique et de réaliser ses projets politiques[284].

---

280 E. GOLDENBERG. *Comment ça marche à Ottawa*, [...], p. 388-389.
281 E. GOLDENBERG. *Comment ça marche à Ottawa*, [...], p. 17.
282 J. ATTALI. *C'était François Mitterrand*, [...], p. 110.
283 J. CHRÉTIEN. *Passion politique*, [...], p. 52.
284 T. PRESTON. *The President & His Inner Circle, Leadership Style and the Advisory in Foreign Affairs*, [...], p. 5.

La nature des interactions qu'un dirigeant a avec ses conseillers, particulièrement ceux qui font partie de sa garde rapprochée, et l'utilisation qu'il fait de ces derniers, a nécessairement des conséquences significatives sur son style de leadership. Ceux-ci peuvent influencer la façon dont il va affirmer sa position sur certaines questions politiques et les leçons qu'il va tirer des expériences passées. Il peut en tirer ainsi un sens quant aux actions qui seront ou non efficaces dans des situations spécifiques. Il peut obtenir de ces derniers des réactions sur sa performance comme dirigeant et des avis sur les interactions qu'il doit ou peut avoir avec certains experts dans des domaines spécifiques[285].

Évidemment, le dirigeant qui a une vaste expérience politique, comme un Bill Clinton ou un Jean Chrétien, va avoir plus tendance à s'impliquer personnellement et à exercer un contrôle plus étroit sur le processus de prise de décision que ceux qui ont une expérience limitée comme un George W. Bush ou un Ronald Reagan. En ce sens là, les dirigeants expérimentés tirent avantage de leur propre expertise politique et dépendent donc moins des conseillers pour se faire une idée. Ils utilisent ainsi moins de stéréotypes simplifiés ou des analogies pour comprendre des situations politiques[286]. Ainsi, Jacques Parizeau qui avait été un grand mandarin de l'État québécois limitait souvent le rôle de ses conseillers et collaborateurs à la préparation de mémos détaillés sur lesquels les différentes options étaient clairement exprimées. Il ne lui restait plus alors qu'à faire un choix[287].

L'accent qu'un dirigeant donne personnellement au domaine de la politique intérieure ou aux relations internationales peut avoir

---

285 Y. THÉORET et A.-A. LAFRANCE. *Les Éminences grises à l'ombre du pouvoir*, [...], p. 55-76.
286 T. PRESTON. *The President & His Inner Circle, Leadership Style and the Advisory in Foreign Affairs*, [...], p. 11-12.
287 Y. THÉORET et A.-A. LAFRANCE. *Les Éminences grises à l'ombre du pouvoir*, [...], p. 35.

une influence majeure sur son style de leadership. Par exemple, Bill Clinton privilégiait au début de sa présidence les questions intérieures pour lesquelles il se sentait plus à l'aise et possédait une plus grande expérience et où il voulait apporter des correctifs majeurs avec l'introduction entre autres d'une réforme de la santé. Par contre, il va au début s'en remettre largement à ses conseillers pour les questions de politiques extérieures. En outre, Clinton se caractérisait par une curiosité inlassable et son immense capacité d'apprendre. Devant de nouvelles données, il était ainsi capable de reconsidérer ses décisions. Si dans la crise de Bosnie, par exemple, il laissa ses conseillers développer la politique de l'administration. Il en alla différemment dans celle du Kosovo. Il avait appris à maîtriser à fond la dynamique des relations internationales et n'hésitait plus à s'impliquer personnellement dans les dossiers complexes[288]. Certes, une telle attitude pouvait aussi poser certains problèmes. Comme Robert Reich, le secrétaire au trésor de Clinton, le note :

> L'esprit de Clinton était sans repos et il se posait trop de questions en même temps. Il est par nature incapable de se concentrer sur une seule question, voire un seul thème ou idée globale. Il aime discuter à la fois sur une variété de politiques, de thématiques ou d'idées très tard dans la nuit[289].

La capacité d'écoute d'un dirigeant peut représenter un atout important. L'ouverture au dialogue d'un dirigeant, que celle-ci soit avec ses assistants, ses collaborateurs, voire **même ses adversaires**, peut l'aider grandement à enrichir ses projets et à assurer le succès de ces derniers. John F. Kennedy, Ronald Reagan et Bill Clinton cultivaient

---

[288] T. PRESTON. *The President & His Inner Circle, Leadership Style and the Advisory in Foreign Affairs*, [...], p. 26, 31, et 219-220.
[289] T. PRESTON. *The President & His Inner Circle, Leadership Style and the Advisory in Foreign Affairs*, [...], p. 228.

cette approche. Ainsi, en 1960, John F. Kennedy, nouvellement élu président des États-Unis, déclarait aux futurs membres de son administration : « Je veux que vous me critiquer. Je veux vos meilleures idées »[290]. Il n'est pas surprenant que les membres de l'équipe Kennedy fussent par la suite étiquetés comme étant « les meilleurs et les plus brillants »[291].

Des dirigeants comme Kennedy, Clinton, voire même Bouchard aimaient participer aux discussions entre leurs conseillers et se méfiaient des avis unanimes de ces derniers. Pour sa part, Bill Clinton était convaincu qu'il y avait toujours différentes façons de percevoir une question. Il avait donc besoin de débattre de différents points de vue avant de se faire une idée et de prendre une décision. Il n'hésitait pas à confronter ses conseillers et à les mettre en contraction les uns avec les autres pour approfondir sa vision. Cela amenait Clinton à avoir des débats sans fin et même à aller chercher des avis au-delà de ses conseillers et à utiliser au maximum son vaste réseau de connaissances. Or, de tels débats ont aussi parfois l'effet néfaste de repousser la prise de décision. En ce sens, Clinton était l'antithèse de George W. Bush[292].

Les dirigeants très expérimentés vont souvent avoir tendance à utiliser un conseiller particulier en qui ils ont entièrement confiance pour lui confier des missions délicates. C'est ainsi qu'au début des années 1990, Mulroney envoya Luc Lavoie au Mexique pour rencontrer un conseiller du président Carlos Salinas de Gortari du Mexique afin d'obtenir son appui à un accord de libre-échange tripartite au lieu de deux accords distincts, Canada/Mexique et États-Unis/Mexique. Le

---

290 K. ADELMAN. « The Mind of a Leader », *The Washintonian,* 1 novembre 2007.
291 T. PRESTON. *The President & His Inner Circle, Leadership Style and the Advisory in Foreign Affairs,* [...], p. 97-113.
292 T. PRESTON. *The President & His Inner Circle, Leadership Style and the Advisory in Foreign Affairs,* [...], p. 225-26, 229; Théoret et Lafrance, op. cit., 35, 184-85.

résultat fut l'ALENA. De la même façon, dans des situations délicates, le président Lula du Brésil a choisi d'envoyer un conseiller personnel pour régler des contentieux entre deux pays proches du Venezuela, au lieu de passer par la voie officielle[293]. François Mitterand nomma Jacques Attali comme secrétaire général de la présidence française en lui disant simplement : « Désormais, vous assisterez à toutes les réunions; tous les documents passeront par vous; tous, dans la maison, dépendront du secrétaire général, sauf vous, qui ne dépendrez que de moi et devrez avoir accès à tout »[294].

Certains dirigeants évitent de développer des liens d'amitié avec leurs conseillers et assistants, même les plus rapprochés. Jacques Chirac avait la réputation d'utiliser au maximum ses conseillers et adjoints quitte à les brûler et les remplacer. Sa stratégie consistait à trouver la bête de somme et la pousser au maximum en la faisant entrer dans son cercle d'amis. Mais il gardait toujours une distance et maintenait un semblant d'amitié tant qu'il jugeait la personne utile. Une fois qu'une personne ne servait plus ses desseins, il la larguait. Beaucoup de ses prétendus amis se sont ainsi sentis trahis. Par contre, Jean Chrétien considérait toujours ses conseillers, non comme des amis, mais des collaborateurs, et se refusait à mélanger travail et plaisir. Il ne recevait pas ces derniers chez lui dans le cadre d'activités sociales[295].

Conclusion

Le présent texte nous a permis d'établir différents facteurs qui font que certains dirigeants se démarquent plus que d'autres. Comme nous avons pu le voir, gouverner est un art. Il n'y a pas de recettes magiques

---

[293] Y. THÉORET et A.-A. LAFRANCE. *Les Éminences grises à l'ombre du pouvoir*, [...], p.127, 268.
[294] J. ATTALI. *C'était François Mitterrand*, [...], p. 73.
[295] F.-O. GIESBERT. *La tragédie du président, Scènes de la vie politique 1986-2006*, [...], p. 27, 151-152 et 273; J. CHRÉTIEN. *Passion politique*, [...], p. 28.

pour le succès. Un grand dirigeant bénéficie à la fois d'un facteur chance, mais il sait aussi saisir sa chance. Trente ans plus tôt, Napoléon serait apparu comme un général tragi-comique d'opéra. Un grand dirigeant va aussi se démarquer par la maîtrise qu'il a du processus politique et sa capacité d'utiliser à bon escient ses conseillers et son entourage en général. Mais ici encore, la méthode peut varier d'un dirigeant à un autre selon les époques et sa personnalité.

En fin de compte, pour être un grand dirigeant, il faut avoir une sorte de face de Janus, car le bon dirigeant pour être efficace doit tenir compte simultanément de deux configurations étroitement reliées qui relèvent à la fois de la stratégie et de la tactique. Il doit faire la distinction entre un but, une cible qu'il désire atteindre, et un objectif qui représente un résultat que l'on veut obtenir. Pour ce faire, il doit :

- aller au-delà d'une perception des détails pour développer une vision d'ensemble;

- gérer les actions présentes tout en définissant un programme à long terme;

- arrimer une pensée profonde à un sens pratique;

- aller au-delà du simple rôle de plombier pour devenir un architecte;

- et dépasser le stade de politicien pour émerger en homme d'État.

Idéalement, dans une société démocratique, le premier rôle du leader politique est de poser les problèmes, d'écouter la diversité des points de vue, de savoir faire ensuite l'arbitrage entre ces différents points de vue, de proposer une politique, de permettre un débat public sur cette dernière, et finalement de la réaliser. La personnalité du dirigeant a donc une importance cruciale, car les résultats vont souvent dépendre de son ouverture à l'environnement externe, sa capacité d'apprentissage, sa créativité, son mode de direction, son mécanisme de prise de décision et ses talents de travail en équipe. Par-dessus tout, il doit être une bête politique et doit posséder un instinct et un flair hors pair.

Bibliographie

ATTALI, Jacques. *C'était François Mitterrand*, Paris, Fayard, 2006, 449 pages.

BASS, Bernard M. *New Paradigm of Leadership: An Inquiry into Transformational Leadership*, Alexandria, VA, U.S. Army Research Institute for the Behavioral and Social Sciences, 1996, 225 pages.

BBC. *Profile: Alastair Campbell,* 29 août 2003, [en ligne] http://news.bbc.co.uk/1/hi/uk_politics/3028250.stm. (page consultée le 21 juin 2013)

BÉDARIDA, François. *Churchill*, Paris, Fayard, 1999, 572 pages.

BLONDEL, Jean. *Political Leadership: Towards a General Analysis*, Sage Publications, 1987, 256 pages.

BURNS, J. M. *Leadership,* New York, Harper & Row, 1978, 530 pages.

CHRÉTIEN, Jean. *Passion politique*, Boréal, 2007, 488 pages.

CLAIRE, Audrey. *Obama, le roman de la nouvelle Amérique*, Paris, Éditions du Rocher, 2008, 188 pages.

DALCOURT, André. *Les grands leaders charismatiques du XXe siècle*, Montréal, Édition Québec/Amérique, 1994, 22 pages.

ELGIE, Robert. *Political Leadership in Liberal Democracies*, MacMillan, 1995, 246 pages.

FAURE, Michel. *L'Espagne de Juan Carlos*, Paris, Perrin, 2008, 270 pages.

FIEDLER, F. E. et J. E. GARCIA, *New Approaches to Effective Leadership*, New York, John Wiley, 1987, 250 pages.

FREUND, Julien. « Le charisme selon Max Weber », *Social Compass*, 1976, no. 23, p. 383-395.

GARDNER, John. *On Leadership*, New York, Free Press, 1989, 220 pages.

GIESBERT, Franz-Olivier. *La Tragédie du président, Scènes de la vie politique 1986-2006*, Paris, Flammarion, 2006, 767 pages.

GISCARD D'ESTAING, Valéry. *Le pouvoir et la vie*, Paris, Compagnie 12, 1991, 794 pages.

GOLDENBERG, Eddie. *Comment ça marche à Ottawa*, Montréal, Fides, 2007, 398 pages.

GRINT, Keith. *Leadership. Classical, Contemporary and Critical approaches*, Oxford : Oxford University Press, 1997, 385 pages.

HERSEY, Paul, BLANCHARDET, Ken et D. JOHNSON, *Management of Organizational Behavior: Leading Human Resources*, Upper Saddle River, NJ, Pearson Education., 2008, 550 pages.

LUDWIG, Arnold M. *King of the Mountain: The Nature of Political Leadership*, Lexington, The University Press of Kentucky, 2002, 496 pages.

LUKES, Jeffrey S. *Catalytic Leadership: Strategies for an Interconnected World*, San Francisco, 1997, 304 pages.

MARTIN, Paul. *Contre vents et marées*, Montréal, Fides, 2008, 524 pages.

PRESTON, Thomas. *The President & His Inner Circle, Leadership Style and the Advisory in Foreign Affairs*, New York, 2001, 347 pages.

REJAI, Mostafa et Kay PHILLIPS, *Leaders and Leadership: An Appraisal of Theory and Research*, Westport, CT, Praeger, 1997, 127 pages.

ROUSSEL, Eric. *Charles de Gaulle*, Paris, Gallimard, 2002, 1034 pages.

SELDON, Anthony. *Blair*, London, 2005, 670 pages.

STOTHARD, Peter. *30 jours au coeur du système Blair*, Paris, Saint-Simon, 2003, 314 pages.

THÉORET, Yves et André-A LAFRANCE, *Les Éminences grises à l'ombre du pouvoir,* Montréal, Éditions Hurtubise, 2006, 329 pages.

TREIBER, Hubert. « La « sociologie de la domination » de Max Weber à la lumière de publications récentes », *Revue française de sociologie*, 46-4, 2005, 871-882

Troisième partie

Contextes

Chapitre 6

Enseigner le Moyen-Orient de façon appliquée : remarques, observations et solutions

Par Sami Aoun

Introduction

L'enseignement d'un cours sur le Moyen-Orient est un enseignement multidisciplinaire qui nécessite la transmission de connaissances traversant plusieurs disciplines (sociologie, politique, religion... etc.). Donc pour enseigner un cours sur le Moyen-Orient aux étudiants originaires et non originaires de l'espace moyen-oriental dans une Université occidentale, selon les approches et les méthodologies des sciences humaines et sociales modernes, plusieurs obstacles relatifs à la région du Moyen-Orient, à son histoire et à ses caractéristiques politico-religieux propres, doivent être mis en exergue pour les mettre au clair et, par la suite, les dépasser dans les exposés et l'analyse.

Premièrement, il faut savoir que cet espace moyen-oriental se définit comme une région autrefois soumise à la domination occidentale notamment européenne. En effet, la période coloniale qui s'accentue au XXe siècle divise la région en plusieurs nouveaux États. Les pays arabes et musulmans acquièrent successivement leurs indépendances : l'Égypte en 1922, l'Irak en 1930, la Syrie et le Liban en 1943. Ailleurs, l'Indonésie, un pays musulman, devient indépendante à son tour. La période coloniale dans la région prend fin en 1962 avec l'indépendance de l'Algérie, laissant derrière elle une région affaiblie où subsiste cependant l'espoir de construire des États sur des structures modernes fortement inspirées par le modèle européen. Cette période d'accession à l'indépendance en est une de construction des États nationaux. Or, à partir de 1948, la région doit faire face à l'État d'Israël soutenu par les États occidentaux. L'échec devant Israël et l'impossibilité de bâtir des États démocratiquement viables conduisent l'espace musulman à « expérimenter » des idéologies importées principalement de l'Occident : du nationalisme (avec sa variante promue par le charismatique Président égyptien Nasser – mort en 1970 –) au socialisme (surtout celui du parti Baath en Syrie et en Irak), en passant par le libéralisme mal appliqué. L'échec de toutes ces idéologies contribue à la naissance d'un courant religieux, l'islamisme (modéré ou extrémiste), qui parlera au nom des populations désabusées par la crise généralisée et par l'impasse qui marque la période postindépendance. Cet islamisme lui-même va être dépassé par l'ébullition de l'actuel printemps arabe relativement apolitique. Cette région est perçue aussi comme un terrain de rivalités entre les puissances protagonistes (USA/URSS, USA/Chine/Russie/Europe). D'où les malheurs de la géopolitique du Moyen-Orient, un acteur faible sur l'échiquier international et qui manque de génie pour mettre fin à ses conflits.

En fait c'est une région qui fascine par son histoire et ses richesses, mais qui fait peur aussi, car pourvoyeuse de violence sectaire et même transfrontalière. Toutefois, malgré tous ses atouts, la région reste captive d'une économie rentière et dépendante économiquement et politiquement des grandes puissances, et où le gaspillage des richesses, le despotisme et l'autoritarisme règnent et gouvernent. En plus, c'est une région de tous les contrastes où la démocratie cherche son chemin devant le phénomène de l'islamisation dans des foyers des troubles. Enfin, c'est une région à la quête de son État moderne, dans une dialectique qui oppose lamentablement des États policiers monstres à des sociétés éclatées monstrueuses. Dans un autre volet, il y a en présence des gouvernements islamiques et laïques. Une région avec des États où persistent des loyautés sous-étatiques, qui favorisent encore un ordre tribalo-clanique, patriarcal et confessionnel, l'effritement identitaire et la faiblesse du lien citoyen.

I - Les obstacles anthropologiques : Le cas des droits de l'Homme

Enseigner le Moyen-Orient, c'est avant tout mettre en évidence les différentes résistances qu'opposent les discours savants moyen-orientaux face à l'universalisme des fondements de la modernité occidentale. Dans le contexte de la mondialisation, la notion de la « spécificité culturelle » propre à la culture musulmane est de plus en plus renforcée. Les défenseurs de la spécificité culturelle se défendent en avançant que l'Occident est responsable des crises des pays arabo-musulmans. Il n'est pas étonnant de voir l'analyse critique des problèmes dans cette région du monde s'éclipser. Cela tout en laissant place, soit à une littérature de victimisation et soit à la mentalité du complot. En fait, il est plusieurs domaines où la spécificité identitaire ou culturelle est mise de l'avant. Le premier domaine dans l'espace moyen-oriental, où la réticence est manifestement déclarée est celui des droits de l'homme ou des droits de la personne. À cet égard, les pays arabes peuvent être répartis en trois catégories en termes de respect des droits de l'homme, surtout eu égard aux liens entre la citoyenneté et la religion. La première catégorie représente les États qui bafouent la Déclaration universelle des droits de l'homme, en particulier le droit à l'égalité, la liberté d'expression, de pensée, de conscience et de religion... etc. La deuxième catégorie manifeste solennellement son respect des droits de l'homme, mais en fait, exerce des actes de répression contre ses citoyens (surtout les opposants politiques et membres des communautés religieuses minoritaires). La troisième catégorie est constituée des pays qui ont leur propre approche des droits de l'homme, différente et singulière. Ces pays bannissent les droits politiques, mais en échange essaient de doter leurs citoyens de droits sociaux et économiques.

En sus, la notion de « spécificité culturelle » devient un outil efficace pour légitimer la tyrannie dans l'espace musulman. Ainsi, tout peut être expliqué et justifié par la « spécificité culturelle ». Le statut inférieur de la femme est maintenu au nom de la « spécificité religieuse », tandis que la liberté menace l'identité culturelle musulmane, en ouvrant la porte aux homosexuels, bannis religieusement. Les conflits entre l'interprétation classique et traditionnelle de la *Charia*[296] et les droits de l'homme sont multiples : l'institution de l'esclavage, la situation inférieure de la femme, la polygamie, l'âge du mariage des filles, le principe de la liberté de culte, etc.

1- La question de l'esclavage :

L'islam n'ignore point l'institution de l'esclavage et le *Coran* contient des règles pour le traitement des esclaves. Il n'interdit pas l'institution de l'esclavage, mais il fait de la libération d'un esclave un acte méritoire. D'ailleurs, cette institution dominait le mode de vie préislamique et l'avènement de l'islam n'a pas permis de l'abolir carrément. Toutefois, les règles de la *Charia* contiennent des dispositions qui ont beaucoup aidé la libération des esclaves.

2- La question des châtiments corporels :

Les châtiments corporels (*houdoud*) sont prescrits explicitement par la *Charia*. Il n'est pas possible de les ignorer, bien qu'ils ne

---

[296] *Shari'a (ou Chari'a).* Littéralement, voie ou chemin. La traduction française communément retenue est « loi islamique ». Ce terme désigne l'ensemble des préceptes islamiques, qui codifient et orientent le comportement du musulman ; il englobe aussi l'eschatologie musulmane. Pour les théologiens, la *Shari'a* constitue l'ensemble des principes généraux de la loi islamique issus du Coran et de la *Sunna* [La « règle de conduite » *du Prophète, ses paroles et ses actes et, plus généralement, les enseignements dispensés et les cas exemplaires de sa vie.*].

correspondent plus à l'opinion ou à la morale de la majorité des musulmans (vu l'évolution des mœurs à travers le temps). Bien plus, des interprétations nouvelles du *Coran* et de la *Charia*, avancent que la preuve de l'adultère – ou de tout autres crimes – est définie de telle façon qu'il est presque impossible d'en remplir toutes les conditions (quatre témoins, position, etc.). Par conséquent, comme le soutient le penseur marocain Mohamed Abed al-Jabri, ces peines corporelles inapplicables servent plutôt de dissuasion symbolique.

3- La question des femmes :

La discrimination envers la femme dans la *Charia* n'est pas compatible avec les droits de l'homme, d'autant que certains aspects de cette discrimination ne sont plus acceptés, ni dans les interprétations modernes de la tradition religieuse ni dans la vie quotidienne. Par exemple, la polygamie est rejetée par beaucoup de musulmans.

4- La liberté religieuse des non-musulmans et des apostats :

La discrimination envers les non-musulmans (les chrétiens et les juifs) était institutionnalisée, jusqu'à la chute de l'Empire ottoman, par le statut de *dhimmi* (protégé) accordé aux juifs et aux chrétiens. Le statut de *dhimmi* a, par la suite, été abrogé ou fortement ébranlé par la propagation des idées républicaines européennes d'égalité citoyenne dans l'ensemble des pays musulmans. En fait, cet obstacle de la spécificité rejoint l'obstacle de l'illusion du savoir, du savoir polémiste, du militantisme nostalgique (idéalisé et fantasmé) chez certains des étudiants originaires de l'espace moyen-oriental sous l'emprise de l'islamophobie ou son opposé, soit la fascination. De l'autre côté, la mentalité de victimisation et du complot. D'où, la nécessité de former les esprits à la critique plutôt qu'à l'apologie et au relativisme culturel.

II - Survol des obstacles méthodologiques :

En plus de cet obstacle de type anthropologique, d'autres relevant de la méthode doivent être expliqués par souci pédagogique :

A- *L'universalisme et le particularisme :*

En effet, le problème se pose quand des concepts perçus en Occident comme universels sont rejetés au nom d'une spécificité religieuse ou culturelle. En outre, il faut prendre en compte tout un lexique qui fait partie de la culture arabo-musulmane.

1- Le glossaire universel qui devient particulier et pollué (Almaniya = laïcité, comme exemple)

Le principe de séparation entre l'État et la religion est la base de la modernité. Concernant le débat musulman sur la laïcité, il se divise entre le rejet total de la notion en la projetant comme antireligieuse et athéiste et une autre tendance qui considère la laïcité comme respectueuse de la liberté religieuse. Ce genre de la laïcité comme il est promu par des tendances musulmanes se contente de la neutralité de l'État à l'égard de la religion. Mais ce qu'il faut souligner, c'est l'émergence de la notion de la laïcité dans certains discours et écrits islamistes comme concept interdit puisqu'il est occidental et importé. En effet, dans les cercles islamistes, la laïcité est un athéisme, au meilleur des cas, elle est en conflit avec la religion musulmane. La thèse de « l'Islam est à la fois religion et État » revient toujours comme un leitmotiv dans les écrits de ce courant.

Le prédicateur islamiste Youssef Al Qaradaoui, par exemple, avance dans une étude comparative entre l'islam et la laïcité que cette dernière est en contradiction avec l'Islam, et ne peut réussir dans ses terres étant donné que l'idée augustinienne des deux cités (céleste et terrestre) n'a pas de place dans le système symbolique islamique où tout est religieux : l'État et la Société[297]. D'un autre côté, Al Qaradaoui avance que si la laïcité accepte l'Islam en tant que relation entre un être et son Créateur, l'Islam, lui, dans sa « terre » (*Dar Al Islam*) ne permet pas qu'il soit juste toléré et permis par des lois positives. Ainsi pour l'intellectuel traditionaliste, l'islam, en tant que système de valeurs, demande un culte et une vénération sur son terrain. Son dogme se veut âme de la vie, et essence de l'Être. En sus, les fondements de la laïcité récusent l'appartenance à la communauté musulmane, basée sur le système islamique des croyances, et lui substituent la nation, le sang, la terre…etc. Alors que le dogme en Islam transcende toute autre notion susceptible de jouer ce rôle. Cela étant, il est à préciser que ce courant, en refusant le principe de la laïcité, en général, ne s'investit guère dans la critique rationnelle du concept. Nonobstant, il se positionne idéologiquement pour faire face à tout ce qu'il voit comme danger pour sa spécificité culturelle et religieuse.

Ce refus catégorique par la pensée islamiste de la notion de la laïcité, s'accentue chez certains penseurs par la tendance idéologique, certes, d'identification de la laïcité à l'athéisme par d'aucuns, et au colonialisme occidental ainsi qu'à l'hégémonie de l'élite arabo-musulmane occidentalisée par d'autres. Faute d'une critique scientifique islamiste, de l'échec du processus de laïcisation dans la pensée arabo-musulmane, toute référence au système laïc est perçue comme un danger pour la spécificité religieuse et culturelle. Cela étant, force est de noter que la sortie du paradigme religieux dans une perspective laïque s'est posé avec perspicacité aux intellectuels arabo-musulmans. Trois courants, ayant essayé de trouver une solution au problème posé, peuvent être mis en exergue –toujours par souci pédagogique –. Le premier propose de rompre carrément

---

[297] Y., AL QARADAOUI. *At-tatarrouf Al-'ilmanï fi mouwajahat al-islam* [l'intégrisme laïc face à l'islam], Dar As-chourouq, 2001.

avec la tradition et s'inscrire dans le paradigme moderniste, tel qu'il a été élaboré en Occident. Le second envisage une renaissance et un renouvellement de cette tradition arabo-musulmane avec les mécanismes de cette tradition sans tenir compte de ceux de la modernité occidentale, qui est considérée comme inadéquate en terre d'Islam. Le dernier prône une modernisation selon l'expérience et les règles occidentales, mais de l'intérieur de la tradition arabo-musulmane. Si les deux premiers courants ne posent guère de contradictions, au moins au niveau épistémologique, se situant entièrement soit dans un paradigme soit dans l'autre, le dernier, qui se veut conciliateur, présente des difficultés de cet ordre. En effet, ce courant trouve du mal à transposer la notion de laïcité dans le champ paradigmatique arabo-musulman en lui trouvant une référence ou un antécédent dans ce même champ. Le terme même est vaguement traduit en arabe et par plusieurs vocables (*'Ilmania* : relatif à *'Ilm* [science]) (*'Almania* : relatif à *'Alam* [monde]). Parfois la traduction dépasse la notion établie en Occident pour englober d'autres notions voisines ; telles la démocratie, la rationalité, la liberté, etc. Ce qui prouve que la laïcité en tant que notion occidentale est encore obscure et difficilement introduite dans la culture musulmane, fondée essentiellement et historiquement sur la religion comme vecteur identitaire.

Ceci étant, et généralement le concept de la « laïcité » dans la culture musulmane reste emprisonné dans le champ politique, et se traduisant chez certains leaders politiques arabes dans leur combat contre la religion et l'endiguement de son pouvoir et son influence dans la société. Et toujours est-il que même chez la plupart des penseurs laïcisants, la laïcité se veut un écartement de la religion musulmane, un facteur fondamental de la spécificité culturelle musulmane.

2- Les ambigüités des termes (la Umma, le Jihad... etc.)

Une des difficultés majeures de l'enseignement de l'espace moyen-oriental, c'est la définition du monde islamique :

> L'ensemble cohérent de pays et de régions où les musulmans forment au moins une partie importante de la population. On peut distinguer, à l'intérieur de cette entité, un «bloc d'États musulmans» c'est-à-dire d'États indépendants à majorité musulmane, ce bloc forme en réalité deux groupes cohérents inégaux, le groupe malayo-indonésien séparé du groupe que forme tout le reste par une vaste région (Inde, Birmanie, Thaïlande, etc.) où l'Islam est en minorité. Ce dernier groupe enserre deux îlots : Israël à majorité non musulmane et le Liban à moitié chrétien ou à faible majorité non musulmane, mais où l'égalité fictive des confessions est postulée (plus Ceuta et Melilla chrétiens et espagnols). Les parties du monde musulman en dehors du bloc des États musulmans peuvent être tenues pour une frange extérieure de celui-ci[298].

Cette définition donnée par Rodinson en 1972 reste plus ou moins valable pour le monde musulman aujourd'hui, même si on trouve chez d'autres auteurs une définition plus large dépassant le cadre géographique. En effet, Abdelhadi Boutaleb stipule :

> Avant toute considération géographique, économique, sociale, nous pouvons définir le monde islamique comme étant celui de la mission universelle de Mohammed. Son message s'adresse à l'humanité tout entière [...]. La communauté musulmane en charge de ce message est constituée des groupes de musulmans établis à travers le monde et unis par la révélation mohammadienne[299].

---

298 M. RODINSON. *Marxisme et monde musulman*, Paris, Seuil, 1972, p. 26.
299 A. BOUTALEB. *Le monde islamique et le projet du nouvel ordre mondial*, Paris, PUF, 1995, p. 55

Ce qui rejoint ici la notion de la Umma, qui est un terme coranique désignant la communauté des musulmans *(Ummat al Islam,* parfois *Ummat Muhammad)* prise dans son ensemble, dans le monde entier. Il est parfois traduit par « nation» (connotation politique) ou « communauté » (aspect religieux et culturel). Pratiquement, on peut dire que le monde musulman actuel est formé par tous les pays adhérents à l'*Organisation de la conférence islamique* (OCI). Cette dernière compte 57 États[300]. Et d'après sa charte de 1972, ses principaux buts sont la consolidation de la solidarité islamique entre les États membres ; la coopération entre les États membres dans les domaines économiques, sociaux, culturels et scientifiques ; l'action pour sauvegarder les lieux saints, etc.

Cela étant, un autre terme qui prête à l'amalgame chez les étudiants est celui du Jihad. Le terme *jihad* est amplement utilisé par les médias pour désigner un vecteur mobilisateur des mouvements islamistes contemporains, qui prônent la guerre ouverte contre l'Occident en général et spécialement les États-Unis. En effet, depuis le 11 septembre 2001, toute une littérature a vu le jour, débattant du sujet sans pour autant mettre en exergue les différents points de vue des penseurs de la sphère musulmane qui ne sont guère consensuels en dépit de l'utilisation du même référentiel théologique et juridique.

Certes, un détour par l'origine du mot *jihad* s'impose à des fins pédagogiques soit pour les étudiants d'origine moyen-orientale ou autre. Étymologiquement, le mot arabe *jihad* veut dire « effort accompli en vue de la réalisation d'un objectif ». Et généralement la théologie mu-

---

[300] Ces États sont: Afghanistan, Albanie, Algérie, Arabie saoudite, Azerbaïdjan, Bahrain, Bangladesh, Bénin, Brunei, Burkina-Faso, Cameroun, Comores, Côte d'Ivoire, Djibouti, Égypte, Émirats arabes unis, Gabon, Gambie, Guinée, Guinée-Bissau, Guyane, Indonésie, Iran, Iraq, Jordanie, Kazakhstan, Kirghizstan, Liban, Libye, Malaisie, Maldives, Mali, Mauritanie, Maroc, Mozambique, Niger, Nigeria, Koweït, Oman, Pakistan, Palestine, Qatar, Sénégal, Sierra Leone, Somalie, Soudan, Suriname, Syrie, Tadjikistan, Tchad, Togo, Tunisie, Turquie, Turkménistan, Ouganda, Ouzbékistan, Yémen.

sulmane distingue le « grand *jihad* » et le « petit *jihad* ». Le premier doit être mené par le musulman en vue d'une purification spirituelle en suivant rigoureusement les enseignements de Mahomet et en modelant rigoureusement son agir sur celui du prophète de l'Islam. Cette étape est préalable à l'instauration de la prédominance de l'Islam dans le monde par les *foutouhat* (conquêtes). Depuis le début du XXe siècle, la primauté est donnée à cette forme du *jihad* dans la mesure où la décadence du monde musulman l'a placé sous la domination des puissances étrangères. En effet, devant la nécessité d'opérer un redressement interne à l'*Umma* par un retour aux sources pures de l'islam, le *jihad* apparaît comme la condition nécessaire pour échapper à l'emprise de la tutelle étrangère. Cela étant dans le contexte actuel, on peut dire qu'*a priori* les mouvements islamistes jihadistes sont similaires, eu égard à leur référentiel religieux commun. Ces mouvements se distinguent pourtant par la relation qu'ils établissent entre leur projet intellectuel, politico-social et guerrier et les principes ainsi que les bases de la religion musulmane. Il est à noter que chaque mouvement croit en la véracité de son projet et la concordance de ce dernier avec les préceptes de l'Islam. Tous ces mouvements jihadistes ont cependant un point essentiel commun, ils sont d'accord pour considérer la situation actuelle du monde musulman comme similaire à celle de la petite communauté musulmane durant les premières années de La Mecque au temps des persécutions (611-622). On peut diviser les mouvements jihadistes en trois grands courants :

- *Les mouvements jihadistes locaux* : pour eux, la première étape est celle de la guerre sainte menée à l'intérieur de leurs pays respectifs. L'ennemi, ce sont les gouvernements et le pouvoir en place dans les pays musulmans.

- *Les mouvements séparatistes* : en général, ils se situent au sein des minorités musulmanes dans les pays non musulmans. Il est à préciser qu'ici le concept du *jihad* contre l'ennemi non musulman interfère avec les notions d'indépendance et du droit des peuples à disposer d'eux-mêmes.

- *les mouvements jihadistes internationaux* : ils appliquent la notion du *jihad* contre ceux qui, selon eux, constituent une menace et un danger pour l'Umma musulmane.

Généralement, la violence chez ces groupes puise ses fondements dans des lectures théologiques rigoristes du texte sacré dont les interprétations s'appuient sur plusieurs facteurs comme l'excommunion (*takfir*) des dirigeants musulmans qui ne gouvernent plus selon les principes de la *Shari'a* et se rallient à l'Occident « mécréant » ; l'excommunion des minorités non musulmanes ; et la prise pour cible des civils étrangers puisque leurs pays sont en guerre contre l'Islam.

D'un autre côté, la confusion autour du concept du *jihad* est au centre des préoccupations des érudits et des penseurs contemporains du monde musulman. En dépit de l'émergence de cette notion chez les groupes jihadistes, la plupart des *Ulémas* de l'Islam semblent avoir implicitement admis que le *jihad* conçu comme une guerre perpétuelle est désuet étant donné qu'il est actuellement contraire à l'intérêt général des musulmans.

B- *Les défis du monolithisme*

Après une période de stabilité, l'Empire ottoman traversa une période de léthargie. Au 19ᵉ siècle, des mises en forme ou les *tanzimats* n'ont pas réussi à rattraper le retard qui se creusait entre l'empire et la culture européenne montante. L'Europe s'impose sur la destinée du dernier califat. La dislocation se fait à grands pas. La Grèce a déclaré son indépendance en 1822 et l'Égypte sous Mehmed Ali (1811-1849) a obtenu une large autonomie. En même temps, les Européens prennent pied dans le foyer de l'Islam, les territoires ottomans tombent sous l'occupation des Européens (Algérie 1830, le Yémen 1831, la Tunisie 1881, l'Égypte 1882). Ce grignotement de l'Empire ottoman se poursuit par la Révolution arabe en1916 et des accords de Sykes-Picot pour l'Asie Mineure aussi en 1916 entre la France et la Grande-Bretagne, et la déclaration de Balfour en 1917 pour la création d'un foyer national juif en Palestine. Sous l'influence du nationalisme turc et du pantouranisme est annoncé la fin du sultanat en 1923 et la fin de l'ère califale en 1924. Depuis, la civilisation musulmane a été privée de l'institution califale, symbole de son unité et sa puissance. Pourtant, l'imaginaire arabo-musulman reste hanté par le monolithisme et la suprématie de sa culture sociopolitique.

Toutefois, même en Occident, on s'interroge académiquement sur l'Islam sans prendre en considération toutes ses évolutions diverses et plurielles, qu'elle soit politique, théologique ou philosophique. Entre autres, les interrogations suivantes revêtent un caractère d'urgence : L'Islam est-il porteur de dialogue ou de violence (contre l'Autre ou contre soi) ? L'Islam est-il porteur de valeurs incompatibles avec celles qui fondent l'espace culturel occidental ? L'Islam tolère-t-il une autre lecture que celle des intégristes et des traditionalistes ? La lecture libérale et non littérale du texte sacré peut-elle trouver un fondement dans ces textes eux-mêmes ou constitue-t-elle une entorse pouvant entraîner un rejet ou une élimination de la religion ? Peut-on trouver un fondement à la laïcité en Islam ?

a - *Le Dialogue islamo-chrétien. Les obligations manquantes de la modernité*

En fait, la vision du dialogue n'est guère différente de la vision islamique du dialogue (*al-Hiwar*) avec les autres religions ou croyances religieuses, athéisme y compris. Tel est en effet la signification de la sourate « La Caverne », qui relate l'histoire de deux hommes dont les convictions religieuses sont diamétralement opposées, mais qui réussissent à « dialoguer » (*al-Kahf,* La Caverne, 32-42). Dans l'histoire de la civilisation arabo-musulmane, cependant, et en dépit de l'idéal de liberté religieuse sur lequel ce projet de dialogue repose, la mémoire islamique a surtout retenu les approches apologétiques transgressant le principe de la compréhension de *l'Autre* et cédant à la polémique doctrinale. En réalité, plusieurs discours plus ou moins idéologiques sous-tendent le dialogue des religions. Il n'est point de dialogue « pur » ou idéal typique. Distinguons, à titre d'exemple, plusieurs types de discours :

- *Le discours éthique*, s'articulant sur l'échelle des valeurs morales et sur les codes éthiques des religions, et qui met l'accent presque totalement sur les valeurs partagées par les interprétations dominantes de la moralité religieuse.

- *Le discours consensuel*, propre à la sphère islamo-chrétienne, et qui est en quête de convergences et de correspondances doctrinales, rituelles et dogmatiques. Dans l'élaboration des consensus, les divergences sont aplanies, aseptisées ou même ignorées.

- *Le discours institutionnel* est celui des institutions religieuses officielles (tels le Vatican ou le Conseil des Évêques pour les catholiques romains) ou officieuses comme l'Université d'Al Azhar au Caire. La pierre d'achoppement du discours institutionnel est sa dépendance quasi totale du climat politique.

- *Le discours fondamentaliste*, qui se fonde sur l'idéal sacré en lui appliquant une interprétation littérale. Ce dialogue part des exégèses traditionnelles pour adapter le nouveau contexte au texte sacré. Il ne cherche ni les points de convergence ni les points de divergence avec *l'Autre*. De fait, il ressemble au discours missionnaire.

- *Le discours missionnaire*, qui cherche à influencer *l'Autre*. Les difficultés de ce discours résident non seulement dans sa confusion entre dialogue et prêche, mais aussi dans sa difficulté à concevoir une relation harmonieuse avec *l'Autre*.

Cela étant, le christianisme et l'Islam, plus particulièrement et malgré leurs racines abrahamiques, divergent en effet sur plusieurs dogmes de foi tels que l'unicité de Dieu, la Trinité, les « Beaux Noms de Dieu », la prophétie de Mohamed, la crucifixion de Jésus et l'authenticité des livres sacrés. Malgré les appels sincères au dialogue, les tentatives de rapprochement doctrinal n'ont pas atteint le seuil de la compréhension et de la reconnaissance mutuelle de la véridicité des uns et des autres. Certainement, le rapprochement islamo-chrétien est ancien, mais les divergences s'approfondissent encore, du fait que chaque religion prétend monopoliser la voie du salut à l'exclusion des religions concurrentes.

b- *Le concept de la* shûrâ *peut-il fonder une démocratie moderne :*

La religion musulmane se définit elle-même comme un ensemble d'obligations comme la prière, l'aumône, le jeûne, etc. La démocratie, par contre, se définit dans son sens le plus large, comme un ensemble de droits. Toujours est-il que dans la culture arabo-musulmane, la notion de démocratie est généralement liée au concept de la *shûrâ* (concertation). Le terme de *shûrâ,* dont la traduction française la plus proche serait « consultation » et « concertation », figure dans deux versets coraniques seulement[301]. En outre, il est clair que les tentatives pour trouver un antécédent au concept de la démocratie dans les pratiques du prophète de l'Islam ne peuvent que s'avérer difficiles et peu précises. En effet, la conscience religieuse retient que les faits et dires du prophète Mahomet sont ordonnés par Dieu, parfois même concernant des évènements sur lesquels le prophète a consulté ses compagnons. Ultimement, le prophète a tranché ces affaires en s'appuyant seulement sur la « Révélation », par exemple lors du *pacte de Hudaibiya*[302] que l'histoire présente comme un ordre divin auquel Mahomet s'est soumis bien qu'il se soit concerté avec ses compagnons et que plusieurs d'entre eux aient refusé ce pacte.

En Islam, la notion de concertation est entourée de plusieurs autres aussi importantes. En effet, le slogan *La hakimya illa lilah* [La souveraineté n'appartient qu'à Dieu], qui date du milieu de la Grande Discorde (*fitna*) après la mort du deuxième calife de l'islam, Othman, en 655, faisait référence à la notion d'arbitrage. Mais on l'a extrapolé pour qu'il englobe aussi la notion du pouvoir ; il stipulait que nul n'avait le droit de laisser remettre en question les préceptes divins par des humains. Le courant islamiste contemporain qui reprend ce slogan aujourd'hui se base sur ce verset du Coran : « Et ceux qui ne jugent pas d'après ce qu'Allah a fait descendre, les voilà les mécréants. » (La Table, 44). Par ailleurs, la pensée islamiste contemporaine essaie de distinguer l'État religieux de l'État islamique. Le premier est fondé

---

301 Par exemple celui-là : «C'est par quelque miséricorde de la part de Dieu que tu (Muhammad) as été si doux envers eux ! Mais si tu étais rude, au cœur dur, ils se seraient enfuis de ton entourage. Pardonne-leur donc, et implore pour eux le pardon (de Dieu). Et consulte-les à propos des affaires ; puis une fois que tu t'es décidé, confie-toi donc à Dieu, Dieu aime, en vérité, ceux qui Lui font confiance.» (« La famille d'Imran », 159)

302 Hudaibiya : lieu célèbre près de La Mecque, où fût conclu en mars 628, un traité entre le Prophète Mahomet et la tribu de Qoraish, qui empêchait ses compagnons d'effectuer le pèlerinage à La Mecque. Plusieurs compagnons du Prophète, dont Omar ibn Al Khattab, ont refusé le pacte quand ils ont compris que la tribu Qoraish serait victorieuse. Le prophète Mahomet a considéré ce dernier comme un ordre divin.

sur l'idée de Dieu comme source du pouvoir alors que le second est fondé sur la notion de Dieu comme source du droit, le pouvoir étant généré par la communauté (*Umma*).

Après, il est légitime de se demander pourquoi la démocratie a échoué dans l'espace arabo-musulman. Il est évident que le premier obstacle à l'instauration de la notion de la démocratie, au moins dans son acception occidentale, dans la culture arabo-musulmane est le principe de la *bay'a* (allégeance) qui semble paralyser tout débat de fond sur les mécanismes démocratiques du pouvoir. En effet, plusieurs islamistes récusant la notion de la démocratie se réfèrent au Texte (*al-nass*) pour expliquer ce refus : « Celui qui rompt son acte d'allégeance trouvera Dieu le jour de la résurrection alors qu'il n'a aucun argument en sa faveur. Celui qui meurt sans s'être jamais lié par un acte d'allégeance (au chef légitime de la nation) meurt d'une mort païenne », ou « *Ô vous qui avez cru ! Obéissez à Dieu, obéissez au Messager et à ceux d'entre vous qui détiennent le pouvoir*» *(4/59).*

En outre, d'autres facteurs jouent contre l'instauration de la culture démocratique dans l'espace arabo-musulman. Parmi eux, on peut citer la structure même des sociétés arabes et musulmanes, qui ont hérité d'une longue tradition d'obéissance aux détenteurs du pouvoir. La culture fortement inscrite dans l'imaginaire arabo-musulman a entretenu cette obéissance depuis le noyau familial jusqu'aux plus hauts rangs de la hiérarchie sociale et politique. Certes les projets de modernisation dans l'espace arabe ont essayé de rompre avec cette tradition, grâce notamment à leurs programmes d'éducation nationale. Mais l'échec des États arabes devant les défis politiques, économiques et socioculturels a conduit à la faillite de la modernisation et, par conséquent, à la résurrection de la culture despotique qu'a connue l'espace musulman pendant des siècles conduisant à une exclusion mutuelle entre les composantes de la société. Ceci a largement favorisé l'acceptation par le simple citoyen des idées développées en dehors du cadre démocratique et explique en partie l'accession de la quasi-totalité des régimes arabo-musulmans au pouvoir par des canaux autres que ceux imposés par la démocratie. En fait, cette culture « non démocratique » est alimentée par des croyances religieuses sous-tendues par un texte (Coran et *hadiths*), dont l'exégèse est restée l'apanage d'une communauté restreinte (celle des *Ulémas ou les savants religieux*).

c- La condition de la femme en Islam

La condition de la femme musulmane, soit sur les plans de la liberté individuelle, de l'autonomie juridique et du pouvoir décisionnel, soit au niveau du respect de la dignité humaine ou de l'indépendance économique, pourrait être le révélateur par excellence de la nature de l'ordre social, politique et culturel d'un pays. On peut certes interpréter et évaluer le statut des femmes musulmanes selon les deux cadres référentiels, soit islamique et moderniste, ou selon l'un ou l'autre seulement. Dans tous les cas, l'accès des femmes aux postes ou le partage des droits réservés traditionnellement aux hommes dans l'espace musulman n'atteste guère du niveau d'avancement économique et culturel d'une nation. Cependant, le fait de dénier cet accès aux femmes atteste du caractère rétrograde du système en place.

Les différentes questions concernant la femme en Islam constituent la pierre angulaire de la controverse (doctrinale certes, mais fréquemment politisée), entre traditionalistes et modernistes dans l'espace musulman. En effet, les lectures sont nombreuses et parfois contradictoires, mais les sources de la majorité d'entre elles sont les textes sacrés qui, en grande partie, demeurent le référentiel avec lequel il faut composer. Cela étant, une difficulté importante peut être relevée dans la lecture d'un texte tel le Coran, soit le risque de trahir le sens d'un verset quelconque quand on ne tient pas compte du contexte historique et surtout de la dimension linguistique. Aussi, de nouvelles lectures du Coran ont-elles vu le jour ces dernières années, gagnant de plus en plus le terrain des interprétations du texte sacré. Elles se veulent des alternatives à l'herméneutique fondamentaliste.

D'un autre côté, la société occidentale a du mal à accepter de tels idéaux *a priori* contraires aux caractéristiques de la modernité et des droits de l'homme, tels qu'ils sont esquissés dans les différentes déclarations depuis 1789. D'ailleurs, c'est au nom de cette laïcité qu'en mars 2004, une loi (appelée parfois « loi sur le voile islamique ») a été votée par le parlement français. Elle interdit le port de tout signe religieux « ostentatoire », ce qui inclut le voile islamique, la *kippa*, et les grosses croix dans les lycées publics. Au-delà de la difficulté d'application de cette loi et des situations contradictoires qu'elle peut générer, l'affaire du foulard et ses conséquences législatives ont révélé les problèmes liés à la pratique de la religion islamique dans la société occidentale et, par ricochet, celui de l'intégration des communautés religieuses en Occident. La loi française sur le foulard islamique a suscité de nombreux débats entre érudits arabo-musulmans, dont on peut distinguer quatre tendances principales :

- *Le courant des intellectuels laïcisant* regroupe tous les intellectuels dits modernes, libéraux ou marxistes qui refusent toute allusion aux textes religieux. Ils inscrivent leur point de vue dans le paradigme de la modernité occidentale, dont la laïcité constitue le fondement.

- *Le courant islamiste radical :* en général, ce courant considère que la décision française s'inscrit dans le cadre de la guerre menée par l'Occident chrétien contre l'Islam.

- *Une mouvance islamique dissidente :* ce courant regroupe des docteurs de la Shari'a islamique renommés, tel que l'ancien Imam de la mosquée Al Azhar Sayyed Tantaoui, a postulé la nécessité de la femme musulmane de se conformer aux lois de son pays hôte.

d- Crise des Fatwas ou crise de culture

L'autre point à mettre en évidence, c'est le phénomène de la prolifération de la fatwa (édit religieux), face auquel le monde musulman fait face de plus en plus. Ces fatwas occupent l'espace médiatique dans les pays musulmans, sur les chaînes locales et satellitaires, la presse écrite et les radios, sans oublier Internet. La prolifération des fatwas pose l'interrogation sur le malaise dont souffre la raison islamique. Cette dernière essaie de se concilier avec les exigences de la modernité et ses acquis, comme composante, qui permet à l'Islam de s'affranchir des pièges posés par l'instrumentalisation idéologique des fatwas, d'une part et la médiocrité de la maîtrise des mécanismes des sciences religieuses islamiques, d'autre part.

La confusion dans le domaine d'émission des fatwas peut être expliquée partiellement par le fait qu'en Islam, le politique est fondamentalement lié au religieux. Ceci est largement mis en exergue par l'histoire de la pensée politique arabo-musulmane. L'effort théorique des *Fouqahas* (spécialistes du *Fiqh*[303]) est resté depuis le début de la formation de la raison politique arabo-musulmane, pénétré de l'idée de la conciliation entre le religieux et le politique.

---

303 Fiqh. Littéralement, la compréhension et le savoir. Science du droit islamique constitué à partir du VIIIe siècle. Dans le monde sunnite, il existe quatre écoles fiqhistes dites juridiques : hanafite, malikite, shafi'ite, hanbalite, du nom de leurs fondateurs respectifs, Abou Hanifa (699-767), Malik (env. 715- env. 795), Shafi'i (767-820) et Ibn Hanbal (780-855). On considère souvent que l'existence de ces écoles en islam est une preuve de l'élasticité du droit musulman. Pour le chiisme (ou shi'isme), l'école jaafarite [du nom de Jaafar Sadek (699-765), le sixième imam du chiisme duodécimain], le Fiqh comporte deux grands domaines qui nécessitent des approches différentes : Al-'ibâdât, les pratiques religieuses et Al-mou'âmalât, les affaires sociales.

La confusion du religieux dépasse le politique, pour atteindre le socioéconomique, voire même le mode de pensée. Pour mieux saisir la question, il faut noter que le fond de cette problématique de la cacophonie des fatwas est fondamentalement culturel. En effet, le discours culturel arabo-musulman[304] côtoie difficilement ou maladivement l'idée de la modernité et de la civilité. La culture dans cette région du monde est nourrie dans les sérails du religieux, et n'est guère diversifiée. Elle écarte toute idée non issue de la religion. Toute notion étrangère au *Fiqh*, élaborée dans cet espace du monde arabo-musulman, est perçue comme étrangère à l'Islam. C'est dans cette perspective qu'il faut comprendre le rôle prépondérant du *Faqih* ou le *Cheikh* dans la vie politique, sociale et culturelle dans cette région.

Il est clair que l'idée centrale qui constitue le vecteur directeur de toutes ces fatwas est de montrer que l'islam est une religion complète et achevée depuis son apparition. Dans cette perspective, le Coran et la Sunna constituent ainsi un pouvoir et un référentiel indépassables, à qui la raison arabo-musulmane doit se soumettre. Ceci donne au rôle du cheikh ou de l'imam dans la société musulmane une importance accrue même dans des domaines aussi complexes que les relations internationales ou les sciences. Il faut signaler qu'il est un autre aspect de la confusion dans le monde des fatwas, c'est l'existence, dans une même situation et sur un même sujet, deux ou plusieurs fatwas contradictoires et diamétralement opposées.

II- Les problèmes inhérents à la grille d'analyse et à l'interprétation pédagogique

Pour des considérations pédagogiques, il est intéressant de présenter les points de vue des acteurs (régimes, intellectuels) moyen-

---

[304] Surtout dans la région du Golfe arabe [notamment en Arabie saoudite] où ces fatwas sont émises et prises en considération partout dans le monde musulman.

orientaux. Pour illustrer la question, on prend l'exemple du Grand-Moyen Orient, idée émise par les néoconservateurs sous le mandat du président américain George Bush fils.

A - Les défis de la complexité de la carte géopolitique de la région moyen-orientale

Nul doute que l'importance de l'emplacement géographique de la région entourée de voies maritimes centrales (la mer Méditerranée, la mer Rouge, l'océan Indien, la mer Noire, la mer Caspienne, le golfe Persique, la mer d'Oman), aux frontières de l'Asie centrale, et la répartition géographique non uniforme du pétrole, en abondance dans cette région, sont une cause principale qui fait que le Moyen-Orient est situé dans un arc de crises et de conflits. Du coup, c'est toute cette région qui se trouve dans le collimateur des grandes puissances industrielles en Europe, en Asie et en Amérique du Nord, dont les besoins stratégiques et énergétiques ne cessent exponentiellement d'augmenter[305].

B- Le Moyen-Orient comme un champ de rivalités

C'est à la fin de la Deuxième Guerre mondiale qu'est apparu, d'une manière plus systématique dans le langage politique occidental – surtout américain –, cet ensemble géopolitique nommé « Moyen-Orient ». Il est plus directement issu des accords Sykes-Picot-Sazonov de 1916, qui ont enclenché le découpage de l'Asie Mineure entre les puissances européennes qu'étaient le Royaume-Uni, la France et la Russie. Le Moyen-Orient englobe ainsi :

- Trois grands pays périphériques : l'Égypte, dans la vallée du Nil, majoritairement arabo-sunnite, porte de l'Afrique ; l'Iran, anciennement le centre de l'Empire persan, majoritairement

---

305 Pour plus de détails sur cette section, voir S. AOUN, *Aujourd'hui l'islam : fractures, intégrisme et modernité*, Montréal, Médiaspaul, 2007, p. 31-35.

chiite et ethniquement diversifié (Persans, Azéris, Baloutches, etc.) ; la Turquie laïque, majoritairement sunnite et composée surtout de Turcs, de Kurdes et d'Alaouites ;

- Des pays centraux du Proche-Orient aux frontières récentes, qui ont connu plusieurs appellations, dont le Croissant fertile. Ces pays sont l'Irak, Israël, les territoires palestiniens, la Jordanie, le Liban et la Syrie ;

- Des États tribalo-claniques ou des pétromonarchies de la péninsule arabique ou de l'Arabie, berceau de l'Islam, qui se veut la première région pétrolière au monde. Ces pays sont l'Arabie saoudite, le Bahreïn, les Émirats arabes unis, le Koweït, le Sultanat d'Oman, le Qatar et le Yémen[306].

C- *Le Moyen-Orient comme un champ de ressources abondantes et humaines déficientes*

En dépit de ses richesses et même s'il recèle la majorité des réserves mondiales de pétrole et de gaz, on peut s'interroger sur la situation actuelle du monde musulman en termes de puissance. Par commodité, il est utile de traiter séparément, mais brièvement le monde arabe et le Moyen-Orient non arabe (Turquie, Iran).

1- Le monde arabe

Depuis l'indépendance, la population des États arabes s'est largement accrue sans que les ressources aient augmenté elles aussi. Et le territoire est le même, ce qui risque d'affecter sérieusement le rapport entre population et territoire. Qu'en est-il de la modernisation économique et technique ? En Asie arabe, comme au Machrek ou au

---

306 C., BARDOT, G. CROUZET et F. PERRIER. *Moyen-Orient et Maghreb : Histoire - Géographie - Géopolitique - Économie*, Paris, Pearson Education France, 2008, p. 7-9.

Maghreb, l'industrialisation reste faible et importée, privée en général d'une politique claire, et les industries pétrochimiques sont fortement freinées par les compagnies pétrolières et par le bloc européen qui protège ses marchés contre la concurrence. En fait, on peut parler d'un échec sensible de la modernisation économique et technique, et la faiblesse des chiffres dans tous les domaines témoigne à l'évidence des difficultés du monde arabe. Concernant le militaire, il est incontestable que les pays arabes sont parmi les plus gros acheteurs d'armes dans le monde. C'est au Moyen-Orient que les dépenses militaires ont connu la plus forte hausse. Ce qui pèse lourd sur les budgets de ces États.

2- *Le Moyen-Orient non arabe*

Les pays musulmans non arabes du Moyen-Orient ont connu, depuis le lendemain de la Deuxième Guerre mondiale, des évènements politiques importants comme l'avènement de la révolution islamique en Iran en 1979 et, depuis les années 1990, le retour en force des islamistes en Turquie. Pour ce qui est de la population totale de ces deux pays, elle dépasse les 150 millions d'habitants. Leurs territoires sont relativement vastes et riches en ressources naturelles. Concernant l'économie, la Turquie connaît une croissance annuelle significative. Or, le progrès économique et social ne touche qu'une partie de la population. L'Iran, par contre, est étouffé par une crise économique et sociale profonde. Ceci est dû, depuis 1980 essentiellement, au *Conseil de surveillance de la constitution* qui est devenu un instrument de blocage des réformes proposées par les parlementaires sous prétexte qu'elles violent les préceptes coraniques.

En ce qui concerne le militaire, nul doute que la première guerre du Golfe, qui a opposé l'Iran à l'Irak, a lourdement affaibli l'Irak et l'Iran. Toutefois, ce dernier a pu dépasser sa crise et mettre au point son armée grâce aux techniciens des anciens pays de l'Est, russes notamment. Il faut signaler au passage que l'Iran est dans la ligne de mire des États-Unis, et secondairement de l'Europe, à cause de son programme nucléaire. En effet, une puissance nucléaire hostile aux États-Unis dans la région n'est point désirable. Aussi risquera-t-elle de déstabiliser l'ordre régional et de le configurer en sa faveur. Quant à la Turquie, même si elle n'a pas connu de conflit majeur grâce à son armée et son armement, elle compte comme puissance régionale.

Enfin, en dépit de la crise économique et sociale interne, l'Iran et la Turquie veulent s'affirmer comme des puissances au Proche et au Moyen-Orient. Ils se considèrent comme des modèles pour les autres pays musulmans, en se référant à leur passé « glorieux », soit les séfévides pour l'Iran et l'Empire ottoman pour la Turquie. Mais aussi et surtout, dans le cas de l'Iran, grâce à la course à l'armement nucléaire.

D- Le Grand Moyen-Orient américain vu de l'autre côté

Comment ce projet a été décodé, et de la part des régimes du Moyen-Orient et de la part des intellectuels arabes, surtout ceux qui l'ont rejeté ? La plupart des régimes arabes ont accepté de s'engager dans le projet du Grand Moyen-Orient, soutenant que le partenariat entre l'Égypte, la Jordanie et Israël, en particulier, pousserait Tel-Aviv à honorer ses engagements pour la création d'un État palestinien. C'est cet engagement qui explique pourquoi certains régimes arabes dénoncent la poursuite de la lutte armée dans les territoires palestiniens.

Au départ, les régimes arabo-musulmans voyaient d'un bon œil ce projet du Grand Moyen-Orient en le considérant sous l'angle d'un partenariat économique et sécuritaire avec les États-Unis. Toutefois, ces régimes se sont montrés plus réticents à la suite des déclarations du président Bush qui mettait de plus en plus l'accent sur la démocratisation de leurs régimes. Plusieurs ont considéré le projet des néoconservateurs comme un retour de l'esprit colonialiste, qui avait par le passé restructuré et remodelé après la chute de l'Empire ottoman toute la région.

D'un autre côté, l'antiaméricanisme qui fait rage dans la culture politique musulmane est un phénomène complexe dans lequel se mêlent les intérêts des régimes et de leurs opposants. Le slogan *Al mout li* Âmrikâ (mort à l'Amérique en arabe ou *Marg bar Amrika* en persan) est un de ces slogans rassembleurs. Des interventions américaines dans la région ont contribué à nourrir ces sentiments hostiles. Cet antiaméricanisme est fondé sur le rejet et la haine primaire de tout ce qui est américain. Rejet et haine sans discernement qui occultent les relations historiques et les intérêts communs. Ce type de ressentiment est un mélange de narcissisme et d'arrogance permettant de s'affranchir de ses propres responsabilités. Ce genre d'antiaméricanisme apparaît comme un obstacle contre l'autocritique. En tout cas, cet antiaméricanisme ne pourrait jamais fonder une approche méthodologique critique et autocritique. Quoi qu'il en soit, cet antiaméricanisme, qui amalgame la critique des politiques et les options stratégiques américaines, et les propos méprisants à l'endroit des Américains en tant qu'êtres humains n'est guère utile. Pourquoi rejette-t-on le projet du Grand Moyen-Orient ? La réponse est unanime, parce que ce projet est dicté de l'extérieur ou par l'étranger et que toute réforme durable et légitime doit venir des forces vives des pays concernés. Cependant, le rejet inconditionnel du projet américain ne sera pas une solution tant qu'un projet de démocratisation endogène ne sera pas élaboré.

E - *Les logiques des guerres israélo-arabes et des guerres arabo-arabes*

Depuis la fin de la période coloniale au début des années 1960 et l'émergence de la puissance américaine comme relève de l'Europe coloniale, l'espace musulman est le théâtre de conflits avec de fortes tensions diplomatiques et idéologiques. Chaque conflit est à la fois caractérisé par ses dimensions économiques, ethniques et religieuses. Mais surtout, tout conflit est dû à des facteurs internes et externes à la fois d'où la difficulté de procéder à une classification claire. Plusieurs de ces conflits, qui se présentent comme une occasion de mobilisation des symboles identitaires et religieux, drainent les ressources et laissent des effets négatifs sur les projets de développement économique et social dans les pays du Moyen-Orient. En ce sens, les conflits les plus marquants sont les guerres israélo-arabes et les guerres du Golfe.

Le foyer de tension le plus médiatisé dans la région moyen-orientale depuis la fin de la Seconde Guerre mondiale reste sans contredit la question palestinienne, et les conflits israélo-arabes en découlant.

1- Les principales guerres israélo-arabes :

L'objectif en fait pour les étudiants serait de comprendre et critiquer les différentes positions des acteurs et de faire preuve de leur objectivité dans l'analyse de ce genre de conflits. Mais si la question peut être facile pour les étudiants non arabes, elle s'avère difficile pour les autres d'origine arabe ou juive. Tout dépend en fait du choix des termes et des évènements à mettre en lumière, en voici quelques exemples :

a - Guerre de 1948-1949 :

Au lendemain de la proclamation d'indépendance de l'État Israël, le premier conflit israélo-arabe éclate. Dès le 15 mai 1948, les armées arabes (de Transjordanie, d'Égypte et de Syrie) entrent en Palestine pour s'opposer au nouvel État israélien. Alors qu'au départ les combats étaient en faveur des pays arabes, les milices juives (Haganah, Stern et l'Irgoun) reprennent par la suite l'offensive. En 1949, les armées arabes sont vaincues et un armistice est conclu. Toutefois, la victoire israélienne n'est pas totale. En effet, les États voisins refusent de reconnaître les frontières de l'État hébreu exacerbant les tensions dans la région. Du côté arabe, la défaite de leurs armées va profondément marquer l'imaginaire arabo-musulman. Appelée la *Nakba* (catastrophe, en arabe), cette défaite remet en question l'ordre politique établi dans la région.

b - *La crise de Suez en 1956*

La crise du canal de Suez est un conflit ayant opposé l'Égypte à la Grande-Bretagne, la France et l'État d'Israël. En 1956, le président égyptien Gamal Abdel Nasser annonce la nationalisation du canal de Suez, après avoir interdit complètement la mer Rouge aux navires israéliens. Or, le canal de Suez constitue une zone stratégique pour les Britanniques, tant pour le commerce que pour le transport du pétrole provenant du golfe Persique. La France s'allie à la Grande-Bretagne et elles entreprennent alors des négociations avec l'Égypte qui se résulteront par un échec. Le 29 octobre 1956, en réponse à cet échec, Israël, la France et la Grande-Bretagne attaquent l'Égypte, et ce, en dépit de l'opposition conjointe de l'Union soviétique et des États-Unis. Ces derniers réussissent cependant à contraindre la France et la Grande-Bretagne à cesser le feu le 6 novembre. Après cette crise, l'Égypte nationalise le canal, mais Israël obtient néanmoins la libre circulation de ses navires.

c - *La guerre des Six Jours de 1967*

La troisième guerre israélo-arabe est celle de 1967, dite des Six Jours ou Guerre de Juin par les Arabes. Dans un climat régional hostile et devant les appels à sa destruction, l'État hébreu décide d'attaquer les États voisins le 5 juin 1967. En quelques heures, l'aviation égyptienne est détruite et d'autres territoires sont annexés. La guerre est rapide et Israël sort encore une fois victorieux, en accaparant davantage de territoires en occupant le Sinaï, la bande de Gaza, la Cisjordanie et le Golan syrien. Cette défaite fut appelée la *Naksa*, « rechute » pour faire allusion à la frustration du monde arabe par la « *Nakba* ».

d - *La guerre d'octobre 1973*

La guerre de 1973 dite de Kippour a été considérée comme une revanche pour les Arabes, même si la victoire n'est que partielle. Le 6 octobre, jour de la fête juive *Yom Kippour* (le Grand Pardon), les troupes égyptiennes et syriennes décident d'attaquer l'État d'Israël. Les Égyptiens parviennent à franchir le canal de Suez et envahissent le Sinaï, alors qu'au même moment, les Syriens reprennent le mont Hermon et la ville de Qunaytra. Toutefois, lorsque l'effet de surprise est dissipé du côté israélien, ceux-ci contre-attaquent et réussissent à envahir le sol égyptien, et par la suite, les armées égyptienne et syrienne sont défaites. Suite à des pressions de l'URSS, l'Égypte puis la Syrie acceptent tout de même le cessez-le-feu de l'ONU. Bien qu'Israël parvienne à battre ses ennemis sur le terrain, le président égyptien Anouar as-Sadate a su tirer partie de son audace pour engager des négociations de paix avec Israël, qui se solderont par les accords de Camp David en 1978... mais aussi son assassinat en 1981.

2- La frontière source de conflits :

La plupart des frontières dans la région moyen-orientale ne sont pas naturelles, mais sont plutôt tracées par l'ex-colonisateur français ou britannique. Elles sont donc également source de tensions dans cette région. En effet, ces frontières ont eu pour résultat de diviser les groupes ethniques et religieux auparavant homogènes. De ce fait, ces tracés restent encore contestés, ou du moins non reconnus, ce qui accentue la possibilité de conflits ou d'affrontements découlant de ces différends. Voici quelques exemples de ces différends frontaliers :

- le Sultanat d'Oman a un différend frontalier avec le Yémen qui a déjà dégénéré en un conflit armé en 1988.

- Le Qatar et Le Bahreïn n'ont pas encore résolu le différend frontalier sur les îles d'Hawar et Fast al Dibel qui persiste depuis plus de 50 ans. Le Qatar aussi a un autre litige frontalier sur la zone d'Al Khofous avec l'Arabie saoudite.

- Les Émirats Arabes Unis et l'Iran n'ont toujours pas réussi à régler leurs différends concernant les îles Tomb (petite et grande) et Abou Moussa, occupées par l'Iran en 1971.

- La zone frontalière de Halaïb reste toujours contestée entre l'Égypte et le Soudan.

- Le conflit du Sahara occidental persiste depuis 1975 et envenime les relations entre le Maroc et l'Algérie. Ce qui retient l'attention, c'est l'absence de négociations directes entre les deux pays voisins.

Toujours dans un souci pédagogique, il faut mettre en évidence d'autres types de conflits, à caractère idéologique. Ceux-ci retiennent également l'attention au Moyen-Orient, et ce, bien qu'ils ne débouchent pas automatiquement à une confrontation entre les protagonistes. Parmi eux se retrouvent les rivalités entre l'Iran chiite et non arabe et l'Arabie saoudite sunnite. Malgré une absence de confrontation, ces rivalités persistent et sont liées à une volonté d'obtenir un leadership régional, de même qu'au conflit historique et doctrinal plus profond du monde musulman, entre sunnites et chiites.

3- Le cas des guerres internationalisées : L'Irak

Il faut aussi mettre en lumière un autre type de conflit où le régional s'internationalise. La région du Golfe persique (appelé aussi

Golfe arabe ou Golfe arabo-persique) constitue un autre foyer de tension au sein de l'espace moyen-oriental découlant de la volonté de certains États d'établir un leadership régional (Iran et Irak) ainsi que de l'instabilité politique constante liée aux facteurs historiques et structurels de la région.

a - La guerre Iran-Irak

Cette guerre a opposé l'Iran à l'Irak entre 1980 et 1988, sous prétexte, entre autres, de désaccord frontalier sur la rive orientale du *Chatt-el-Arab*. Aussi, la méfiance de l'Irak vis-à-vis le nouveau régime iranien accentue les tensions dans la région. Le 22 septembre 1980, l'ancien président irakien Saddam Hussein attaque le nouveau pouvoir iranien de Khomeiny, qui était fraîchement arrivé au pouvoir en 1979, dans la région du Khouzistan. Si dans cette guerre, l'Irak a été financé par les monarchies du Golfe et assisté militairement par les États-Unis, n'empêche pas que ces derniers aient vendu secrètement des armes à l'Iran dans l'affaire dite Iran-Contra ou Irangate. Cette vente secrète d'armes avait pour objectif de libérer des otages américains détenus par le Hezbollah libanais et financer les Contras, soit un groupe proaméricain d'opposants au Nicaragua. L'Iran, épuisé, a accepté le 18 juillet 1988 le cessez-le-feu exigé par l'ONU depuis le 20 juillet 1987. Ce conflit a fait quelque 1,2 million de morts, des centaines de milliers de blessés ou invalides et des dizaines de milliers de civils déplacés ou expulsés.

b - La deuxième guerre du Golfe : l'occupation d'un pays voisin

Près de deux ans après le conflit qui a opposé l'Irak à l'Iran, l'Irak se retrouve affaibli par les dettes qu'il a contractées envers les pays du Golfe et décide d'envahir le Koweït, soit l'État voisin qui est riche en pétrole. L'Irak accuse entre autres ce dernier de maintenir les prix du baril de pétrole trop bas, ce qui empêcherait l'Irak de percevoir des revenus suffisants découlant de ses propres exploitations pétrolifères. De plus, les dettes contractées vis-à-vis du Koweït sont considérables. Ce sera le prétexte pour Saddam Hussein de justifier son annexion le 2 août 1990. Devant le refus de l'armée irakienne de se retirer du territoire koweïtien, l'ONU autorise l'intervention d'une coalition sur le territoire. Ainsi, le 17 janvier 1991, l'opération « tempête du désert » est lancée par la coalition menée par les États-Unis et incluant la France, la Grande-Bretagne et plusieurs autres pays, tant occidentaux que moyen-orientaux. Rapidement, les troupes font des avancées et le 28 février Saddam Hussein accepte un cessez-le-feu. Une fois la guerre terminée, l'Irak est soumis à un embargo international. Ce conflit, d'abord régional, prend de l'ampleur, pour plusieurs raisons. Premièrement, le pétrole reste une cause majeure de l'ingérence de la coalition internationale menée par les États-Unis dans la région. Deuxièmement, un équilibre géostratégique régional a été brutalement rompu. Ainsi, l'implication des pays occidentaux par l'intermédiaire de l'ONU s'est donc avérée nécessaire pour le sauvegarder.

c - *La guerre en Irak de 2003 : une guerre de choix*

L'invasion américaine en Irak, nommée *Operation Iraqi Freedom*, a opposé à l'origine le gouvernement de Saddam Hussein à une coalition menée par les États-Unis incluant d'autres pays occidentaux. La mission a débuté officiellement le 19 mars 2003 et s'est achevée le 1er mai 2003. Cette guerre s'inscrit, selon l'administration américaine qui l'a menée, dans la lutte contre le terrorisme en réponse aux attentats du 11 septembre 2001 et l'élimination des armes de destruction massive que posséderait le gouvernement irakien. Ces allégations n'ont jamais été vérifiées tout comme le lien entre le régime de Saddam et Al-Qaïda. Si la libération du peuple irakien de l'emprise de Saddam Hussein a été atteinte, cette guerre a aussi fait sombrer l'Irak dans une guerre civile et une violence sectaire entre sunnites et chiites radicaux.

III - Des cas d'études :

Par ailleurs, pour montrer les interférences entre le religieux et le politique dans la région, il est primordial d'aborder certains exemples qu'il faut analyser avec une objectivité sereine, sinon avec une subjectivité bien gérée sinon suspendue !

A- *Jérusalem cas type de la Gouvernance d'Allah ou de Yahvé !*

La ville sainte occupe une place importante dans l'imaginaire juif chrétien et musulman. Elle est un lieu de rivalités et de confrontations diplomatiques et guerrières. La ville de Jérusalem abrite les lieux saints des trois monothéismes. Pour les Juifs, Jérusalem abrite le Mur des Lamentations, soit un vestige du Temple de Jérusalem. Les Israéliens exercent de fortes pressions diplomatiques pour avoir une reconnaissance diplomatique qu'elle est la capitale de leur État. Pour les chrétiens, c'est la ville de leurs lieux saints, qui a été le théâtre d'un épisode important de la vie de Jésus. C'est au nom de la libération de cette ville que les croisades chrétiennes ont été mobilisées entre 1095 et 1272. Pour les musulmans, c'est la ville qui abrite la Mosquée Al-Aqsa, troisième lieu sacré. Ce qui est un facteur de mobilisation dans le monde de l'Islam pour la libérer. Aujourd'hui, la ville sainte est revendiquée par les Juifs. Israël la considère comme sa capitale éternelle. Toutefois, l'ONU n'a jamais reconnu l'annexion de Jérusalem. Tandis que les Palestiniens la veulent comme capitale de leur futur État. Le Vatican appelle à la considérer comme une ville ouverte.

B- *Le cas irakien*

Les groupes de travail sur l'Irak après Saddam Hussein, que ce soit des *think tanks* américains ou des groupes de réflexion irakiens, ont identifié un ensemble de critères valables à la démocratie en Irak. Comme la consolidation des libertés et droits individuels. La répartition claire des compétences entre le niveau central et les entités locales. La mise en place d'un système qui limite les pouvoirs de chaque branche (exécutive, législative et judiciaire) au niveau central, mais aussi local. Le découpage géographique des circonscriptions législatives, en faisant abstraction des caractéristiques ethniques. Ce sont ces éléments qui ont guidé la rédaction de la Constitution irakienne. Deux grands principes organisateurs s'en dégagent, le souci de la Charte universelle des droits de l'homme et la conciliation entre ethnicité, religion et démocratie et fédéralisme.

1- Le souci de la conciliation entre ethnicité, religion et démocratie

La nouvelle Constitution irakienne, acceptée par 78 % des Irakiens le 24 octobre 2005, apporte des réponses judicieuses à la situation irakienne. D'un côté, le nouveau régime irakien est fondé sur l'idée du respect de la diversité religieuse, confessionnelle et ethnique de la société irakienne. Certes, l'État irakien est membre de la Ligue des États arabes, mais la société irakienne est plurielle. Les deux langues, l'arabe et le kurde, resteront les deux officielles. En sus, d'autres langues, le turkmène et le syriaque, sont officielles dans les provinces où elles sont les plus parlées. Toujours dans la même veine, il a été stipulé que l'Islam est la religion de la grande majorité du peuple (88 %), non de tous les Irakiens (chrétiens, sabéens, yazidis...). En plus, il n'est pas le seul, mais une source principale, donc non unique, de la jurisprudence irakienne. Peut-on espérer que ce soit une ouverture à un Islam concilié avec les valeurs de la modernité ?

La Constitution irakienne (Articles 2 et 3) fait face à des difficultés de conserver un pouvoir central respectueux de la diversité irakienne. Elle veut répondre aux exigences de la charte des droits de l'Homme et celles de la shari'a. Son pari reste de faire cohabiter un pouvoir semi-laïc avec des références idéologico-religieuses. En d'autres termes, la constitution irakienne s'inscrit dans le dilemme de plus en plus apparent qu'en terre d'Islam il n'y ait plus une possibilité de contourner la modernité ou encore de l'ignorer. En même temps, aucun projet de modernisation n'est capable d'ignorer l'Islam comme vecteur identitaire et comme source de jurisprudence.

2- Le fédéralisme irakien : Le piège du sectarisme

Par la force des choses, l'Irak se trouve dans l'impossibilité de retourner à l'âge de la centralisation autoritaire, même si le spectre de la partition plane toujours. C'est ainsi que le fédéralisme s'érige en principe comme la gestion la plus appropriée afin d'assurer la stabilité et la démocratisation. L'idée fédérale, en fait, n'est pas nouvelle. Elle a souvent été évoquée par des membres de l'opposition irakienne. Ses origines remontent à 1992, lorsque le parlement kurde a voté en faveur d'un tel mode d'organisation politique. La structure fédérale semble également être, pour les opposants au régime baasiste de Saddam Hussein, une garantie d'un Irak démocratique. Ce fédéralisme doit prendre la forme d'un fédéralisme personnel[307] et d'un fédéralisme territorial ou zonal[308]. La conjugaison de ces deux dimensions du fédéralisme est responsable des turbulences actuelles. Par contre, toute stabilité (au moins au niveau administratif) passe fondamentalement par résoudre ce conflit entre personnalité et territorialité.

Pour l'instant, dans un système multipartite avec de fortes représentations populaires sur une base ethnique, les différentes formations sont incapables d'engager le dialogue et d'arriver à des consensus. Dans une telle situation, le risque serait grand que la population irakienne adhère aux discours les plus extrémistes

---
[307] Où le rattachement des citoyens à une communauté ethnoculturelle, dans ce cas le fédéralisme personnel, se fonde sur une reconnaissance des statuts personnels suivant des recommandations et des fondements religieux.
[308] Où le rattachement des citoyens est à un territoire précis.

et replonge dans le cauchemar de l'instabilité politique et des affrontements interethniques. Ce qui est le cas de l'Irak actuel. Le recours à une forte personnalité, dictateur ou despote éclairé, pourrait alors réapparaître comme une voie de salut.

C- L'exemple du Liban :

Depuis que la Société des Nations a confié des mandats sur la Syrie et le Liban à la France après la défaite de l'Empire ottoman en 1920, ce Grand Liban traverse péniblement l'histoire turbulente de son voisinage, conséquence de l'affaissement de l'ordre moyen-oriental. Le Liban a vécu une longue guerre civile de 1975 à 1990, due notamment à l'ingérence de plusieurs pays de la région, de la question des réfugiés palestiniens, des allégeances extraterritoriales des partis libanais (qui sont responsables d'une déstabilisation récurrente) en plus de la restructuration étatique échouée et des remodelages entre ses composantes ethnoculturelles et confessionnelles. L'Accord de Taëf du 5 novembre 1989 a mis un terme à la guerre civile libanaise. Traitant des rapports entre les institutions étatiques libanaises, l'accord pose comme objectif national essentiel le rééquilibrage du pouvoir politique entre les groupes confessionnels formant la société libanaise.

Désormais, le pays du cèdre est sous l'influence de la stratégie américaine, appuyée par des régimes moyen-orientaux, mais fortement contestée par l'Iran et la Syrie. La guerre de juillet 2006 entre Israël et le Hezbollah a été l'expression la plus violente de cet affrontement. En effet, cette guerre est le résultat complexe de trois impasses au Moyen-Orient, l'échec du dialogue interlibanais, le blocage du processus de paix en Palestine, et l'émergence de l'Iran comme puissance régionale avec des ambitions dans le monde arabe.

Conclusion

À titre de conclusion, plusieurs considérations pédagogiques sont à mettre en évidence pour un enseignement sans pessimisme foncier ni optimisme béat ! Premièrement, faire la distinction entre les élites des pouvoirs en place, les élites contre les pouvoirs, les élites de la société civile, les élites des minorités... etc. Mettre au clair les versions avancées par des élites de toutes tendances et être vigilant au brouillage des prismes de lecture. Initier l'étudiant au diagnostic objectif et global en soulignant les différentes lectures ou interprétations et lui permettre de dresser des scénarios possibles de la sortie des crises. Mettre en relief les différences entre l'approche apologétique et les approches critiques et autocritiques afin de distinguer l'analyse scientifique et la mentalité de victimisation et de complot, et dans cette perspective, souligner les forces vives et mettre en relief les courants démocrates. Pour enfin pousser la réflexion sur les différents types de rédaction sur les thèmes du Moyen-Orient : recherche fondamentale, articles scientifiques, rapports stratégiques...etc.

Bibliographie

AL QARADAOUI, Youssef. *At-tatarrouf Al-'ilmanï fi mouwajahat al-islam* [L'intégrisme laïc face à l'Islam], Dar As-chourouq, 2001, 48 p.

AOUN, Sami. *Aujourd'hui l'islam : fractures, intégrisme et modernité,* Montréal, Médiaspaul, 2007, 190 p.

AOUN, Sami. *Après le choc; Moyen-Orient : incertitudes, violences et espoirs*, Éditions de l'Université de Sherbrooke, 2009, 276 p.

AOUN, Sami. *L'islam entre tradition et modernité, entretien avec Jean-Frédéric Légaré-Tremblay*, Montréal, Varia, coll. « Entretiens », Varia, 2007, 108 p.

AOUN, Sami. *Le retour turbulent de Dieu*, Montréal, Médiaspaul, 2011, 191 p.

AOUN, Sami. *Mots-clés de l'Islam*, Montréal, Médiaspaul, 2007, 144 p.

BARDOT, Christian, CROUZET, Guillemette et Fabien PERRIER. *Moyen-Orient et Maghreb : Histoire - Géographie - Géopolitique - Économie*, Pearson Education France, 2008, 176 p.

BOUTALEB, Abdelhadi. *Le monde islamique et le projet du nouvel ordre mondial*, Paris, PUF, 1995, 159 pages.

RODINSON, Maxime. *Marxisme et monde musulman*, Paris, Seuil, 1972, 699 p.

VANDAL, Gilles et AOUN, Sami. *Barack obama et le printemps arabe*, Montréal, Athéna, 2013, 280 p.

Chapitre 7

La décentralisation des pouvoirs en Inde : de la théorie à la pratique

Par Serge Granger, Andréanne Bourque et Marie-Hélène Rousseau

Introduction

On entend souvent dire que l'Inde constitue la plus grande démocratie du monde. C'est vrai, mais à condition qu'elle remplisse le test électoral en démontrant une transparence administrative tout en générant une participation civile dans l'administration publique. Il est tout aussi vrai que les élections indiennes sont démocratiques, mais la corruption de l'administration limite une véritable transparence, qui est un gage de qualité démocratique. Afin de combler ce manque, le gouvernement indien a instauré une décentralisation des pouvoirs dans le but d'assainir l'administration en plus d'engager les classes défavorisées dans la gestion des affaires de l'État.

Dans un contexte indien, la décentralisation vise à limiter le trajet bureaucratique des impôts perçus et augmenter la transparence dans la gestion des deniers publics. Ainsi, la captation de taxes et d'impôt est allouée aux paliers de gouvernement concernés par la diffusion de programmes sociaux. C'est dans le but d'accroître la transparence dans la gestion des services publics en plus de limiter la corruption que les gouvernements locaux (panchayat) furent constitutionnalisés et renforcés. La décentralisation de l'administration doit aussi contribuer à sortir les masses indiennes hors de la pauvreté. En favorisant des politiques de discrimination positive envers les femmes, les tribus et les basses castes, les panchayats devaient aider à résoudre les problèmes de corruption, encourager une plus grande efficacité administrative de l'État, en plus de faciliter le processus d'*autonomisation* des classes défavorisées. Ce chapitre démontre que le succès de la décentralisation en Inde est relatif et dépend davantage des conditions locales et de la volonté d'utiliser la décentralisation comme outil de gouvernance.

Dans un premier temps, le cadre théorique de la décentralisation sera établi afin de présenter les défenseurs de la décentralisation comme modèle politique. Une brève explication de la fiscalité indienne nous permettra de situer le financement et les responsabilités des panchayats au sein de l'administration indienne. Une analyse de la réforme constitutionnelle de 1992 qui instaure les panchayats expliquera comment la création des gouvernements locaux demeure encore embryonnaire. La discrimination positive sera abordée, car elle constitue l'outil privilégié par les autorités indiennes pour impliquer les classes défavorisées, notamment les femmes et les Dalits (intouchables). Néanmois, les résistances envers le système de panchayats au sein des localités et des états fédérés démontrent que l'application de la théorie demeure fragile.

1-Décentralisation: Concepts et théorie

L'idée de la décentralisation n'est pas l'apanage de l'Inde, mais s'inscrit plutôt dans un large consensus politique post guerre froide voulant que l'État soit peu performant dans sa gestion économique des services publics en plus de distordre l'économie par les nationalisations non concurrentielles. En 1998, sous la recommandation de la Banque mondiale, 75% des pays en développement avaient déjà entamé des formes de décentralisation[309]. Après les Trente Glorieuses (1945-1975), une remise en question fondamentale de l'État-providence dans les années 1980 se traduit par un retrait de l'État central, omniprésent et

---

309 S. MURALI. *Fiscal Decentralisation in India Helps Program Delivery*, Controller General of Accounts, Ministry of Finance, Government of India, 2008, p. 18.

interventionniste. Le Consensus de Washington prônait la privatisation des services publics et une libéralisation des industries, même celles considérées comme stratégiques par les États.

L'origine des concepts sur la décentralisation remonte aux années 1950, mais il faudra attendre les recherches de Wallace Oates, qui proposent que l'efficience optimale de la gouvernance se réalise par la distribution des programmes sociaux par les gouvernements locaux, plus près du citoyen.[310] En plus, la décentralisation offre la possibilité de promouvoir la participation de la collectivité locale dans la distribution des prestations sociales tout en brisant les monopoles d'une élite centralisée et plutôt distante. Compte tenu de la corruption endémique de l'appareil d'État - bon nombre d'études soulignent que seulement 20% de l'argent du fédéral investi dans les programmes sociaux parvient aux bénéficiaires[311] -, la décentralisation vise à limiter la bureaucratisation des prestations.

La décentralisation se veut un processus politique par lequel les autorités administratives, les ressources publiques et les responsabilités sont transférées des agences du gouvernement central au niveau inférieur de l'administration ou à des organismes non gouvernementaux, tels que les organisations communautaires, les organisations non gouvernementales (ONG), et parfois au secteur privé. De tels transferts de pouvoir permettent aux gouvernements inférieurs de prendre des décisions quant à l'allocation et à la distribution des ressources publiques. Les pouvoirs de mettre en œuvre des programmes, de lever et de consacrer les recettes publiques pour les programmes peuvent aussi être transférés aux paliers inférieurs.

---

310 W. E. OATES. *Fiscal Federalism*. New York, Harcourt Brace Jovanovich, 1972, 249 pages.
311 N. SINGH. *Fiscal Federalism and Decentralization in India*, MPRA Paper, no. 1447, 2007, p. 94; B.P.R. VITHAL et M.L., SASTRY. *Fiscal Federalism in India*, Delhi, Oxford University Press, 2001, p. 300.

En clair, trois types de décentralisation (politique, administrative et fiscale) s'offrent aux administrateurs et aux politiciens. La décentralisation politique assure les transferts des pouvoirs législatifs du gouvernement central aux unités subalternes (états fédérés, ville, district et village), qui sont représentées par des élus. La décentralisation administrative place la responsabilité de la planification et la mise en œuvre locale des programmes aux fonctionnaires qui sont sous la juridiction et la direction des gouvernements locaux. Finalement, la décentralisation fiscale accorde des revenus substantiels et le pouvoir de dépenser aux gouvernements intermédiaire et local. Dans le cas de l'Inde, la décentralisation serait qualifiée de dévolutive, car elle implique une dévolution multisectorielle tant du niveau fiscal que politique. Selon Vincent Lemieux, la décentralisation dévolutive se distingue de la déconcentration et de la privatisation, car elle s'accompagne d'un partage institutionnel du pouvoir politique[312].

Selon Erik Bryld, cette décentralisation des pouvoirs du centre vers la périphérie doit favoriser une meilleure légitimité du système politique et une gestion du développement plus efficace, en plus de donner davantage de pouvoir aux populations[313]. En effet, le rapprochement du pouvoir vers les populations locales peut permettre une meilleure gestion des ressources, qu'elles soient humaines ou financières. En donnant un pouvoir de prise de décision à ces populations, plutôt que de concentrer le pouvoir au gouvernement central, la gestion des ressources risque d'être plus efficace et de répondre de façon plus convenable aux besoins des populations concernées. De plus, la dévolution des pouvoirs par la décentralisation peut favoriser une meilleure prise en charge des programmes de développement, tel

---

312 V. LEMIEUX. *La décentralisation*, Québec, Les Presses de l'Université Laval, 1997, p. 19-20.
313 E. BRYLD. « Increasing participation in democratic institutions through decentralization: empowering women and scheduled castes and tribes through Panchayat Raj in rural India », *Democratization*, vol.8, no.3, automne 2001, p.149-172.

qu'avancé entre autres par le Programme des Nations unies pour le développement (PNUD) qui souligne que la décentralisation promeut aussi l'autonomisation des populations et leur capacité à faire des choix par elles-mêmes :

> Décentralisation des gouvernements – du niveau national vers les régions, les districts, les villes, les municipalités, les zones rurales, les colonies et les communautés.– permet aux citoyens de participer plus directement au processus de gouvernance et permet davantage l'autonomisation des personnes qui étaient auparavant exclues de la prise de décision. De cette façon, un pays peut créer et maintenir des possibilités équitables pour tous ses citoyens.[314]

Dans le même ordre d'idées, Rakesh Hooja et Sunil Dutt avancent que le renforcement de la démocratie dépend directement du niveau de participation et de l'engagement des populations locales, soit deux indicateurs intimement liés au processus de décentralisation : « La démocratie comme système de gouvernance dépend largement de la participation active des personnes pour qui les valeurs démocratiques doivent être cultivées dans le tissu même de la nation. La démocratie ne peut pas être appliquée à partir, elle doit être renforcée au niveau de la base »[315]. En d'autres mots, sans la promotion de la gouvernance locale et donc de l'engagement des populations dans le processus de prise de

---

314 UNDP. *Governance For Sustainable Development*, New York, 1997, p.19. « Decentralizing government – from the national level to regions, districts, towns, municipalities, rural areas, settlements and communities – enables people to participate more directly in governance processes and can help empower people previously excluded from decision-making. In this way a country can create and sustain equitable opportunities for all its people. »

315 R. HOOJA et S. DUTT. *Fifty years of Panchayati Raj and Decentralised Development*, New Delhi, Indian Institute of Public Administration in association with Kanishka publishers and distributors, 2010, p. 308. « Democracy as a system of governance largely depends upon the active participation of the people for which democratic values have to be cultivated in the very fabric of the nation. Democracy cannot be enforced from the above, it has to be strengthened at the grass roots level. »

décisions politiques, on ne peut affirmer que les valeurs démocratiques soient bien empreintes dans la société indienne.

2- Fédéralisme indien

2.1 Le gouvernement indien et la structure du fédéralisme

La structure politique du gouvernement indien s'apparente au système canadien. Dans les deux cas, les Britanniques ont créé un système fédéral qui octroyait au centre un grand pouvoir financier. L'Indian Act de 1935 tentait de répondre aux aspirations des nationalistes indiens en constituant des assemblées provinciales avec des pouvoirs restreints et orientés vers les services au citoyen. De l'autre côté, le centre se réservait les grandes questions de développement économique, de douanes et de défense nationale. À la naissance de la république indienne en 1947, l'urgence de créer la nation accentue la centralisation des pouvoirs au fédéral. En conséquence, les pouvoirs résiduels, autrefois accordés aux états fédérés, sont transférés au fédéral dans le but de fortifier la jeune république[316]. De plus, plusieurs compétences constitutionnelles allouées aux états fédérés sont devenues conjointes par modification constitutionnelle à l'instar du cas de l'éducation. Avec les risques et les avantages que cela comporte, le pouvoir exécutif du centre peut dissoudre, modifier, créer et mettre en tutelle un état fédéré. La centralisation des pouvoirs s'est aussi traduite par une fiscalité centralisée qui répond aux idées que la planification économique est le meilleur moyen d'alléger la pauvreté et d'unir la nation par des services panindiens. Cette centralisation des pouvoirs politiques et fiscaux a atteint son apogée lors de la gouvernance du Congrès indien dans les années 1970. Les crises économiques des années 1980 ont

---

316 G. M. RAO, *Fiscal Decentralization in Indian Federalism*, Bangalore, Institute for Social and Economic Change, 2000, p. 37.

finalement poussé l'État indien à s'éloigner du socialisme centralisé pour expérimenter la décentralisation fiscale et politique.

Aujourd'hui, le gouvernement central perçoit près de 70% des recettes fiscales tandis qu'environ 55% des dépenses publiques sont supportées par les états fédérés. Sous la recommandation de la commission des finances, le centre redistribue entre 25 et 30% de ses revenus dans les états fédérés. En 2005, l'introduction d'une TVA provinciale visait à combler le manque chronique de financement des états fédérés par une taxation plus stable. Une taxe uniforme sur les Produits et Services (TPS) a aussi été introduite en 2010 conjointement avec les états fédérés. Le processus de rationalisation des taxes est en perpétuel changement en Inde, mais se dirige définitivement vers la norme des pays de l'OMC. En plus, le fédéral perçoit les impôts sur le revenu (sauf rural), les entreprises, les douanes tandis que les états fédérés perçoivent les taxes foncières.

Les différences notables du point de vue économique entre les états fédérés forcent le centre à promouvoir l'asymétrie fiscale, un système de péréquation établi par la commission des finances. À titre d'exemple le produit intérieur brut du Maharashtra est 284 fois plus grand que celui du Sikkim et les habitants de petits territoires comme Goa gagnent presque dix fois le salaire d'un Bihari[317]. Les disparités sont énormes si l'on considère les facteurs qui caractérisent les états fédérés de l'Inde: la grandeur du territoire, le relief, les infrastructures et la composition sociologique (système de castes) peuvent affecter le coût des dépenses publiques. Les états fédérés considérés comme riches (Gujarat, Goa, Haryana, Maharashtra, Punjab, Tamil Nadu) réussissent à couvrir près des deux tiers de leur dépense, tandis que le

---

[317] G. M. RAO et N. SINGH, *Asymmetric Federalism in India*, Santa Cruz, University of California, 2004, p. 30.

reste des états fédérés peinent à payer la moitié de la facture publique. La situation est encore plus dramatique vers les régions frontalières et montagneuses aux prises avec des coûts onéreux pour la construction d'infrastructures jugées parfois essentielles par le centre. Les états fédérés sont divisés en deux catégories, soit générale (general category states GCS) et spéciale (special category states SCS). Les états fédérés spéciaux reçoivent en subvention près de 90 % du financement fédéral et 10% en forme de prêt, tandis que les états fédérés généraux obtiennent 30 % en forme de subvention. Ce système force les états fédérés à emprunter au centre, ce qui lui permet de contrôler la nature des dettes et d'ajuster ses critères dans l'octroi de prêts stratégiques. Sous l'autorisation du centre, les états fédérés peuvent emprunter de l'étranger et des institutions internationales.

Dépendamment des régions et compte tenu de l'immensité de l'Inde, il peut exister jusqu'à trois autres paliers de gouvernements locaux (Raj Panchayat) dans les 28 états fédérés (fig.1). Outre les gouvernements municipaux, les états fédérés sont divisés par 503 districts, les Zilla Parishad (fig.2) qui supervisent les 5 451 comtés (Taluk) Panchayat Samitis et les 230 000 Gram Panchayat au niveau des villages. Au total, plus de trois millions d'élus siègent dans les gouvernements locaux et les districts[318]. Par exemple, le district de Dharampuri dans l'état fédéré du Tamil Nadu (fig.3) contient huit taluks (fig.4). Le taluk Dharampuri, qui porte le même nom que celui du district, chapeaute trente-deux gouvernements villageois (panchayats) (fig.5). Ceux-ci doivent assurer les services gouvernementaux comme l'éducation et la santé, les registres civils et la voirie ainsi que les services sociaux. Financer adéquatement ces gouvernements locaux demeure le défi actuel.

---

318 P. SOHINI. *The Right to Information and Panchayati Raj Institutions: Himachal Pradesh as a Case Study*, Commonwealth Human Rights Initiative, New Delhi, January 2007, p. 50.

2.2 La dévolution fiscale en Inde

Le partage des revenus entre le centre et les états fédérés est assez complexe et s'appuie sur des calculs statutaires. Trois sources de financement composent la dévolution fiscale du fédéral aux états fédérés: la Commission des finances (Finance Commission); la Commission de planification (Planning Commission) ainsi que les ministères et agences du gouvernement central. La Commission des finances établit le pourcentage des taxes perçues au fédéral qui doit être redistribué dans les états fédérés. Par exemple, en 2005, la Commission proposait 29.5%. Le gouvernement a l'obligation de suivre les recommandations de la commission puisqu'elle est constitutionnalisée. Le système de transfert fiscal s'apparente à la péréquation canadienne, car c'est le seul financement horizontal du centre vers les états fédérés, tandis que les deux autres sources de financement sont verticales et ainsi sujettes aux pressions politiques et à la discrétion des gestionnaires tout comme les ententes sectorielles centre/états fédérés. De 1978 à 2003, environ 60 % du financement était alloué par financement statutaire, donc horizontal, mais, de plus en plus, le centre limite ses transferts statutaires pour accroître le financement vertical par le biais de la commission de la planification et les ministères[319].

À la hausse depuis quelques années, les montants octroyés par la commission de la planification (*Normal Assistance Plan*) composent un peu plus du quart (2007-2008) de la dévolution fiscale. Les observations indiquent que le centre diminue les subventions pour accroître l'endettement des états fédérés. Les déficits combinés des gouvernements provinciaux et centraux ont approché 10% du PIB en 2003 pour retomber à près de 3% en 2008. Dans le but d'accroître la

---
319 A. NIRMAL. *Study on Transfer of Resources from Centre to States (1978-79 to 2002-03)*, New Delhi, Government of India, Ministry of Statistics and Programme Implementation, 2004, p.118-127.

performance de gestion, les subventions s'éclipsent au profit des prêts qui accentuent le dirigisme du fédéral. Par exemple, la Commission de planification peut réclamer le rééchelonnement d'une dette provinciale ou tout simplement l'effacer. Cette commission est hautement politisée et stratégique, car elle permet au centre de prêter de l'argent aux états fédérés moyennant leur appui politique ou l'empiétement fédéral.

Plus de 20% des transferts fédéraux sont initiés par les ministères par le biais de nombreux et divers projets. Les programmes financés directement par les ministères ou les agences fédérales (*Centrally Sponsored Schemes* comme l'*Accelerated Power Development Reform Programme*), également en hausse, représentent environ 21% des transferts fédéraux[320]. Ainsi, en voulant financer directement les panchayats, le gouvernement central met de la pression sur les états fédérés afin qu'ils octroient plus de moyens financiers à ces institutions politiques. En forçant les états fédérés à créer leur propre commission des finances, le centre s'assure du financement statutaire des localités par les états fédérés. Malheureusement, les décisions des projets stratégiques de la Commission de planification alourdissent parfois les budgets des états fédérés, qui doivent maintenir des infrastructures non prévues au budget alloué par la Commission des finances[321]. L'effet du clientélisme politique a multiplié des projets sous-financés du centre dans les régions et une baisse des dédoublements des projets gouvernementaux est nécessaire pour une dévolution fiscale efficace[322]. Ainsi, des problèmes majeurs subsistent : la faiblesse de l'administration locale pour obtenir du financement adéquat et un personnel qualifié; la centralisation du pouvoir au sein des états fédérés; le manque de

---

[320] J. GHOSH et C.P. CHANDRASEKHAR. *A Note on Fiscal Devolution and the Centrally Sponsored Schemes*, Macroscan, 26 mai 2008, [En ligne], http://www.macroscan.org/fet/may08/fet260508Devolution.htm (page consultée le 26 juin 2013)
[321] E. HEREDIA-ORTIZ et M. RIDER. *India's Intergovernmental Transfer System and the Fiscal Condition of the States*, Andrew Young School of Policy Studies, Research Paper Series, Working Paper 06-47, 2005, p. 18.
[322] G. M. RAO. *Fiscal Decentralization in Indian Federalism*, [...], p. 37.

transparence dans l'administration des dépenses publiques[323]. C'est pourquoi le centre a forcé les états fédérés à déléguer les ressources financières vers les gouvernements locaux par l'établissement d'une Commission des finances pour chaque État fédéré.

3- La décentralisation en Inde

La décentralisation effectuée dans les années 1990 visait à accroître l'acuité des services publics offerts aux bénéficiaires et cherchait à atteindre un meilleur rendement des finances publiques. Avec des services plus adaptés aux besoins de la population, la décentralisation devait maximiser l'investissement public en plus de rendre les administrations locales plus performantes et concurrentes[324]. Plusieurs raisons expliquent cette décision politique: démocratisation de l'administration, émergence du multipartisme, accommodation des divers groupes linguistiques, ethniques ou défavorisés. La décentralisation visait à offrir un moyen efficace de pourvoir les services publics, mais en même temps accentuait l'empiétement fédéral dans les compétences des états fédérés. En revanche, l'émergence des partis régionaux poussait le gouvernement indien vers la décentralisation administrative et non politique[325].

Le 22 décembre 1992, pendant le mandat du premier ministre Narasimha Rao, le 73ᵉ amendement constitutionnel a été apporté à la constitution indienne[326]. Cet amendement a conféré un statut constitutionnel aux institutions de panchayats ainsi qu'aux assemblées de

---

323 D. KAPUR, P. MUKHOPADHYAY et A. SUBRAMANIAN. « The case of direct cash transfers to the poor» *Economic and political weekly*, avril 12-18, 2008, vol. XLIII, no. 15, p. 37-43.
324 A. RODRIGUEZ-POSE, S. A. R. TIJMSTRA et A. BWIRE. « Fiscal decentralisation, efficiency, and growth » *Instituto Madrileño de Estudios Avanzados (IMDEA) Ciencias Sociales*, 2007, p. 40.
325 A. VAUGIER-CHATTERJEE. « Le Fédéralisme entre centralisation et décentralisation », *Pouvoirs*, no. 90, 1999 - p. 25-41.
326 B.S. BAVISKAR. « Impact of Women's Participation in Local Governance in Rural India », dans L.C. JAIN (dir) *Decentralisation and Local Governance*, New Delhi, Orient Longman Editions, 2005, p. 331.

villages, les *gram sabhas*. Avant 1992, les panchayats existaient sous une autre forme: ces conseils de village traditionnels étaient dominés par les gens de hautes castes et ce n'est qu'au début du 20ᵉ siècle, sous le régime britannique, que ce système de gouvernance locale a évolué en entités politiques élues. En plus de cette reconnaissance, des réservations de sièges pour les femmes et pour les basses castes (scheduled casts : SCs) et les tribus (scheduled tribes : STs), de même que des élections directes et régulières sont maintenant imposées par la constitution indienne. Afin de gérer ces changements à apporter dans chaque état et Territoire d'Union, deux institutions ont été créées, soit la *State Finance Commission* et la *State Election Commission*.

Comme Robinson avance dans l'ouvrage *Decentralisation and Local Governance*, la constitutionnalisation des panchayats visait à renforcer les pouvoirs de ces institutions traditionnelles[327]. Encore, De Souza ajoute que le 73ᵉ amendement constitutionnel a permis de mettre en place un système de loin plus démocratique que celui qui prévalait avant les années 1990, alors qu'aucune disposition constitutionnelle ne conférait de statut légal aux institutions de panchayats[328]. Avec l'amendement sur le système de panchayats, l'Inde, pays que l'on désigne comme la « plus grande démocratie du monde », s'est transformée en un système fédéral à trois niveaux, soit le gouvernement central, les états et Territoires d'Union et enfin les gouvernements locaux. Au lendemain de la modification constitutionnelle, près de 230 000 institutions de panchayats ont été créées. Ces institutions se voyaient assigner la responsabilité

---

[327] M. ROBINSON. « A Decade of Panchayati Raj Reforms: The Challenge of Democratic Decentralisation in India », dans L.C. JAIN (dir), *Decentralisation and Local Governance*, [...], p. 12.
[328] P. R. DE SOUZA. « The Struggle for Local Government: Indian Democracy's New Phase », *Publius,* vol. 33, no.4, 2003, p. 108.

d'une trentaine de domaines (l'éducation secondaire, le logement, la promotion du développement industriel, allocation des terres, etc.). Plusieurs réticences des états fédérés ont été contournées par le centre en lançant des programmes nationaux s'adressant directement aux municipalités, mais dans la plupart des cas, le fédéral agissait comme pourvoyeur avec une cogestion des états fédérés, alors que la mise en œuvre des programmes était administrée par les autorités locales limitées à la taxation des propriétés et des utilités (eau, irrigation).

En ce qui concerne le développement de la démocratie au niveau local, il apparaît intéressant d'exposer la pensée de Chakrabarty et Kumar Pandey illustrée dans *Indian Government and Politics* : « Dans un contexte libéral occidental, l'approfondissement de la démocratie conduit invariablement à la consolidation des « valeurs libérales ». Dans le contexte indien, la démocratisation se traduit par une plus grande implication des personnes et non comme des « individus », qui sont la base du discours libéral, mais comme des communautés ou des groupes[329] ». Ainsi, la constitutionnalisation des panchayats aurait amené les populations locales indiennes à se regrouper dans un exercice démocratique caractérisé par un esprit communautaire et collectif plutôt que de penser la démocratie sur un plan individuel et personnel. Par conséquent, les gens des populations locales ont construit, à partir de leur implication dans les panchayats, un sentiment de responsabilité citoyenne:

> Les panchayats peuvent être un outil efficace pour certaines contributions étonnantes : développer des traditions démocratiques saines dans le pays, inculquer des qualités de leadership au sein des populations rurales,

---

[329] B. CHAKRABARTY et R. KUMAR PANDEY. *Indian Government and Politics*, New Delhi, Sage Publications, 2008, p. 313-314. « In a typical Western liberal context, deepening of democracy invariably leads to consolidation of "liberal values". In the Indian context, democratization is translated into greater involvement of people not as "individuals" which is a staple to liberal discourse, but as communities or groups »

la cristallisation dans la population locale d'un esprit de citoyenneté responsable et de confiance en soi [...] accroître la légitimité du système de gouvernance[330].

Grâce à leur reconnaissance constitutionnelle, les institutions de panchayats ont ajouté une valeur de légitimité au système de gouvernance déjà existant. La réservation de sièges, mesure de discrimination positive qui doit être appliquée au sein de toutes les institutions de panchayats, est indubitablement l'élément majeur de l'amendement constitutionnel.

4- La discrimination positive

La discrimination positive est un enjeu fondamental de la vie politique indienne et soulève un grand débat. Il n'est pas question pour l'instant de supprimer ces mesures de discrimination positive qui sont déjà bien ancrées dans la société indienne, mais certains doutent de la pertinence d'augmenter le pourcentage de sièges réservés[331]. Le Dr. Ambedkar, considéré comme le père de la constitution indienne, est le leader des Dalits partout en Inde : « Ambedkar était d'avis que la plupart des problèmes de la société sont davantage de nature politique que sociale »[332]. La pensée ambedkariste soutient que l'État indien détient la capacité de réduire les obstacles qui empêchent les communautés marginalisées de se sortir de leur situation d'infériorité. Or, il a été parmi les premiers à réclamer des réservations pour les Dalits.

---

330 B. CHAKRABARTY et R. KUMAR PANDEY. *Indian Government and Politics,* [...], p. 277. « Panchayats can be an effective tool of making astounding contributions in: developing healthy democratic traditions in the country, inculcating leadership qualities among the rural folk reviving in the local people a spirit of responsible citizenship and self-confidence [...] increasing the legitimacy of the system of governance ».
331 R. DELIÈGE. *Le système indien des castes*, Villeneuve d'Ascq, Éditions Septentrion Presses universitaires, 2006, p. 167.
332 A. BHARWAY. *Welfare of Scheduled Castes in India*, New Delhi, Deep et Deep Publications, PVT. LTD., 2002, p. 57. « Ambedkar was of the firm opinion that most of the problems in society were more political in nature than social. »

La mesure la plus importante du 73ᵉ amendement est sans aucun doute le système de réservation de sièges pour les femmes, les Scheduled Castes (SCs) et les Scheduled Tribes (STs). Selon l'amendement, 33% des sièges doivent être réservés aux femmes dans les institutions de panchayats. Les SCs bénéficient également d'une réservation, et ce, proportionnellement à leur population dans leur région. C'est en grande partie grâce à cette mesure de discrimination positive que les personnes les plus marginalisées de la société indienne ont pu s'approprier un espace au sein de la sphère publique. Selon Chakrabarty et Kumar Pandey, l'objectif premier des réservations de sièges au sein des institutions de panchayats est bel et bien d'encourager et même d'assurer la participation politique de l'entière société indienne[333]. Puisque cette société est fortement hiérarchisée, il est impératif de faire évoluer le système de gouvernance vers une voie plus inclusive, en passant notamment par des mesures de discrimination positive comme les réservations. Ces réservations de sièges ont ainsi assuré l'entrée de millions de citoyens indiens sur la scène politique locale surtout sur le plan des communautés rurales pauvres et ostracisées[334].

4.1 Femmes

Selon Ramaswamy, un pays qui parvient à mettre en place des mesures facilitant la parité des sexes au sein des législatures jette par le fait même les bases d'une meilleure justice sociale et d'une équité des genres sur tous les aspects de la vie. De plus, il ajoute que l'augmentation du volume de femmes dans les institutions panchayats au niveau local peut, à terme, améliorer la performance interne de ces institutions pour concrétiser une meilleure gouvernance[335]. Aussi, en

---

333 B. CHAKRABARTY et R. KUMAR PANDEY. *Indian Government and Politics,* [...], p. 281.
334 M. ROBINSON. « A Decade of Panchayati Raj Reforms: The Challenge of Democratic Decentralisation in India », [...], p. 17.
335 S. RAMASWAMY. « India's crisis of governance: the women's perspective », [...], p. 133.

assurant une présence féminine accrue en politique locale, les femmes voyant leurs compatriotes féminines occuper des fonctions publiques porteront certainement un plus grand intérêt à la sphère politique, et ceci risque de faciliter, du moins à long terme, l'entrée de candidates de choix dans la sphère politique locale. Cependant, à l'heure actuelle, le pourcentage de femmes qui siègent au parlement indien est très bas; il était à 10,3 % en 2009, pourcentage ayant à peine augmenté en l'espace de deux décennies[336]. Malgré cela, les femmes sont souvent plus nombreuses que les hommes à voter aux élections de panchayats.

Les réservations accordées aux femmes au sein des institutions de panchayats ont assurément eu un impact positif sur leur participation politique et par le fait même sur leur *autonomisation*[337]. En effet, les réservations offrent aux femmes l'opportunité de s'exprimer lors des rencontres de villages, les *gram sabhas*, et éventuellement de participer au processus décisionnel[338]. Mahanta, qui a écrit à propos de l'*autonomisation* féminine par la voie politique, est d'ailleurs de cet avis: « La connaissance politique des femmes augmente et peu à peu un sentiment de confiance se cristallise, car elles sont désormais conscientes des problèmes rencontrés par leur localité »[339].

Aux premières élections de panchayats s'étant tenues sur le territoire indien, cinq millions de femmes ont présenté leur candidature, alors

---

336 GOVERNMENT OF INDIA. *Millenium Development Goals- India Country Report 2009, Mid-Term Statistic Appraisal*, Central Statistic Organization, Ministry of Statistics and Programme Implementation, p. 46.
337 M.P. BORAIAN. *Empowerment of Rural Women: The Deterrents and Determinants*, New Delhi, Concept Publishing Company, 2008, p. 78.
338 N. TIWARI. « Women in Panchayati Ra j», dans R. HOOJA et S. DUTT. *Fifty years of Panchayati Raj* [...], p. 357.
339 U. MAHANTA. « The Political Empowerment of Women through Panchayati Raj Institutions: A Critical Assessment of India's Experiment with Affirmative Action », *Third International Congress of the Asian Political and International Studies Association (APISA)*, New Delhi, 2007, p.18. « The political knowledge of women is increasing and gradually a sense of confidence is getting instilled in them, as they are now aware of the problems being faced by their locality »

qu'un peu plus d'un million de sièges leur étaient réservés[340]. Selon Stephen, « Si les femmes utilisent cette possibilité [réservation] de manière efficace, elles peuvent modifier les règles et les normes qui régissent les relations entre les sexes dans d'autres lieux institutionnels, tels que sites la famille, la communauté, le marché et l'État »[341]. En conséquence, même si le système de réservations n'est pas parfait, en raison du contexte global de la condition féminine en Inde, la discrimination positive a véritablement permis à certaines femmes de croire en la possibilité d'entrer sur la scène politique locale :

> Il est certain que sans le système de réservation, les femmes auraient joué un petit rôle sur la scène politique locale en Inde. Les enquêtes montrent que 95% des représentantes femmes ont affirmé qu'elles n'auraient jamais obtenu leur poste dans les panchayats s'il n'y avait pas eu de places réservées[342].

Malgré l'augmentation du nombre de femmes dans les institutions politiques locales, les avancées qualitatives sont bien moindres. Dans les faits, les inégalités de genre demeurent, et bien qu'un plus grand nombre de sièges soient effectivement occupés par des femmes, la discrimination à leur égard est toujours généralisée et bien ancrée[343]. Au sein des panchayats, il n'est pas rare que les femmes ne soient

---

340 B.S. BAVISKAR. « Impact of Women's Participation in Local Governance in Rural India », dans L.C. JAIN (dir). *Decentralisation and Local Governance* [...], p. 332.
341 F. STEPHEN. « Empowering Women in Gram Panchayats through Training », dans R. K. MURTHY (dir). *Building Women's Capacities, Interventions in Gender Transformation*, New Delhi, Sage Publications, 2001, p. 133. « If women use this opportunity [(reservation)] effectively, they can alter the rules and norms governing gender relations in other institutional sites as well – the family, community, market and the state ».
342 N. TIWARI. « Rethinking the Rotation Term of Reserved Seats for Women in Panchayati Raj », *Commonwealth Journal of Local Governance*, no.1, 2009, p. 156. « It is for sure that without the system of reservation, women would have had little role to play in grassroots politics in India. Surveys show that 95% of women representatives claimed they would never come to acquire positions in Panchayats, if there were no reserved seats ».
343 K. MANIKYAMBA. «Women in Panchayati Raj Bodies: Shift from Peripheral to Leadership Roles », dans C. CHAKRAPANI et S. VIJAYA KUMAR (dir). *Changing status and role of women in Indian society*, New Delhi, M.D publications, 1994, p. 332.

élues que pour combler les réservations prescrites par la loi plutôt que pour assurer une réelle représentation politique. Dans ces situations, le pouvoir ne leur appartient pas réellement, mais se trouve plutôt entre les mains de ceux qui ont facilité leur élection et qui souhaitent en tirer profit. Il peut s'agir du mari, de la belle-famille, des partis politiques ou encore des gens de hautes castes « incommodés » par les réservations. Ce phénomène se nomme « la représentation symbolique ». À ce sujet, Chasles établit à ce sujet un lien pertinent entre les réservations de sièges pour les femmes et la représentation symbolique:

> Ce fait sans précédent dans l'histoire indienne [(les réservations de sièges aux groupes marginalisés)] doit cependant être relativisé. [...] Beaucoup d'élues le sont par procuration et contre leur volonté, instrumentalisées par leur famille et les partis politiques: « Épouses, filles et belles-filles des élus sortants, elles ne sont élues que pour la forme; comme en témoigne l'apparition d'une nouvelle catégorie d'acteur dans la vie politique locale; le *panch pati* (le « mari » de l'élue)[344].

4.2 Les intouchables

L'intouchabilité est profondément ancrée dans les traditions indiennes et découle d'un processus historique qui exclue, autant socialement, politiquement qu'économiquement, une catégorie d'individus nommés Dalits, autrefois appelés intouchables et maintenant catégorisés en *Scheduled Castes* (SCs). En fait, les Dalits n'appartiennent à aucune caste, ils sont plutôt « hors castes ». En Inde, ils composent une grande partie de la population : on dénombre environ 16,2 % de SCs, soit 1 66 635 700 personnes[345]. Leur situation « d'impureté » les rend sujets à de nombreuses formes de discrimination,

---

344 V. CHASLES. « Femmes en Inde », dans O. LOUISET (dir). *L'Inde, L'information géographique*, Paris, Armand Collin, vol.72, no.1, 2008, p. 61.
345 S. THORAT. *Dalits in India, Search for a common Destiny*, New Delhi, Sage publications, 2009, p. 1.

et ce, dans toutes les sphères de leur vie. Traditionnellement, les Dalits se font refuser le droit d'occuper les métiers qui ne correspondent pas à leur rang, ne peuvent utiliser les mêmes commodités publiques comme les puits ou les routes utilisées par les gens de castes, sont contraints de manger uniquement certains types de nourriture, de se vêtir d'une manière particulière, de résider dans des sections peu hygiéniques, sans commodités et isolées des villages, et doivent demeurer illettrés[346]. En ne respectant pas ces « règles », les Dalits sont sujets à diverses formes de violence et d'atrocités. Bien que la situation ait évolué depuis les dernières décennies, il n'en reste pas moins que l'intégration et l'acceptation des Dalits au sein de la société sont loin d'être complètes. De plus, sur le plan de l'accès à l'éducation, les communautés de Dalits sont défavorisées, ils sont moins scolarisés, plus sujets à décrocher, reçoivent généralement une éducation de moindre qualité de sorte qu'on les retrouve peu nombreux sur les bancs des universités. Encore, leur représentation au sein de la bureaucratie et dans les domaines du commerce et de la politique est insuffisante. Ils souffrent constamment d'isolement physique et morale, notamment au sein des institutions gouvernementales.

Les réservations constitutionnellement accordées aux Dalits (SCs) devraient permettre d'élargir leurs opportunités, mais ils sont toujours confrontés à de grands défis lorsqu'ils souhaitent s'impliquer en politique puisqu'ils sont ostracisés aux marges de la société indienne et donc excluent des lieux de pouvoir[347]. En effet, le manque de considération, voire le mépris à l'égard des leaders Dalits, est un obstacle de taille qui empêche des politiciens Dalits de fonctionner indépendamment. Bien souvent, ils sont forcés d'accepter des résolutions adoptées par leurs

---

346 A. BHARWAY. *Welfare of Scheduled Castes in India*, [...], p. 43-44.
347 G. PALANITHURAI. « Status of Dalits and Gram Panchayat leaders in Tamil Nadu », dans R. HOOJA et S. DUTT (dir). *Fifty years of Panchayati Raj* [...], p. 333.

collègues[348]. Bien que la gouvernance locale puisse paraître profitable pour contrer la discrimination à l'égard des Dalits, ceux-ci sont encore bel et bien victimes d'infériorité par rapport à leurs collègues de hautes castes et connaissent des difficultés à gagner le respect de leur communauté. En effet, «[...] Les institutions villageoises continuent de refléter les structures sociales et économiques inégales, ce qui fait en sorte que les castes supérieures et les groupes économiquement puissants dans les villages continuent à être les dirigeants de fait dans les panchayats »[349]. Les Dalits ne sont pas considérés comme des individus capables d'occuper des fonctions dans des institutions de prise de décisions, et ce, même au niveau de la gouvernance locale. En effet, la décentralisation n'a pas la vertu d'effacer la domination des gens de castes, de sorte que les Dalits sont toujours réticents à faire face à l'autorité traditionnelle, craignant des représailles.

Qui plus est, en raison de l'« infériorité sociopolitique » des Dalits, les électeurs préfèrent généralement supporter la candidature des gens appartenant à leur propre caste, et ce, peu importe les compétences du candidat choisi[350]. En plus de refuser de travailler de concert avec les Dalits, les individus de hautes castes sont souvent peu enclins à l'idée de venir en aide aux communautés de Dalits et les représentants élus qui proviennent de communautés de castes supérieures prennent rarement en compte les demandes des Dalits. De plus, la mise en application des programmes gouvernementaux visant à améliorer les conditions de vie en milieu rural ne profite que très rarement à ces communautés.

---

348 P. SIVAKAMI et al. *Land Politics*, Pondicherry, Adaivu Publication, 2007, p. 22.
349 B. CHAKRABARTY et R. KUMAR PANDEY. *Indian Government and Politics,* [...], p. 289-290. « [...] the village-based institutions continue to reflect unequal social and economic structures and higher castes and economically powerful groups within the village continue to be the *de facto* leaders in panchayats. »
350 N. SINHA. *Women in Indian Politics*, New Delhi, Gyan Publishing House, 2000, p. 95.

À première vue, l'adoption de réservations de sièges pour les femmes et les Dalits constitue un pas en avant pour faciliter leur intégration politique et sociale. Par le biais de ces réservations, selon Palanithurai, il n'est pas illusoire de croire que les femmes et les Dalits sont plus enclins à défendre leurs intérêts en tant que groupes marginalisés[351]. Cependant, l'*autonomisation* sociale et politique est intrinsèquement liée. Robinson propose à ce sujet, comme plusieurs autres auteurs, qu'il soit difficile d'affirmer que la réservation de sièges puisse incontestablement pousser les femmes et les gens de basses castes à s'impliquer dans les institutions de panchayats de même qu'à contribuer à leur autonomisation[352]. Ainsi, malgré la décentralisation par le système de panchayats, des doutes planent toujours au-dessus de ce système de gouvernance locale.

4.3 Les résistances à la décentralisation

De toute évidence, malgré l'amendement constitutionnel sur les institutions de panchayats, les gouvernements locaux demeurent largement tributaires des politiques des états fédérés et des territoires d'Union[353]. D'emblée, le manque de financement est une résultante majeure de la réticence des gouvernements étatiques à déléguer des pouvoirs aux institutions de panchayats[354].

En plus d'une faible allocation financière et d'un contrôle strict par les autorités gouvernementales supérieures, les panchayats ont peu de pouvoir en termes de levée de taxes auprès des communautés[355]. De

---

351 G. PALANITHURAI. « Status of Dalits and Gram Panchayat leaders in Tamil Nadu », [...], p. 335.
352 M. ROBINSON. « A Decade of Panchayati Raj Reforms: The Challenge of Democratic Decentralisation in India », [...], p. 15.
353 P. R. DE SOUZA. « The Struggle for Local Government: Indian Democracy's New Phase », p. 17
354 R. HOOJA et S. DUTT. *Fifty years of Panchayati Raj and Decentralised Development*, [...], p. 15.
355 M. ROBINSON. « A Decade of Panchayati Raj Reforms: The Challenge of Democratic Decentralisation in India », [...], p. 24.

plus, la non-rémunération des représentants élus « [...] conduit à une sorte d'appropriation légitime des fonds publics alloués aux activités de développement »[356]. Mise à part cette problématique, l'élite locale accapare parfois la gestion des projets émanant des panchayats détournant ainsi l'*autonomisation* des classes défavorisées. Des candidats incitent souvent les populations à soutenir leur candidature en échange de versements monétaires, sommes qui peuvent parfois atteindre, selon la *Social Vice and Educational Development Trust*, autour de 30 000 roupies par candidat (environ 1 000$ canadien)[357].

Une autre réalité qui mérite d'être mentionnée, l'influence des partis politiques sur les élus des gouvernements locaux. En raison de leurs pouvoirs restreints, les représentants élus se retrouvent souvent contraints de se lier à des partis politiques. Cela leur permet d'avoir accès à des ressources financières et de remédier à leur pouvoir d'influence peu significatif en jouissant d'une meilleure représentation dans la sphère politique locale : « Les dirigeants politiques locaux trouvent avantageux d'avoir des liens organisationnels avec les partis nationaux afin d'obtenir de l'aide financière et d'autres types de soutien, tandis que les partis nationaux utilisent ces organisations locales pour susciter un appui local quant à leurs politiques et programmes nationaux[358] ». Ainsi, les personnes intéressées à participer aux élections locales sont souvent enclines à se présenter non pas sur une base volontaire et indépendante, mais plutôt en étant

---

[356] A. SURYAKANTHI. « Partnership Among Bureaucracy, NGOs and PRIs: Deterrents and Determinants » dans N. LALITHA (dir). *Emerging Partnership in Rural Development*, Delhi, Dominant Publisher and Distributors, 2005, p. 33. « [...] leads to a kind of justifiable appropriation of government funds allotted to development activities »

[357] A. BOURQUE et M-H. ROUSSEAU. *Entrevue avec G. Gumasundari, Staff member, Social Vice and Educational Development Trust (SVED)*, Kumarakudi, Tamil Nadu, 24 février 2010, Entrevue (120 minutes).

[358] K. SUBHA. *Women in Local Governance*, Jaipur, Motherland printing Press, 1994, p. 135-136. « Local political leaders find it advantageous [sic] to have organisational ties with the national parties in order to get financial and other types of support while the national parties use these local organisations to arouse local support for their national policies and programmes »

soutenues par la reconnaissance déjà acquise d'un parti politique. Au moment de leur mise en candidature, les leaders de panchayats, bien que préférant se présenter indépendamment, affirment s'allier avec des partis politiques, sans quoi il leur serait plus difficile de remporter les élections. Par ailleurs, les partis politiques, bien qu'ils acceptent de se lier aux représentants locaux, sont peu disposés à partager leur pouvoir avec les entités locales.

Conclusion

Sur la base des éléments théoriques et empiriques que nous avons énoncés jusqu'ici, nous pouvons retenir que la décentralisation en Inde est bien réelle. Il n'en demeure pas moins que le modèle politique actuel qui prévoit l'exercice de cette décentralisation n'est pas parfait. L'implantation des panchayats à l'échelle nationale s'effectue de 1994 à 2003, de sorte que sur plusieurs plans, des améliorations et ajustements s'imposent. Il est pertinent de cibler quelques-uns des défis découlant de la « réalité politique décentralisée ».

Il ne faut pas oublier qu'avant l'amendement constitutionnel de 1992, les états et les territoires d'Union détenaient les pouvoirs législatifs, judiciaires et la quasi-totalité des pouvoirs exécutifs relatifs à leurs champs de compétences constitutionnelles sur les gouvernements locaux. Cependant, au lendemain du 73e amendement et en conformité avec la constitution indienne, ils se voyaient contraints de déléguer des pouvoirs exécutifs aux entités politiques locales désormais constitutionnellement reconnues et se sont retrouvés avec moins de pouvoirs[359]. En matière de délégation des pouvoirs, la constitution indienne prévoit une dévolution de vingt-neuf pouvoirs des gouvernements d'état vers les institutions de panchayats, pouvoirs surtout liés aux travaux publics et aux ressources de base à fournir aux

---

[359] B. CHAKRABARTY et R. KUMAR PANDEY. *Indian Government and Politics*, [...], p. 290.

populations, services qui ne nécessitent généralement pas d'expertise et de finances importantes pour être délivrés. Cette délégation est discrétionnaire à chaque état[360].

Dans cette perspective, l'amendement constitutionnel a ainsi fait des fonctionnaires de « simples » acteurs de changement plutôt que des instigateurs de changement. En raison de cette nouvelle structure, les relations entre la bureaucratie et les institutions de panchayats ont évolué dans une perspective plutôt négative et compétitive[361]. Or, plutôt que de bâtir une relation de collaboration, les dirigeants politiques des états et la bureaucratie n'ont pas été encouragés à travailler conjointement avec les panchayats pour le développement local. Le processus de décentralisation a plutôt débouché sur des relations de rivalités entre les deux paliers de gouvernement. Le monopole bureaucratique des *états fédérés est un défi de taille pour les institutions de panchayats.*

Somme toute, il est important de mentionner que toute délégation de pouvoirs vers les villages et les communes de panchayats s'effectue entièrement à la discrétion des gouvernements étatiques. Comme en fait mention la constitution indienne, « [...] la législature d'état peut doter le panchayat des pouvoirs et de l'autorité nécessaire pour permettre le fonctionnement des institutions d'autogouvernement »[362]. L'analyse de Hooja et Dutt soulève que pour assurer une réelle délégation de pouvoirs, il devrait avoir une obligation effective: « L'état peut modifier les limites des structures des panchayat et des autres organisations locales [...] aussi facilement qu'il peut modifier les limites du cadre administrative comme le quartier [...] Les états

---

360 R. HOOJA et S. DUTT. *Fifty years of Panchayati Raj and Decentralised Development*, [...], p. 11.
361 B. CHAKRABARTY et R. KUMAR PANDEY. *Indian Government and Politics*, [...], p. 283.
362 CONSTITUTION OF INDIA. *Index-wise access to Constitution of India*, [En ligne], http://indiacode.nic.in/coiweb/coifiles/part.htm, (page consultée le 10 mars 2010), ART 243G.

ont accepté le 73ᵉ amendement à la lettre plutôt que l'esprit de ce dernier [363] ».

En somme, malgré les limites exposées précédemment, comme le monopole bureaucratique, le manque de légitimité des panchayats, la faible délégation de pouvoirs et de financement, les pratiques corruptives, il est indéniable que la décentralisation connaît une évolution constante dans la plus grande démocratie du monde. L'effort de décentralisation visait le renforcement des classes défavorisées qui autrefois étaient complètement effacées de la sphère publique. Aujourd'hui, ces groupes parviennent de plus en plus à s'émanciper et à s'impliquer en politique. Bien que l'*autonomisation* de ces groupes est loin d'être complète, nous pouvons conclure de l'expérience indienne que la décentralisation leur aura été bénéfique.

Bibliographie

BHARWAY, Anil. *Welfare of Scheduled Castes in India*, New Delhi, Deep & Deep Publications, PVT. LTD., 2002, 286 p.

BORAIAN, M. P. *Empowerment of Rural Women, The Deterrents and Determinants*, New Delhi, Concept Publishing Company, 2008, 228 p.

BOURQUE, Andréanne et Marie-Hélène ROUSSEAU. *Entrevue avec G. Gumasundari, Staff member, Social Vice and Educational Development Trust (SVED)*, Kumarakudi, Tamil Nadu, 24 février 2010, Entrevue (120 minutes).

BRYLD, Erik. « Increasing participation in democratic institutions through decentralization: empowering women and scheduled castes and tribes through Panchayat Raj in rural India», *Democratization*, vol.8, no.3, 2001, p.149-172.

CHAKRABARTY, Bidyut et Rajendra KUMAR PANDEY. *Indian Government and Politics*, New Delhi, Sage Publications, 2008, 359 p.

CHAKRAPANI, C. et S. VIJAYA KUMAR (dir). *Changing status and role of women in Indian society*, New Delhi, M.D publications, 1994, 361 p.

---

[363] R. HOOJA et S. DUTT. *Fifty years of Panchayati Raj and Decentralised Development*, [...], p. 311. « The State can alter the boundaries of panchayat bodies and other local bodies [...] as easily as it can alter the boundaries of its administrative limits like the district [...] The States have accepted the 73ʳᵈ in letter rather than spirit. »

CONSTITUTION OF INDIA. *Index-wise access to Constitution of India,* [en ligne], http://indiacode.nic.in/coiweb/coifiles/part.htm.

DELIÈGE, Robert. *Le système indien des castes*, collection les Savoirs mieux, Villeneuve d'Ascq, Éditions Septentrion Presses universitaires, 2006, 184 p.

DE SOUZA, Peter Ronald. « The Struggle for Local Government: Indian Democracy's New Phase », *Publius,* vol.33, no. 4, 2003, p. 99-118.

GHOSH, Jayanti et CHANDRASEKHAR, C.P. *A Note on Fiscal Devolution and the Centrally Sponsored Schemes*, [en ligne], http://www.macroscan.org/fet/may08/fet260508Devolution.htm

GOVERNMENT OF INDIA. *Millenium Development Goals- India Country Report 2009, Mid-Term Statistic Appraisal*, Central Statistic Organization, Ministry of Statistics and Programme Implementation, 2009, 94 p.

HEREDIA-ORTIZ, Eunice, Mark RIDER. *India's Intergovernmental Transfer System and the Fiscal Condition of the States*, Andrew Young School of Policy Studies: Research Paper Series, Working Paper 06-47 (novembre 2005), 18 p.

HOOJA, Rakesh et Sunil DUTT. *Fifty years of Panchayati Raj and Decentralised Development*, New Delhi, Indian Institute of Public Administration, in association with Kanishka publishers and distributors, 2010, 384 p.

JAIN, L. C. (dir). *Decentralisation and Local Governance*, New Delhi, Orient Longman Editions, 2005, 547 p.

KAPUR, Devesh, Partha MUKHOPADHYAY et Arvind SUBRAMANIAN. « The case of direct cash transfers to the poor» *Economic and political weekly*, April 12-18 2008, vol. XLIII, no 15, p. 37-43.

LALITHA, N. (dir). *Emerging Partnership in Rural Development*, Delhi, Dominant Publisher and Distributors, 2005, 326 p.

LEMIEUX, Vincent. *La décentralisation*, Québec : Les Presses de l'Université Laval, 1997, 129 p.

LOUISET, Odette (dir). *L'Inde, L'information géographique*, Paris, Armand Collin, vol.72, no.1, mars 2008,120 p.

MAHANTA, Upasana. « The Political Empowerment of Women through Panchayati Raj Institutions: A Critical Assessment of India's Experiment with Affirmative Action », *Third International Congress of the Asian Political and International Studies Association (APISA)*, New Delhi, novembre 2007, 28 p.

MURALI, Shankari. *Fiscal Decentralisation in India Helps Program Delivery*, Controller General of Accounts, Ministry of Finance, Government of India, 2008, 18 p.

MURTHY, Ranjani K. (sous la direction de). *Building Women's Capacities, Interventions in Gender Transformation*, New Delhi, Sage Publications, 2001, 383 p.

NIRMAL. Amit, *Study on Transfer of Resources from Centre to States (1978-79 to 2002-2003)*, New Delhi: Government of India, Ministry of Statistics and Programme Implementation, 2004, p. 118-127, http://mospi.gov.in/mospi_seminarseries_nov04_2_6_final.pdf

OATES, Wallace E. *Fiscal Federalism*. New York: Harcourt Brace Jovanovich, 1972, 249 p.

RAO, M. Govinda, *Fiscal Decentralization in Indian Federalism*, Bangalore: Institute for Social and Economic Change, 2000, 37 p.

RAO, M. Govinda et Nirvikat SINGH. *Asymetric Federalism in India*, Santa Cruz: University of California, 2004, 30 p.

RAMASWAMY, Sushila. «India's crisis of governance: the women's perspective», *Policy and Society*, vol.24, no.3, 2005, p.122-141.

RODRIGUEZ-POSE, Andrés, Sylvia A. R. TIJMSTRA et Adala BWIRE. « Fiscal decentralisation, efficiency, and growth » Working Papers, Instituto Madrileño de Estudios Avanzados (IMDEA) Ciencias Sociales, 2007, 40 p.

SINGH, Nirvikal. *Fiscal Feferalism and Decentralization in India*, MPRA Paper No. 1447, 2007, 94 pages.

SINHA, Niroj. *Women in Indian Politics*, New Delhi, Gyan Publishing House, 2000, 302 p.

SIVAKAMI, P. et al. *Land Politics*, Pondicherry, Adaivu Publication, 2007, 48 p.

SOHINI, Paul. *The Right to Information and Panchayati Raj Institutions: Himachal Pradesh as a Case Study*, Commonwealth Human Rights Initiative, New Delhi, January 2007, 50 p.

SUBHA, K. *Women in Local Governance*, Jaipur, Motherland printing Press, 1994, 96 pages.

THORAT, Sukhadeo. *Dalits in India, Search for a common Destiny*, New Delhi, Sage publications, 2009, 313 pages.

TIWARI, Nupur. «Rethinking the Rotation Term of Reserved Seats for Women in Panchayati Raj», *Commonwealth Journal of Local Governance*, no.1, 2009, p.151-157.

UNDP. *Governance For Sustainable Development*, New York, 1997.

VAUGIER-CHATTERJEE, Anne. « Le Fédéralisme entre centralisation et décentralisation » dans *Pouvoirs*, no. 90 - L'Inde - septembre 1999 - p. 25-41.

VITHAL, B.P.R. et M.L., SASTRY. *Fiscal Federalism in India*, Delhi: Oxford University Press, 2001, 300 pages.

Figure 1 : États fédérés de l'Inde

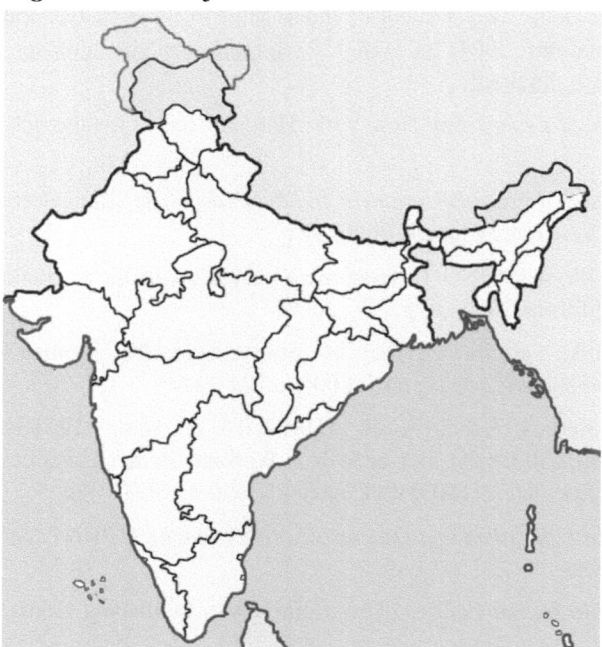

Figure 2 : Districts ou Zilla Parishad

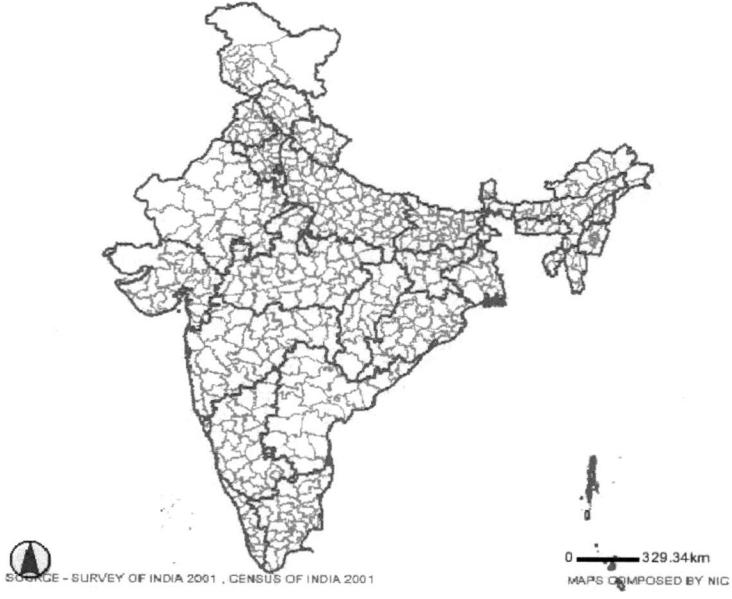

Troisième partie - Contextes

Figure 3 : L'état fédéré du Tamil Nadu et le district de Dharampuri

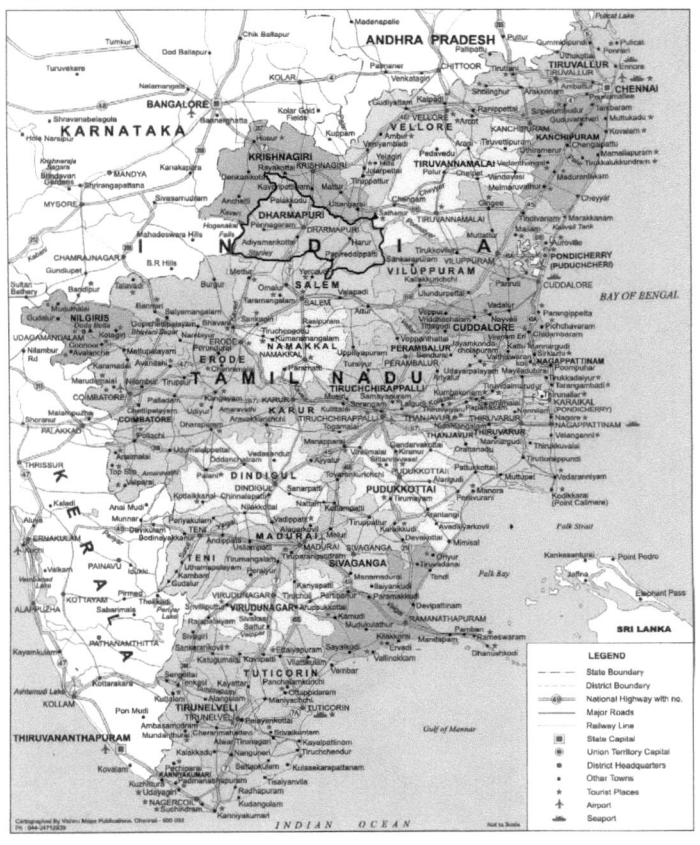

Figure 4 : Taluks du district de Dharampuri et ses comtés

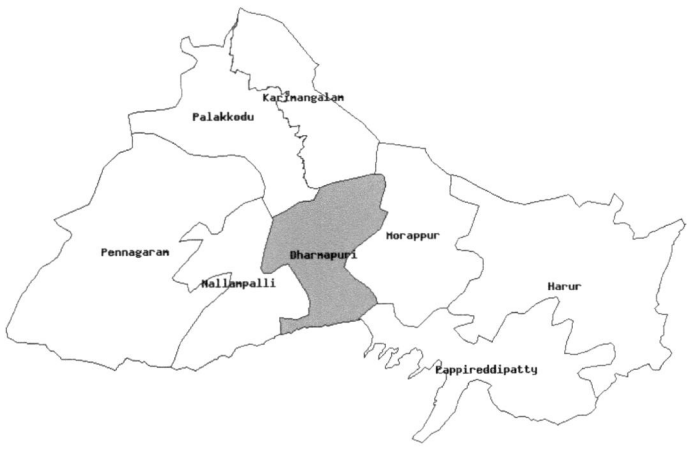

Figure 5 : Le comté de Dharampuri et ses grams pachayats

Chapitre 8
La science politique à l'épreuve de la réalité

Par Catherine Côté

Introduction

La science politique est une discipline en constant changement. Elle touche à plusieurs disciplines tout en ayant sa propre personnalité. Elle peut être à la fois très quantitative ou très qualitative et elle s'intéresse tant aux idées, aux structures, aux mouvements qu'aux individus. Elle traite tout autant les deux grands aspects de la science politique, soit « le » politique, c'est-à-dire ce qui touche l'intérêt général comme les idéologies, les grands enjeux, les structures, les mouvements sociaux; et « la » politique, soit ce qui concerne davantage les intérêts individuels comme l'influence, le pouvoir, le marketing et les élections[364]. La nature de la science politique est essentiellement dynamique. Elle tente de comprendre et d'analyser la réalité politique contemporaine. Elle s'intéresse donc à ce qui se passe maintenant. Or la réalité n'est pas toujours facile à saisir. La science politique est donc continuellement en train de s'adapter en multipliant les approches méthodologiques pour comprendre une réalité à la fois complexe et mouvante.

Une discipline comme les autres ?

La science politique est une discipline relativement jeune. Longtemps associée au droit, à l'économie, voire à l'histoire, elle s'est distinguée des autres disciplines à la fin du 19ᵉ siècle, notamment en

---

364 Pour mieux comprendre la distinction entre ces deux aspects : M. GAUCHET. *L'Avènement de la démocratie*, Paris, Gallimard, « Bibliothèque des sciences humaines », vol. I, 2007, La Révolution moderne, p. 207 et vol. II, La Crise du libéralisme, p. 312.

France[365] et aux États-Unis[366], pour prendre son essor au milieu du 20ᵉ siècle et s'institutionnaliser un peu partout. Cependant, si on peut dire qu'elle est aujourd'hui bien établie, plusieurs grands débats l'assaillent, et la discipline semble se chercher encore comme une jeune adulte qui tente de prouver qu'elle peut être indépendante, mais sans trop savoir dans quelle direction elle ira.

Longtemps on a contesté l'existence même de la science politique comme discipline. Cela explique peut-être pourquoi elle n'a cessé de tenter de prouver qu'elle a des outils méthodologiques qui confirment la scientificité de son approche. Les années 1950 et 1960 ont été particulièrement marquées par l'approche béhavioraliste[367], qui a chamboulé plusieurs façons de faire entre autres aux États-Unis. Dès lors, certains ne juraient plus que par l'énonciation d'hypothèses, les vérifications empiriques et l'inférence pour expliquer les comportements des individus et des groupes[368] en s'inspirant à la fois des pratiques de laboratoire de psychologie, des modèles mathématiques[369] et du comportement économique[370]. Ces pratiques méthodologiques demeurent encore valides aujourd'hui et les politologues de cette approche continuent d'élever la rigueur et les standards scientifiques à des niveaux toujours de plus en plus élevés. À un point tel que les politologues qui n'évoluent pas dans cette sphère sont parfois désarçonnés par les logarithmes et les colonnes de coefficients qui servent d'argumentaire.

---

365 En 1872, l'École libre des sciences politiques est créée à Paris.
366 En 1880, l'Université Columbia fonde son école de science politique et *l'American Political Science Association* voit le jour en 1904.
367 Le behaviorisme a pour objet d'étude le comportement politique. Voir à ce sujet : D. EASTON. « The Current Meaning of 'Behaviouralism' » dans J. CHARLESWORTH (dir.). *Contemporary Political Analysis*. New York: The Free Press, 1967, p. 11-31.
368 D. EASTON. « Political Science in the United States: Past and Present », *International Political Science Review*, vol. 6, no. 1, 1985, p. 133-152.
369 H. MOULIN. *Théorie des jeux pour l'économie et la politique*, Paris, Hermann, 1981, 248 p.
370 A. DOWNS. *An Economic Theory of Democracy*. New York: Harper and Brothers, 1957, 310 p.

Ce tournant vers le béhavioralisme a créé plusieurs remous à l'époque[371], et si certains se sont insurgés, et s'insurgent d'ailleurs encore contre cette approche, il n'en demeure pas moins que cela a obligé la discipline à se questionner sur sa logique méthodologique[372]. Pourtant, on peut se demander si cette « révolution béhavioraliste » n'a pas été exagérée. Elle serait peut-être davantage une sorte de mythe fondateur[373] qui aurait permis, et surtout, qui permettrait aux chercheurs contemporains de construire leurs identités à travers ce prisme[374].

Dans les années 1980 et 1990, à maintes reprises, on reprendra le refrain de la division qui règne dans la discipline entre approche qualitative et quantitative, ou comme le disait Gabriel Almond entre « idéologie » et « méthodologie »[375]. Afin de mettre fin à la controverse, d'autres chercheurs voudront plutôt tabler sur une base commune tout en redonnant ses lettres de noblesse à l'analyse qualitative. L'*American Political Science Review* sera ainsi témoin de nombreux débats, notamment à cause de la parution de l'ouvrage de King, Keohane et Verba sur l'inférence scientifique de la recherche en science politique[376]. L'accent mis sur la comparaison comme base de la méthode scientifique[377] fera en sorte qu'on verra durant cette période la politique comparée prendre du galon et devenir une sous-

---

371 R. DAHL. « The Behavioural Approach in Political Science: Epitaph for a Monument to a Successful Protest », *The American Political Science Review*, vol. 55, no. 4, 1961, p. 763-772.
372 C. TURENNE-SJOLANDER et W. S. COX. *Beyond Positivism: Critical Reflections on International Relations*, Boulder, Lynne Rienner, 1993, 203 p.
373 J. R. BERKENPAS. « The Behavioral Revolution? History and Myth in American Political Science », Conférence présentée dans le cadre du congrès annuel du *Western Political Science Association*, Western Michigan University, Portland, OR, Mars 2012.
374 J. S. DRYZEK et S.T. LEONARD. « Can Political Science History be Neutral? » *The American Political Science Review*, vol. 84, no. 2, 1990, p. 587-607.
375 G. A. ALMOND. *A Discipline Divided: Schools and Sects in Political Science*, Newbury Park, CA: Sage, 1999, 348 p.
376 G. KING, R.O. KEOHANE et S. VERBA. *Designing Social Inquiry: Scientific Inference in Qualitative Research*. Princeton University Press. 1994, 300 p.
377 A. LIJPHART. « Comparative Politics and the Comparative Method », *American Political Science Review*, vol. 65, no. 3, 1971, p. 682-693.

discipline reconnue[378]. Les études de cas connaîtront aussi leur période de gloire[379] et seront intimement liées à l'émergence des théories du développement[380] alors que le néo-institutionnalisme fera une percée en se redéfinissant complètement par le biais notamment de l'influence cognitive et du choix rationnel[381].

Si les politologues s'entendent sur la nécessaire rigueur de toute démarche[382], ils continuent toutefois de diverger sur la façon d'aborder la recherche. Ainsi, pour certains, la science politique se divise plus ou moins selon deux grands paradigmes de recherche, le positivisme et l'interprétativisme[383]. Dans le cas du positivisme, on fait de la science politique en empruntant les méthodes des sciences naturelles, en misant sur l'empirisme et l'observation d'une réalité objective[384]. On fonctionne par hypothèse déterministe et il y a indépendance du sujet et de l'objet. Dans le cas de l'interprétativisme, le sujet et l'objet sont liés, l'essence de l'objet ne peut être atteint ou n'existe pas et l'hypothèse est intentionnaliste[385]. Les deux approches ne sont toutefois pas toujours si opposées comme ont pu le démontrer certains auteurs[386]. Aussi, sans nécessairement s'inscrire dans cette

---

378 D. COLLIER. « The Comparative Method », dans A. FINIFTER (dir.). *The State of the Discipline II. American Political Science Association*, 1993, p. 105-120.
379 J. GERRING. « What is a Case Study and What is it Good for? », *American Political Science Review*, vol. 98, no. 2, 2004, p. 341-354.
380 A. L. GEORGE et A. BENNETT. *Case Studies and Theory Development in Social Sciences*. Cambridge, Massachusetts, MIT Press, 2005, 331 p.
381 T. KOELBLE. « The New Institutionalism in Political Science and Sociology », *Comparative Politics*, vol. 27, no. 2, 1995, p. 231-243.
382 G. PAQUET. « La recherche en sciences sociales : plaidoyer pour une certaine coercition », Interface, novembre-décembre 1984, p. 35-37.
383 N. ORJI. « The Study of Politics : Logic, Approaches and Methods », dans E. NWEKE et N. ORJI (dir.). *A Handbook of Political Science*, Abakaliki: Department of Political Science, Ebonyi State University, 2009, p. 25-42.
384 J. B. MANHEIM, R. C. RICH, L. WILLNAT et al. *Empirical Political Analysis: Research Methods in Political Science*, 8e édition, New York, Longman, 2010, 464 p.
385 R.-A. THIÉTART et al. *Méthodes de recherche en management*, 3e édition, Paris, Dunod, 2006, p. 14-15.
386 W. D. ROTH et J. D. MEHTA. « The Rashomon Effect: Combining Positivist and Interpretativist Approaches in the Analysis of Contested Events », *Sociological Methods and Research*, vol. 31, no. 2, 2002, p. 131-173.

dichotomie, on préférera plutôt parler d'une différence au niveau des stratégies de recherche, soit déductive ou inductive[387]. Or, c'est surtout la multiplication des champs et des thèmes couverts par la science politique qui permettra à cette pluralité de coexister. De sorte qu'aujourd'hui, on s'en tient finalement à l'évaluation par les pairs comme seul étalon permettant d'estimer la rigueur et la qualité de la recherche effectuée. Malgré tout, au sein même des comités d'évaluation, des désaccords persistent entre spécialistes quant à la façon de définir l'excellence de la recherche en science politique[388].

En élargissant l'éventail de ses champs de spécialisation, la science politique s'est ainsi rapprochée de plusieurs autres disciplines, soit en partageant un savoir et des méthodes, ou carrément en offrant de plus en plus de formations bidisciplinaires au sein des différentes facultés. Comme si le fait de s'être questionnée longtemps avait fait en sorte que la science politique, qui cherchait au départ à se distinguer des autres disciplines, n'hésite plus à offrir sa complémentarité aux autres disciplines, forte de ses champs d'expertise et de son autonomie acquise.

Un objet intangible et mouvant

Si la science politique utilise les mêmes outils méthodologiques que les autres sciences sociales et s'intéresse tout autant à plusieurs thèmes qui sont partagés par celles-ci, on peut, dès lors, se demander ce qui distingue réellement la science politique des autres disciplines :

> La science politique est la seule qui ouvre une fenêtre sur l'une des dimensions les plus anciennes de la société humaine. Dès le jour où des humains se sont rassemblés

---

[387] Aussi appelée méthode « hypothético-déductive », telle que définie par K. POPPER. *Logique de la découverte scientifique*, traduction française de « Logik der Forschung », Paris, Payot, collection « Bibliothèque scientifique », parution originale en 1935, édité en français en 1973, 305 p.

[388] M. LAMONT. *How Professors Think: Inside the Curious World of Academic Judgment*, Harvard University Press, 2010, 336 p.

dans le cadre d'une structure sociale différenciée, la politique était née. Cela remonte donc à beaucoup plus loin que la polis grecque dont les classiques nous ont chanté les vertus[389].

Fondamentalement, l'objet d'étude est différent, la science politique s'intéresse d'abord et avant tout aux relations de pouvoir. Or, comme le disait Alain Touraine :

Le pouvoir est partout et nulle part : il est dans la production de masse, dans les flux financiers, dans les genres de vie qui se répandent, à l'hôpital, à l'école, à la télévision, dans les images, les messages, les techniques mêmes[390].

Comment mesurer alors un phénomène aussi intangible? Sans doute les politologues souhaitent-ils comprendre les rapports de force entre les individus, les groupes, les institutions, les États et même le marché. Certes, les relations de pouvoir sont en constante mouvance : des dictatures tombent, des mouvements se créent, des entreprises deviennent monopoles, des technologies transforment nos modes de vie, des désastres chamboulent des systèmes, des valeurs s'entrechoquent. Pour bien étudier ces phénomènes, les politologues doivent alors constamment se mettre à jour, et surtout, vérifier si le savoir acquis est remis en question par ces nouveaux phénomènes ou si au contraire ils confirment des théories ou des grandes tendances déjà existantes. Les politologues sont d'ailleurs souvent appelés à commenter dans les médias pour faire part de cette expertise de « l'intangible ». Cependant, le fait d'être confrontés à cette réalité changeante n'est pas la seule embûche. Il est également bien difficile d'analyser une situation dans

---

389 N. MICHAUD. *Praxis de la science politique: une porte ouverte sur les méthodes, les champs et les approches de la discipline*, Québec, Les Presses de l'Université Laval, 1997, p. 5.
390 A. TOURAINE. *Lettre à Lionel, Michel, Jacques, Martine, Bernard, Dominique... et vous*. Paris, Fayard, 1996, p. 37-38.

laquelle nous sommes plongés. Au-delà de l'expérience immédiate d'un phénomène, nos propres convictions stimulent et limitent à la fois la connaissance qu'on peut acquérir de la réalité[391]. Nous pouvons en effet faire de la dissonance cognitive avec les nouveaux phénomènes auxquels nous sommes confrontés[392]. L'empirisme souligne de façon particulièrement aiguë la nécessité de prendre du recul face à ce que nous cherchons à comprendre et face à notre perception de la réalité. Pour la phénoménologie, notre propre expérience peut au contraire être mise à profit[393]. Pour le constructivisme, le savoir est conçu en termes d'intersubjectivité parce qu'il s'intéresse justement à l'aspect social de l'existence humaine, soit l'influence du milieu et des interactions sur la constitution de nos comportements[394].

La réalité politique oblige donc les politologues à être continuellement sur le qui-vive et à l'affût de l'actualité. Pourtant, ce ne sont pas tant les faits eux-mêmes qui les intéressent, quoiqu'ils y accorderont une grande attention, mais plutôt ce qu'ils peuvent révéler. Ainsi, prenons par exemple une question qui inquiète depuis plusieurs années à la fois les chercheurs et l'ensemble des citoyens, soit le déclin de la participation électorale. Tout dépendant de l'approche utilisée, certains politologues y verront une tendance lourde liée à la méfiance envers les politiciens et les institutions[395], d'autres y verront

---

[391] F.-P. GINGRAS, et C. CÔTÉ. « La sociologie de la connaissance », dans B. GAUTHIER (dir.). *Recherche sociale: de la problématique à la collecte des données*, 5ᵉ éd., Québec, Presses de l'Université du Québec, 2009, p. 19-50.
[392] L. FESTINGER, H. W. RIECKEN et S. SCHACHTER. *When Prophecy Fails: A Social and Psychological Study of a Modern Group that Predicted the Destruction of the World*, University of Minnesota Press, 1956, 264 p.
[393] C. DESCHAMPS. *L'approche phénoménologique en recherche : comprendre en retournant au vécu de l'expérience humaine,* Montréal, Guérin, 1993, 111 p.
[394] M. FINNEMORE et K. A. SIKKINK. « Taking Stock: The Constructivist Research Program in International Relations and Comparative Politics », *Annual Review of Political Science*, vol. 4, juin 2001, p. 391-416.
[395] N. NEVITTE. *The Decline of Deference: Canadian Value Change in Cross-National Perspective*, Peterborough, Broadview Press, 1996, p. 50.

un phénomène générationnel post-baby-boomers[396]. Enfin, d'autres suggéreront que le manque d'éducation à la citoyenneté[397] et d'un système plus adéquat de représentation[398] contribuent également à ce phénomène sociopolitique. Dans tous les cas, ceux qui cherchent à comprendre pourquoi perdure cette baisse de participation électorale utilisent une forme de comparaison, qu'elle soit entre différents systèmes électoraux, pays, générations ou tout simplement dans le temps[399]. Pour ce faire, l'horizon des méthodes utiles est large. Cela peut aller de l'utilisation de données sociodémographiques[400], de sondages sur les valeurs, d'entrevues pour mieux comprendre les pratiques, jusqu'à l'observation et les groupes de discussion ainsi que l'analyse de discours pour comprendre quels liens les citoyens entretiennent avec la participation électorale. Ces méthodes témoignent toutes de l'obligation pour les chercheurs d'adapter leur méthodologie à une réalité mouvante et intangible afin de bien l'analyser et la comprendre.

Le progrès

Les progrès techniques et scientifiques qui sont survenus au cours des derniers siècles ont modifié rapidement la vie des individus. Ainsi, un homme né à la fin du 19ᵉ siècle mourra dans un monde bien différent de celui qu'il aura connu jeune. En plus des progrès en hygiène et en médecine, l'essor des transports, de la téléphonie, de l'électricité et de la radiodiffusion seront autant de transformations

---

396 A. BLAIS, E. GIDENGIL, N. NEVITTE et R. NADEAU. « Where does turnout decline come from? » *European Journal of Political Research* vol. 43, no. 2, 2004, p. 221-236.
397 H. MILNER. « Are Young Canadians Becoming Political Drop-Outs? A Comparative Perspective », *Choices*, vol. 11, no 3, 2005, p. 1-26.
398 M. N. FRANKLIN. « The Dynamics of Electoral Participation », dans L. LEDUC, R. G. NIEMI et P. NORRIS (dir.). *Comparing Democracies 2: New Challenges in the Study of Elections and Voting*, Thousand Oaks, California, Sage Publications, 2002, p. 148.
399 Pour mieux comprendre l'approche comparée : M. GAZIBO et J. JENSON. *La politique comparée : Fondements, enjeux et approches théoriques*, Collection « Paramètres », Montréal : Les Presses de l'Université de Montréal, 2004, 324 p.
400 Pour mieux comprendre l'utilisation des données sociodémographiques en science politique : É. WEISS-ALTANER. *Principes de démographie politique : population, urbanisation développement*, Genève, Economica, 1992, 247 p.

qui viendront bouleverser tant le quotidien des citoyens que la façon dont s'organisent les États aux prises avec l'urbanisation croissante. Cela veut dire également qu'en s'adaptant à une réalité de plus en plus complexe, l'appareil d'État est devenu lui aussi plus complexe, développant de nouvelles réglementations, de nouvelles formes de gestion, et certains diront, sa propre logique de fonctionnement.

Si on ne prend que l'exemple de l'automobile, on pense tout de suite à la façon dont toute l'organisation des sociétés s'est vue transformée, à la fois socialement avec la création des banlieues, de l'étalement urbain, des réseaux routiers et des problèmes de congestion; mais aussi économiquement, avec la dépendance au pétrole et aux problèmes liés à l'exploitation d'un combustible fossile non renouvelable causant de lourds problèmes environnementaux. À cet égard, on réalise que l'automobile, et surtout l'industrie pétrolière, a dans l'histoire récente des impacts géopolitiques majeurs[401]. Déjà, à lui seul, le phénomène de l'automobile et toutes ses conséquences politiques peut occuper des politologues de toutes les branches de la discipline.

De même, s'il est un domaine qui a beaucoup changé au cours des 20e et 21e siècles, c'est bien celui des médias. On a beaucoup parlé de l'impact qu'avait eu l'invention de la presse à imprimer permettant de faire circuler les livres, puis les journaux, mais surtout, les idées. On a lié à cette nouvelle circulation des idées l'essor de l'économie de marché et la montée du nationalisme[402]. Les nouveaux médias de masse ont également contribué à modifier la vie des citoyens. Il y a eu la radio, objet de divertissement certes, mais également outil d'information privilégié, notamment en temps de guerre. La radio

---

[401] M. RENNER, H. FRENCH et E. ASSADOURIAN. *L'état de la planète: Redéfinir la sécurité mondiale Rapport de l'Institut Worldwatch sur le développement durable*, L'état de la planète publications, 2005, p. 125.

[402] B. R. ANDERSON. *Imagined Communities: Reflections on the Origin and Spread of Nationalism*, Éditeur Verso, 1991, 224 p.

continue d'ailleurs aujourd'hui d'être un médium apprécié. Par exemple, la radio a « mobilisé » près de 50 000 personnes dans les rues de Québec pour manifester leur attachement à l'animateur-vedette Jean-François (« Jeff ») Fillion de la station de radio CHOI FM lorsque le renouvellement de la licence de cette station de radio fut remis en question par le CRTC[403].

Le cinéma aussi offrira du divertissement et des images d'actualités dès ses débuts, mais contribuera surtout à devenir un outil de propagande important pour les États lors des grands conflits mondiaux, mais également comme industrie culturelle avec le cinéma hollywoodien, qui contribuera à forger l'identité américaine et faire rêver le monde entier à l'*American dream* tout en s'assurant de revenus faramineux[404]. La télévision contribuera aussi à divertir, informer et devenir une forme de propagande sociologique[405]. Elle changera complètement les habitudes de vie par le nombre d'heures qui y seront consacrées dans les années 1980, soit une moyenne de 25 heures par semaine. Elle changera également la façon de faire la politique à partir des débats télévisés Kennedy-Nixon où la perception du gagnant des débats sera intimement liée à l'image[406]. Pourtant, à cause de l'image qu'elle projette de la vie politique, elle deviendra pour certains la cause première de la montée du cynisme et du déclin de la participation politique[407].

---

403 O. TURBIDE, D. VINCENT et M. LAFOREST. « Les "X" à Québec : la construction discursive d'un groupe exclusif », *Recherches sociographiques*, vol. 49, n° 1, p. 87-112.
404 C. CÔTÉ. « Les médias », dans M. FORTMANN et P. MARTIN (dir.). *Le système politique américain*, 5ᵉ édition revue et augmentée, Collection « Paramètres », Montréal : Les Presses de l'Université de Montréal, 2013, p. 320-343.
405 I. RAMONET. *Propagandes silencieuses : masses, télévision, cinéma*, Paris : Gallimard, 2002, 258 pages.
406 T. GIASSON, R. NADEAU et É. BÉLANGER. « Débats télévisés et évaluations des candidats : la représentation visuelle des politiciens canadiens agit-elle dans la formation des préférences des électeurs québécois? », *Revue canadienne de science politique*, vol. 38, no 4, décembre 2005, p. 867-895.
407 J. N. CAPPELLA et K. H. JAMIESON. *Spiral of Cynicism: The Press and the Public Good*. New York : Oxford University Press., 1997, 325 p.

La commercialisation à grande échelle de nouveaux outils technologiques comme le micro-ordinateur, le téléphone cellulaire et l'accès à Internet auront par la suite de grandes répercussions sur les modes de vie[408], mais également sur le fonctionnement des systèmes tant économiques que politiques. Par exemple, dans certains pays en voie de développement, les téléphones cellulaires ont pu s'implanter bien plus rapidement que n'aurait pu le faire la téléphonie domestique avec son réseau de câblage nécessaire. Cela a eu pour conséquence que dans certains pays il est plus facile d'avoir accès à un téléphone cellulaire qu'à de l'eau potable[409]. Voilà un beau casse-tête pour les politologues.

Le nombre d'informations auxquelles les gens ont accès aujourd'hui est sans précédent. On estime par exemple qu'on peut retrouver plus d'information dans une seule édition hebdomadaire du New York Times qu'une personne pouvait en obtenir dans toute sa vie au 18e siècle; on peut donc se demander comment les citoyens peuvent trier, gérer et assimiler toutes les informations auxquelles ils ont accès et faire des choix éclairés. Alors que l'utilisation domestique du réseau Internet date d'à peine 10 ans, c'est 6,1 trillions de messages textes, 247 milliards de courriels, 665 millions de personnes qui consultent Facebook et 100 millions de gazouillis qui sont envoyés chaque jour[410]. Les médias sociaux ont d'ailleurs pris tout le monde par surprise, chercheurs compris, tellement leur croissance a été exponentielle. Le « printemps arabe » de 2011 a permis de montrer qu'ils pouvaient être

---

408 À titre indicatif, on estime que 2,4 milliards de téléphones cellulaires, de tablettes électroniques et d'ordinateurs personnels devraient être vendus en 2013. E. BEMBARON. « 2,4 milliards de mobiles, PC et tablettes vendus dans le monde en 2013 », *Le Figaro*, 4 avril 2013, [En ligne] http://www.lefigaro.fr/hightech/2013/04/04/01007-20130404ARTFIG00490-24-milliards-de-mobiles-pc-et-tablettes-vendus-dans-le-monde-en-2013.php (page consultée le 2 août 2013)
409 ORGANISATION MONDIALE DE LA SANTÉ. *Rapport 2012 sur les progrès en matière d'assainissement et d'alimentation en eau*. Programme commun OMS/UNICEF de surveillance de l'eau et de l'assainissement. 2012, 58 p.
410 K. FISCH, S. MCLEOD et J. BRENMAN. *Did you know? Shift happens*. 5e édition. Documentaire vidéo, 4 août 2011 [En ligne] http://www.youtube.com/watch?v=dMsNct4X_GU (page consulté le 2 août 2013)

un outil récupéré par les citoyens pour contourner le système politique. On commence à peine à comprendre que ces nouvelles manières d'échanger l'information peuvent avoir un impact sur la façon dont les gens conçoivent leur vie sociale et politique.

Une réalité qui questionne

Lorsqu'en 1991 une vidéo amateur de la brutalité policière des agents de la police de Los Angeles envers Rodney King, un afro-américain, a été diffusée aux nouvelles télévisées nationales, personne ne pouvait prévoir qu'elle attiserait la colère à un point tel que l'acquittement des policiers en 1992 résulterait en des émeutes qui ont causé 53 morts, 2 383 blessés, 700 foyers d'incendie et environ 1 milliard de dommages[411]. Voilà le genre de situation auquel les politologues sont confrontés. Dans un cas comme celui-ci, il y a beaucoup de choses à comprendre et à analyser. Des cas de brutalité policière et d'actes racistes, il y en a fort probablement tous les jours, pourquoi ce cas en particulier a-t-il attisé les passions? Le pouvoir des médias, mais surtout, des images elles-mêmes, est révélateur de la façon dont les citoyens peuvent décoder la réalité. Voilà bien une question qui préoccupe de nombreux politologues. Quelles sont les raisons qui ont poussé la chaîne de télévision à diffuser cette vidéo? La personne qui a filmé la scène avait accès à une caméra vidéo, ce qui devenait de plus en plus courant lors de cette période, et a fait une sorte de témoignage citoyen, certains politologues diraient peut-être même une forme de journalisme-citoyen. Lorsqu'interrogé sur ses motivations à faire diffuser la vidéo, il est intéressant de savoir que George Holliday a dit qu'il ne l'aurait pas fait s'il avait su les conséquences qui en découleraient alors que le responsable de la chaîne de télévision a confirmé qu'il la diffuserait encore sans hésiter.

---

411 LOS ANGELES TIMES. *Understanding the Riots: Los Angeles Before and After the Rodney King Case*, Los Angeles: Los Angeles Times, 1992.

Pour quelles raisons les tensions raciales étaient-elles si importantes à Los Angeles? On peut vérifier les inégalités socioéconomiques et le type de formation qui est donnée aux policiers. Et comment les autorités policières ont-elles géré la crise? Au niveau politique, a-t-on pris des mesures pour y remédier et pour que cela ne se reproduise plus? Autant de questions suscitées par un évènement isolé qui est devenu non seulement dramatique, mais éminemment politique. C'est bien là le travail des politologues.

Bibliographie

ALMOND, Gabriel A. *A Discipline Divided: Schools and Sects in Political Science*. Newbury Park, CA: Sage, 1990, 348 p.

ANDERSON, Benedict R. *Imagined Communities: Reflections on the Origin and Spread of Nationalism*, Éditeur Verso, 1991, 224 p.

BEMBARON, Elsa. « 2,4 milliards de mobiles, PC et tablettes vendus dans le monde en 2013 », Le Figaro, 4 avril 2013, [En ligne] http://www.lefigaro.fr/hightech/2013/04/04/01007-20130404ARTFIG00490-24-milliards-de-mobiles-pc-et-tablettes-vendus-dans-le-monde-en-2013.php (page consultée le 2 août 2013)

BERKENPAS, Joshua R. « The Behavioral Revolution? History and Myth in American Political Science », Conférence présentée dans le cadre du congrès annuel du *Western Political Science Association*, Western Michigan University, Portland, OR, Mars 2012.

BLAIS, André, Elisabeth GIDENGIL, Neil NEVITTE et Richard NADEAU. « Where does turnout decline come from? », *European Journal of Political Research,* vol. 43, no 2, 2004, pp. 221-236.

CAPPELLA, Joseph N. et Kathleen H. JAMIESON. *Spiral of Cynicism: The Press and the Public Good*. New York : Oxford University Press., 1997, 325 p.

COLLIER, David. « The Comparative Method", dans Ada FINIFTER (dir.), *The State of the Discipline II*. American Political Science Association, 1993, pp. 105-120.

CÔTÉ, Catherine. « Les médias », dans Michel FORTMANN et Pierre MARTIN (dir.). *Le système politique américain*, 5ᵉ édition revue et augmentée, Collection « Paramètres », Montréal : Les Presses de l'Université de Montréal, 2013, pp. 320-343.

DAHL, Robert. « The Behavioural Approach in Political Science: Epitaph for a Monument to a Successful Protest », *The American Political Science Review* vol. 55, no 4, 1961, pp. 763-772.

DESCHAMPS, Chantal. *L'approche phénoménologique en recherche : comprendre en retournant au vécu de l'expérience humaine*, Montréal, Guérin, 1993, 111 p.

DOWNS, Anthony. *An Economic Theory of Democracy*. New York: Harper and Brothers, 1957, 310 p.

DRYZEK John S. et Stephan T. LEONARD. « Can Political Science History be Neutral?" In *The American Political Science Review*, vol. 84, no 2, 1990, pp. 587-607.

EASTON, David. « Political Science in the United States: Past and Present », *International Political Science Review*, vol. 6, no 1, 1985, pp. 133-152.

FESTINGER, Leon, Henry W. RIECKEN, Stanley SCHACHTER. *When Prophecy Fails: A Social and Psychological Study of a Modern Group that Predicted the Destruction of the World*, University of Minnesota Press, 1956, 264 p.

FISCH, Karl, Scott MCLEOD et Jeff BRENMAN. *Did you know? Shift happens.* 5e édition. Documentaire vidéo, 4 août 2011, [En ligne] http://www.youtube.com/watch?v=dMsNct4X_GU (page consultée le 2 août 2013)

FINNEMORE, Martha et Kathryn A. SIKKINK. « Taking Stock: The Constructivist Research Program in International Relations and Comparative Politics », *Annual Review of Political Science*, vol. 4, juin 2001, pp. 391-416.

FRANKLIN, Mark N. « The Dynamics of Electoral Participation », dans Lawrence LEDUC, Richard G. NIEMI et Pippa NORRIS (dir.). *Comparing Democracies 2: New Challenges in the Study of Elections and Voting*, Thousand Oaks, California, Sage Publications, 2002, 270 p.

GAUCHET, Marcel. *L'Avènement de la démocratie*, vol. I, *La Révolution moderne*, « Bibliothèque des sciences humaines », Paris, Gallimard, 2007, 207 p.

GAZIBO, Mamoudou et Jane JENSON. *La politique comparée : Fondements, enjeux et approches théoriques*, Collection « Paramètres », Montréal : Les Presses de l'Université de Montréal, 2004, 324 p.

GEORGE, Alexander L. et Andrew BENNETT. *Case Studies and Theory Development in Social Sciences*. Cambridge, Massachusetts: MIT Press, 2005, 331 p.

GERRING, John. « What is a Case Study and What is it Good for? » *American Political Science Review*, vol. 98, no 2, 2004, pp. 341-354.

GIASSON, Thierry, Richard NADEAU et Éric BÉLANGER. « Débats télévisés et évaluations des candidats : la représentation visuelle des politiciens canadiens agit-elle dans la formation des préférences des électeurs québécois? », *Revue canadienne de science politique*, vol. 38, no 4, décembre 2005, pp. 867-895.

GINGRAS, François-Pierre et Catherine CÔTÉ. « La sociologie de la connaissance », dans Benoît GAUTHIER (dir.). *Recherche sociale: de la problématique à la collecte des données*, 5e éd., Québec, Presses de l'Université du Québec, 2009, pp. 19-50.

KOELBLE, Thomas. « The New Institutionalism in Political Science and Sociology ». *Comparative Politics*, vol. 27, no 2, 1995, pp. 231-243.

LAMONT, Michèle. *How Professors Think: Inside the Curious World of Academic Judgment*, Harvard University Press, 2010, 336 p.

LIJPHART, Arend. « Comparative Politics and the Comparative Method », *American Political Science Review*, vol. 65, no 3, 1971, pp. 682-693.

LOS ANGELES TIMES. *Understanding the Riots: Los Angeles Before and After the Rodney King Case*, Los Angeles: Los Angeles Times, 1992.

KING, Gary, Robert O. KEOHANE et Sidney VERBA. *Designing Social Inquiry: Scientific Inference in Qualitative Research*. Princeton University Press. 1994, 300 p.

MANHEIM, Jarol B., Richard C. RICH, Lars WILLNAT et al. *Empirical Political Analysis: Research Methods in Political Science*, 8e édition, New York: Longman, 2010, 464 p.

MICHAUD, Nelson. *Praxis de la science politique: une porte ouverte sur les méthodes, les champs et les approches de la discipline*, Québec, Les Presses de l'Université Laval, 1997, 246 p.

MILNER, Henry. « Are Young Canadians Becoming Political Drop-Outs? A Comparative Perspective », *Choices*, vol. 11, no 3, 2005, pp. 1-26.

MOULIN, Hervé. *Théorie des jeux pour l'économie et la politique*, Paris, Hermann, 1981, 248 p.

NEVITTE, Neil. *The Decline of Deference : Canadian Value Change in Cross-National Perspective*, Peterborough, Broadview Press, 1996, 352 p.

ORGANISATION MONDIALE DE LA SANTÉ. *Rapport 2012 sur les progrès en matière d'assainissement et d'alimentation en eau*. Programme commun OMS/UNICEF de surveillance de l'eau et de l'assainissement, 2012, 58 p.

ORJI, Nkwachukwu. « The Study of Politics : Logic, Approaches and Methods", dans Eugene NWEKE et Nkwachukwu ORJI (dir.) *A Handbook of Political Science*, Abakaliki: Department of Political Science, Ebonyi State University, 2009, pp. 25-42.

PAQUET, Gilles. « La recherche en sciences sociales : plaidoyer pour une certaine coercition », *Interface*, novembre-décembre 1984, pp. 35-37.

POPPER, Karl. *Logique de la découverte scientifique*, traduction française de « Logik der Forschung », Paris, Payot, collection « Bibliothèque scientifique », parution originale en 1935, édité en français en 1973, 305 p.

RAMONET, Ignacio. *Propagandes silencieuses : masses, télévision, cinéma*, Paris : Gallimard, 2002, 258 pages.

RENNER, Michael, Hilary FRENCH, Erik ASSADOURIAN. *L'état de la planète: Redéfinir la sécurité mondiale Rapport de l'Institut Worldwatch sur le développement durable*, L'état de la planète publications, 2005, 265 p.

ROTH, Wendy D. et Jal D. MEHTA. « The Rashomon Effect: Combining Positivist and Interpretativist Approaches in the Analysis of Contested Events », *Sociological Methods and Research*, vol. 31, no 2, 2002, pp. 131-173.

THIÉTART, Raymond-Alain *et al. Méthodes de recherche en management*, 3ᵉ édition, Paris : Dunod, 2006, 586 p.

TOURAINE, Alain. *Lettre à Lionel, Michel, Jacques, Martine, Bernard, Dominique... et vous.* Paris : Fayard, 1996, 120 p.

TURBIDE, Olivier, Diane VINCENT et Marty LAFOREST. « Les "X" à Québec : la construction discursive d'un groupe exclusif », *Recherches sociographiques*, vol. 49, n° 1, pp. 87-112.

TURENNE SJOLANDER, Claire et Wayne S. COX. *Beyond Positivism: Critical Reflections on International Relations*, Boulder, Lynne Rienner, 1993, 203 p.

WEISS-ALTANER, Éric. *Principes de démographie politique : population, urbanisation développement*, Genève, Economica, 1992, 247 p.

Biographie des auteurs et des auteures

Khalid Adnane est économiste associé à l'École de politique appliquée où il enseigne depuis une quinzaine d'années. Il est responsable du baccalauréat en enseignement au secondaire pour le profil « univers social » et aussi responsable des programmes multidisciplinaires. Ses principaux champs d'intérêt de recherche et d'enseignement portent sur les méthodes quantitatives, la mondialisation et les relations économiques internationales, notamment les relations nord-sud. Il offre régulièrement des formations intensives sur ces sujets, notamment pour des organismes qui œuvrent dans le domaine de la coopération internationale. Il est le directeur du projet « question-Mondialisation.org », un portail de recherche et de partage des connaissances et analyses traitant de la mondialisation ainsi que ses différentes dimensions qu'elles soient économiques, politiques, sociales ou culturelles.

Sami Aoun est professeur titulaire à l'École de politique appliquée. Il se spécialise dans les systèmes politiques, les enjeux et les conflits au Moyen-Orient ainsi que des relations entre l'Islam et l'Occident. En 2013, il a publié conjointement avec le professeur Gilles Vandal chez Athéna Éditions un livre intitulé « Barack Obama et le printemps arabe. Le repositionnement de la politique américaine au Moyen-Orient ».

Pierre Binette est professeur titulaire à l'École de politique appliquée. Il est actuellement Directeur du département. Il se spécialise dans les théories et les pratiques de la négociation, dans les processus de négociation au sein des organismes multilatéraux ansi que des approches et outils pédagogiques pour la formation en négociation.

Andréanne Bourque est diplômée du programme de Baccalauréat en études politiques appliquées de l'Université de Sherbrooke. Elle est actuellement candidate à la Maîtrise en affaires publiques et internationales à l'Université d'Ottawa.

D'abord chargé de cours en 2009, **Emmanuel Choquette** est aujourd'hui chargé de cours à forfait et professionnel de recherche à l'École de politique appliquée de l'Université de Sherbrooke. Ses récents travaux portent sur l'évaluation et le développement d'outils pédagogiques appliqués dans l'enseignement de la science politique. Il se passionne également pour la vulgarisation des phénomènes politiques et la diffusion de la connaissance. Depuis 2012, il réalise et anime l'émission «Rencontre politique» diffusée au Canal Savoir. Pour lui, politique contemporaine et multimédia sont indissociables.

Mylène Clavreul a réalisé son baccalauréat et sa maîtrise au sein de l'École de politique appliquée de l'Université de Sherbrooke. Elle a obtenu son grade Maître es Arts en 2013 et est la première diplômée de l'École à avoir développé une spécialisation en gouvernance autochtone. Ses travaux de recherche ont notamment porté sur les rapports entre la nation autochtone crie de la Baie James et les gouvernements de Québec et Ottawa. Le projet de recherche a été appuyé par les organismes subventionnaires CRSH et FQRSC, et, bien au-delà du mémoire de maîtrise, il a continué d'être porté et partagé à l'extérieur des enceintes de l'École de politique appliquée.

Catherine Côté est professeure agrégée à l'École de politique appliquée de l'Université de Sherbrooke. Elle a également été professeure à l'École d'études politiques de l'Université d'Ottawa et chercheure invitée à la Chaire d'études politiques et économiques américaines de l'Université de Montréal. Elle détient un doctorat en études politiques de l'Université Queen's et ses recherches portent sur les dynamiques de communication politique et d'opinion publique de même que sur l'analyse du discours. En plus de ses travaux actuels sur le cynisme politique, l'identité nationale et la propagande, elle assure la présidence de la Société québécoise de science politique.

Jean-Herman Guay est professeur titulaire à l'École de politique appliquée. Après avoir complété son doctorat à l'Université de Montréal en sciences politiques, il devient professeur régulier à l'Université de Sherbrooke en 1990. Spécialisé dans le domaine des idées politiques et de l'opinion publique, il a mené plusieurs recherches à partir de sondages et de méthodes empiriques variées en vue de cerner les tendances lourdes de l'opinion publique québécoise. Auteur de sept ouvrages, et de plusieurs articles scientifiques, il a aussi obtenu le prix Alphonse-Desjardins pour un ouvrage sur les générations politiques au Québec. Il est aussi un collaborateur régulier de la revue canadienne Options politiques. Il a aussi publié dans la Revue internationale d'éthique publique. Il dirige depuis presque dix ans, deux importants sites de références : Bilan du siècle qui couvre la politique québécoise depuis 1900, et Perspective monde. De 2006 à avril 2010, il a été le premier directeur de la nouvelle École de politique appliquée.

Serge Granger est professeur adjoint à l'École de politique appliquée de l'Université de Sherbrooke. Il enseigne les relations internationales et plus spécifiquement les relations sino-indiennes. Son champ d'intérêt se concentre sur l'impact de l'émergence sino-indienne au Québec. Il a publié *Le Lys et le Lotus : histoire des relations du Québec avec la Chine* et dirigé l'ouvrage *L'Inde et ses avatars, pluralité d'une puissance*. Il prépare également un ouvrage sur les relations indo-québécoises. Granger a été professeur invité à l'Université Jawaharlal Nehru et chercheur invité à l'Université Maharaja Sayajirao of Baroda et l'Université de Pune.

Diplômée de l'Université de Montréal (maîtrise) et de l'Université de Sherbrooke (doctorat) les travaux de la professeure **Isabelle Lacroix** portent sur les politiques publiques canadiennes et québécoises et plus particulièrement les politiques sociales. Elle s'intéresse à la gestion de l'État, à la gouvernance dans les organisations publiques, de même qu'à la place de la persuasion et de la confrontation dans les processus décisionnels. Elle a récemment complété une thèse de doctorat portant sur les pratiques de gouvernance des commissions scolaires du Québec et travaille actuellement sur la participation au sein d'instances décisionnelles publiques. Responsable des programmes de premier cycle depuis plusieurs années, elle possède un Diplôme de 3e cycle en pédagogie de l'enseignement supérieur et s'intéresse à l'innovation pédagogique en contexte universitaire.

Hugo Loiseau est professeur agrégé à l'École de politique appliquée de l'Université de Sherbrooke depuis 2004 et il est co-directeur de l'Observatoire des Amériques au Centre d'études sur l'intégration et la mondialisation (CEIM) de l'UQÀM depuis 2013. Sa thèse de doctorat, soutenue à l'Université Laval en 2006, portait sur la démocratisation et les forces armées latino-américaines. Ses principaux champs d'expertise sont la sécurité dans les Amériques, le cyberespace et la méthodologie de la recherche. Il a publié, en 2011, chez Peter Lang le livre: «Carte mentale et science politique, regards et perspectives critiques sur l'emploi d'un outil prometteur». Le professeur Loiseau a été évaluateur pour les subventions du FQRSC (2007-2010) et il est actuellement évaluateur pour les bourses de la fondation Trudeau.

Marie-Hélène Rousseau est diplômée du programme de Baccalauréat en études politiques appliquées de l'Université de Sherbrooke. Elle est actuellement candidate à la Maîtrise en études politiques appliquées à la même université.

Gilles Vandal est professeur à l'Université de Sherbrooke depuis 1978. Spécialiste en histoire américaine, il enseigne en politique américaine depuis 1988. Il est membre de l'École de politique appliquée depuis sa fondation en 2007. Ses champs d'expertise portent à la fois sur les institutions politiques américaines, les relations étrangères des États-Unis et la problématique des grands dirigeants politiques dans le monde. En 2011, il a publié chez les Presses de l'Université du Québec un livre intitulé « La Doctrine Obama : Fondements et aboutissements ». En 2012, il a publié chez Athéna Éditions un livre intitulé « L'Afghanistan. La guerre d'Obama ». En 2013, il a publié conjointement avec le professeur Sami Aoun chez Athéna Éditions un livre intitulé « Barack Obama et le printemps arabe. Le repositionnement de la politique américaine au Moyen-Orient ».

Table des tableaux

Tableau 1:
Grille d'outils pratiques - par compétences 92

Tableau 2 :
Planification de la simulation : « Le règlement pacifique
d'une crise ethno-politique : le cas de l'Abkhazie » 100

Tableau 3 :
Grille d'analyse de la décision politique..106

Tableau 4 :
Caractéristiques sociétales des partis politiques
selon l'agrégation, la conciliation et la légitimation.....................161

Table des figures

Figure 1 :
États fédérés de l'Inde...268

Figure 2 :
Districts ou Zilla Parishad 268

Figure 3 :
L'État fédéré du Tamil Nadu et le district de Dharampuri............269

Figure 4 :
Taluks du district de Dharampuri et ses comtés...........................269

Figure 5 :
Le comté de Dharampuri et ses grams pachayats 270

Table des matières

Introduction
    Par Hugo Loiseau 7

Première partie : Pédagogies et méthodes 25
Chapitre 1
Qu'est-ce que la politique appliquée?
    Par Isabelle Lacroix 27
Chapitre 2
Y a-t-il une méthode de la politique appliquée?
    Par Hugo Loiseau, Mylène Clavreul et Khalid Adnane 53
Chapitre 3
Les outils pédagogiques en politique appliquée
    Par Pierre Binette et Emmanuel Choquette 79

Deuxième partie : Acteurs et institutions 117
Chapitre 4
Essai de redéfinition des fonctions partisanes
    Par Jean-Herman Guay 119
Chapitre 5
Les qualités nécessaires pour devenir
un grand dirigeant politique
    Par Gilles Vandal 165

Troisième partie : Contextes 201
Chapitre 6
Enseigner le Moyen-Orient de façon appliquée :
remarques, observations et solutions
    Par Sami Aoun 203
Chapitre 7
La décentralisation des pouvoirs en Inde :
de la théorie à la pratique
    Par Serge Granger, Andréanne Bourque
    et Marie-Hélène Rousseau 241
Chapitre 8
La science politique à l'épreuve de la réalité
    Par Catherine Côté 271
Biographie des auteurs et des auteures 287